教育部人文社会科学重点研究基地重庆工商大学长江上游经济研究中心

"三峡库区百万移民安稳致富国家战略"服务国家特殊需求博士人才培养项目

国家社会科学基金项目"供给侧结构性改革下银行产权结构与信贷资金配置效率研究"（16CJY076）

重庆银行股份有限公司金融硕士研究生联合培养基地

金融学一流专业

银行产权
与贷款效率研究

魏琪 靳景玉 曾胜 ◎ 著

中国财经出版传媒集团
经济科学出版社
Economic Science Press

图书在版编目（CIP）数据

银行产权与贷款效率研究/魏琪，靳景玉，曾胜著.
—北京：经济科学出版社，2020.9
ISBN 978－7－5141－5246－3

Ⅰ.①银… Ⅱ.①魏…②靳…③曾… Ⅲ.①银行－产权结构－关系－银行贷款－研究－中国 Ⅳ.①F832.3 ②F832.4

中国版本图书馆 CIP 数据核字（2020）第 125241 号

责任编辑：程辛宁
责任校对：齐　杰
责任印制：邱　天

银行产权与贷款效率研究

魏　琪　靳景玉　曾　胜　著
经济科学出版社出版、发行　新华书店经销
社址：北京市海淀区阜成路甲 28 号　邮编：100142
总编部电话：010－88191217　发行部电话：010－88191522
网址：www.esp.com.cn
电子邮箱：esp@esp.com.cn
天猫网店：经济科学出版社旗舰店
网址：http://jjkxcbs.tmall.com
固安华明印业有限公司印装
710×1000　16 开　13.5 印张　230000 字
2020 年 9 月第 1 版　2020 年 9 月第 1 次印刷
ISBN 978－7－5141－5246－3　定价：78.00 元
（图书出现印装问题，本社负责调换。电话：010－88191510）
（版权所有　侵权必究　打击盗版　举报热线：010－88191661
QQ：2242791300　营销中心电话：010－88191537
电子邮箱：dbts@esp.com.cn）

前　言

改革开放四十余年来，我国经济高速发展，经济建设成就斐然，举世瞩目。但粗放式经济增长方式或"强刺激"的经济政策不仅造成了资源要素的低效利用，同时也导致了经济结构的严重失衡，传统行业产能过剩与新兴行业发展滞后同在，非金融企业部门"高杠杆"与中小微企业"融资难、融资贵"并存。为解决我国经济发展过程中长期积累的深层次矛盾和结构性问题，实现全面建成小康社会的战略目标，中央不失时机地作出了供给侧结构性改革的战略部署，开启了经济领域新一轮深化改革的序幕。

为更好地发挥银行在供给侧结构性改革中的作用，需要充分认识银行的贷款资金供给问题与实体经济结构性矛盾之间的关系，并从银行内部挖掘其深层次原因，同时也需要进一步优化银行的公司治理，以促使其持续健康发展。那么，银行的信贷资金低效配置是否是资金供应层面造成实体经济结构性问题的原因？产权结构不合理是否导致了银行信贷资金的低效配置？银行应如何适应供给侧结构性改革要求、提高信贷资金配置效率，以促进实体经济高质量发展？在新的经济形势下，银行应如何提高经营效率并防范经营风险？对这些问题的深入研究不仅能丰富新结构经济学最优金融结构理论，并充实信贷配给、银行公司治理等问题的相关研究，而且也有利于提高信贷资金配置效率，并增强银行的稳健经营能力和持续发展能力。

本书首先评析现有相关文献，梳理我国银行产权结构改革历程并说明银行产权结构及信贷资金配置现状；然后重点研究我国银行信贷资金配置存在的问题与实体经济供给端质量效率低下之间的关系，并从银行产权结构层面研究其内在根源和作用机理，同时探究产权结构对银行经营风险和经营效率的影响；最后提出提高银行信贷资金配置效率和经营发展能力的对策建议。本书的主要内容和基本结论为：

（1）采用数据包络分析方法计算我国主要行业的技术进步、产能利用率和生产效率，并以此衡量行业的经营发展质量，在此基础上，采用 2010～2016 年我国 84 家商业银行的数据，探究银行贷款集中度最高行业的贷款量与该行业经营发展质量的关系以考察银行的贷款效率，并进一步研究不同产权性质的银行在贷款效率方面的差异性。研究发现：整体而言，样本期我国银行基本能根据行业的技术进步和生产效率配置信贷资金，贷款效率相对较高，但银行对行业的产能信息不敏感；市场化经营和国有企业属性要求国有控股银行在贷款决策时平衡商业原则与"政治任务"的关系，使其能向经营发展质量更高的行业提供更多的贷款，而非国有控股银行缺乏政治压力，贷款决策时更容易出现短视行为，没有向经营发展质量更高的行业配置更多的信贷资金；无论是政府职能部门控股的银行还是国有企业控股的银行，其贷款效率均高于非国有控股银行，银行国有股权的持有方式对贷款决策模式没有显著影响。

（2）从经济增长和经济效率两个维度衡量地方经济发展，在理论分析地方性银行产权结构、贷款供给与地方经济发展之间的关系的基础上，采用 2005～2015 年我国 67 家地方性银行的数据，实证研究地方性银行的贷款供给是否能有效促进地方经济发展，并分析其作用效果是否会因银行产权性质而异，同时，进一步探究在促进城市和非城市经济发展方面，城市商业银行与农村商业银行的差异性。研究发现：地方性银行的贷款供给能显著促进地方经济发展，地方性银行的贷款越多，不仅地方经济增长速度越快，而且经济效率也越高；在贷款促进地方经济增长方面，国有控股银行与非国有控股银行的作用效果无明显差异，但在贷款促进地方经济效率提升方面，国有控股银行的作用效果弱于非国有控股银行，其重要原因是国有股权持有方式的非市场化；城市商业银行和农村商业银行的贷款均能有效促进市辖区的经济发展，且作用效果无明显差异，但它们均未能明显促进非市辖区的经济发展。

（3）建立讨价还价博弈模型研究利率市场化条件下贷款价格的形成机制，理论分析银行谈判议价优势的来源及其对贷款市场价格的影响。在此基础上，采用双边随机边界模型和2009~2017年我国95家商业银行的数据，实证研究贷款价格的决定因素，测度银行的议价能力大小及其对贷款价格的影响程度，并分析不同产权结构的银行在贷款议价能力方面的差异性。研究发现：特许经营权使银行具有较企业更低的谈判成本，在谈判中表现出更强的议价能力，并使谈判达成较高的贷款价格；除基准利率外，银行的揽储成本、信贷管理成本、银行业市场结构以及金融深度是决定贷款价格的主要因素；借贷双方谈判议价是导致贷款价格波动的重要原因，并且银行在谈判中处于强势地位，能获得近3倍于企业的剩余，并使贷款的成交价格高出公允价格近0.70%，推高了企业融资成本；银行产权结构对贷款议价能力无显著影响，在通过特许经营权抬高贷款价格、推高企业融资成本方面，国有控股银行与非国有控股银行无明显差异。

（4）从法律和制度环境、竞争环境两个方面衡量银行经营的外部环境，并将银行内部产权结构、外部经营环境和经营效率纳入同一研究框架中，分析产权结构、法律和制度环境、市场竞争环境影响银行经营行为的内在机理。在此基础上，采用随机边界模型、自体抽样法和2005~2014年我国78家城市商业银行的数据，实证研究银行产权结构、经营环境与银行经营效率的关系。研究发现：控股股东的产权性质以及持股方式与城市商业银行的经营效率无显著关系；法律和制度环境对银行经营效率的影响因银行产权结构而异，健全的法律和制度环境有助于改善非国有控股银行的经营效率，却不利于国有控股银行经营效率的提升，而对于同一产权性质下不同持股方式的银行，法律和制度环境与经营效率之间的关系却无明显差异；竞争性的市场环境对银行经营效率具有明显的抑制作用，且作用效果不因银行控股股东的产权性质及持股方式而异，市场竞争未能作为我国银行业公司治理的外部机制发挥作用。

（5）将银行破产风险分解为杠杆风险和资产组合风险，建立动态面板模型并采用2010~2016年我国83家商业银行的数据和系统广义矩估计方法，分析银行产权结构影响经营风险的路径。研究发现：银行产权结构主要通过杠杆风险影响破产风险，国有控股银行的破产风险和杠杆风险均显著高于非国有控股银行，但二者的资产组合风险无明显差异；产权结构对银行破产风险的影响及其传导路径均不因股东持股方式而异，政府职能部门控股银行和国有企业控股银行的杠杆风险和破产风险均显著高于非国有控股银行，但它们的资产组合风险无显著差异；前十大股东中国有股和非国有股比例的变化对银行各类风险均无显著影响；前十大股东中外资股比例的增加能有效降低银行的杠杆风险，从而降低破产风险，但不会影响银行的资产组合风险。

本书的研究表明：第一，虽然市场化改革已使我国银行经营的商业化程度大幅提高，但产权性质不同的银行在功能定位、经营目标等方面仍存在差异，这导致了它们在信贷资金配置效率方面的差异性；第二，银行产权结构不合理不仅会造成了信贷资金的低效配置，而且会影响其自身的持续健康发展；第三，不健全的法律和制度环境会损害银行特别是非国有控股银行的经营效率；第四，银行对贷款供给的垄断推高了企业的融资成本，降低了信贷资金配置效率，也一定程度导致了我国非金融企业部门的"高杠杆"问题。

基于上述研究结果，本书提出如下提高信贷资金配效率并增强银行经营发展能力的对策建议：第一，"抓大放小"，通过市场化的方式强化国有资本对全国性大中型银行的股权控制，逐步放开非国有资本控股地方性中小型银行的限制，以建立产权结构多元化的银行业金融体系；第二，支持非国有资本大幅参股地方性银行，优化银行的股权结构，健全银行现代公司治理机制，增强银行经营管理的独立性和自主性；第三，提高经济发展的市场化程度，减少政府干预，加强法律制度建设，提升合同执行效力，为非国有控股银行及民营银行发展营造良好的法律和制度环境；第四，根据银行产权结构差异对银行进行分类监管或指导，精准施策略、有的放矢，促进银行持续健康发展；第五，进一步降低行业进入门槛，鼓励民间资本发起设立金融租赁公司、消费金融公司等银行类金融机构，强化市场竞争，建立多层次的信贷资金供给体系。

目 录

| 第 1 章 | **绪论** / 1
    1.1 研究背景、目的和意义 / 1
    1.2 研究内容、思路和方法 / 6
    1.3 研究重点、难点及创新之处 / 9
    1.4 文献综述 / 12

| 第 2 章 | **我国银行产权结构及信贷资金配置现状** / 19
    2.1 我国银行业改革发展历程 / 19
    2.2 我国银行产权结构现状 / 24
    2.3 我国银行业信贷资金配置现状 / 30
    2.4 本章小结 / 41

| 第 3 章 | **银行产权结构对贷款效率的影响** / 43
    3.1 理论分析与研究假设 / 44
    3.2 研究设计 / 46
    3.3 实证结果及分析 / 55
    3.4 稳健性检验 / 62
    3.5 本章小结 / 66

| 第 4 章 | **地方性银行产权结构、贷款供给与地方经济发展** / 68
    4.1 理论分析与研究假设 / 70
    4.2 研究设计 / 72

4.3 实证结果及分析 / 79

4.4 进一步分析 / 83

4.5 本章小结 / 89

| 第5章 | **银行产权结构对贷款议价能力的影响** / 91

5.1 讨价还价博弈模型 / 94

5.2 实证模型 / 99

5.3 变量选取与数据来源 / 105

5.4 实证结果及分析 / 109

5.5 稳健性检验 / 117

5.6 本章小结 / 121

| 第6章 | **产权结构、经营环境与银行经营效率** / 123

6.1 理论分析与研究假设 / 125

6.2 研究设计 / 128

6.3 实证结果与分析 / 134

6.4 稳健性检验 / 139

6.5 本章小结 / 142

| 第7章 | **银行产权对风险结构的影响** / 144

7.1 研究设计 / 145

7.2 实证结果及分析 / 149

7.3 本章小结 / 158

| 第8章 | **研究结论与政策建议** / 160

8.1 研究结论 / 160

8.2 对策建议 / 164

8.3 研究不足及未来研究方向 / 167

附录 / 169

参考文献 / 194

| 第1章 |

绪　　论

1.1　研究背景、目的和意义

1.1.1　研究背景

1978~2008年的三十年间,得益于改革红利的持续释放和良好的国际政治经济环境,在投资、出口和消费"三驾马车"的拉动下,我国经济高速增长,GDP年均增长率达10%。但自2008年全球金融危机以来,我国经济增长速度不断下滑,GDP增长率由2007年的11.4%下降至2015年的6.9%,[①] 对于正处于全面建成小康社会的决胜阶段和跨越"中等收入陷阱"关键时期的大国来说,经济下行压力巨大。经济增速下降既有全球金融危机冲击及经济复苏缓慢等外部原因,也有依靠投资、出口和消费拉动经济增长的传统经济发展模式不适应新的经

---

① 《中国统计年鉴》。

济形势等内在原因。同时,过去片面追求规模和速度的粗方式经济增长方式不仅造成了资源要素利用效率的低下,同时也导致经济结构的严重失衡。在产业结构层面,一方面,部分行业尤其是传统行业生产能力过剩、产品库存严重。据统计,2012年底,电解铝、钢铁、平板玻璃、水泥、船舶行业产能利用率分别为71.9%、72%、73.1%、73.7%和75%,[①] 产能过剩情况极为突出,其他行业的产能利用率也较为低下;另一方面,先进制造业、现代服务业等新兴行业发展滞后,产业的高端化、智能化、信息化程度不高,创新不足导致产业升级缓慢,新型产业、新的经济增长点难以形成,产业结构存在明显的短板。在资金供应层面,一方面,部分企业的负债率过高,潜在的债务风险巨大。2009~2016年非金融企业部门的杠杆率一路飙升(见表1.1),经济下行、企业盈利能力恶化进一步加剧了杠杆率的上升,尤其是2011年之后快速增加,5年内增加了42个百分点,在2016年第1季度达最高点,为161.8%(国际清算银行口径),与世界主要国家相比,我国实体企业的杠杆率处于较高水平。[②] 另一方面,部分企业(尤其是中小微企业)一直面临"融资难、融资贵"问题。据统计,2013年底,我国企业债权融资的平均成本为13.21%,其中通过商业银行融资的平均成本为9.7%,通过影子银行融资的平均成本约为18.28%。[③] 严重的融资约束或高昂的融资成本不仅一直困扰着企业的生存或发展,而且极大地制约了经济结构调整与转型升级。

表1.1　　　　1996~2018年我国非金融企业部门杠杆率　　　　单位:%

时期	期初杠杆率	期末杠杆率	杠杆率增幅	杠杆率年均增速	债务年均增速	名义GDP增速
1996~2003年	81.0	105.5	24.5	3.4	14.3	10.6
2004~2008年	105.5	95.2	-10.3	-2.0	16.0	18.4
2009~2016年	95.2	158.5	63.3	6.6	18.4	11.4
2017~2018年	158.5	153.6	-4.9	-1.6	8.6	10.3

资料来源:Wind数据库、联讯证券。

① 人民网,http://finance.people.com.cn/n/2013/0730/c1004-22371703.html。
② 联讯证券专题报告《深度解析中国杠杆率》。
③ 人民网,http://gs.people.com.cn/n/2014/0815/c183360-21999733.html。

为解决我国经济发展过程中长期积累的深层次矛盾和结构性问题，跨越"中等收入陷阱"，实现全面建成小康社会的战略目标，中央不失时机地作出了供给侧结构性改革的战略部署。2015年11月10日，习近平总书记在中央财经领导小组首次提出"着力加强供给侧结构性改革"；2015年11月17日，李克强总理在"十三五"规划纲要编制会议上强调"在供需两端发力促进产业迈向中高端"；2015年12月的中央经济工作会议进一步明确了要在"创新、协调、绿色、开放、共享"五大发展新理念下，以"宏观政策要稳、产业政策要准、微观政策要活、改革政策要实、社会政策要托底"为总体思路，完成"去产能、去库存、去杠杆、降成本、补短板"（三去一降一补）的五大重点任务；2016年1月，中央财经领导小组第12次会议深入研究了供给侧结构性改革的实施方案；2017年10月，中共十九大报告中对于深化供给侧结构性改革特别强调，"建设现代化经济体系，必须把发展经济的着力点放在实体经济上，把提高供给体系质量作为主攻方向，显著增强我国经济质量优势"。供给侧结构性改革吹响了我国全面建成小康社会决胜阶段的号角，开启了新一轮深化改革的序幕。

供给侧结构性改革是一项长期、综合、复杂的系统工程，不仅体现为通过"三去一降一补"解决过去强经济刺激政策留下的"后遗症"，推动市场出清，提高供给体系的质量和效率，从低效过剩领域释放要素；还体现为深化劳动力、资本、土地与自然资源、科技创新、制度等要素市场的结构性改革，促进要素自由流动；更体现为大力振兴实体经济、发展新经济以优化要素配置（冯俏彬、贾康，2017）。完成供给侧结构性改革的目标，实现转变经济发展方式、优化经济结构、转换增长动力、建立现代化经济体系的战略意图，需要从多领域、多层面均衡用力。在资金供应方面，需要建立与经济新常态和高质量发展要求相适应的资本市场，需要金融机构按市场原则或根据融资者的资产质量和经营效率配置金融资源，这就需要建立健全市场化、高效的现代金融体系。作为我国金融市场的重要主体和为实体经济供应资金的中坚力量，银行能否满足供给侧结构性改革的要求，为实体经济发展提供优质高效的金融服务，不仅关乎银行自身的持续健康发展，更关乎供给侧结构性改革的顺利实施。

另外，改革开放以来，我国银行业经历了从传统专业体制向市场化体制转型的发展历程（刘明康，2009），改革始终是推动我国银行业转型和发展的主要力量，而产权结构改革一直是我国银行业改革的重要内容。产权结构改革的初衷是理清国有银行的产权关系，同时开辟新的银行资本金补充渠道。因此，最初的银行业产权结构改革路径主要是通过引入战略投资者、公开市场上市等方式对国有银行进行股份制改造，将国有独资银行转变为国有控股银行。近年来，随着市场条件的成熟，银行业对内和对外开放均加速推进，民间资本和外资通过发起设立、认购新股、受让股权、并购重组等多种方式投资银行业，银行的产权结构进一步丰富。经过四十余年的改革和发展，当前，我国商业银行多元化的产权结构初步形成，不仅非国有资本控股的银行和民营银行从无到有，数量逐年增多，而且民营资本等非国有资本在银行股权中所占的比例也逐年增加，截至2018年底，我国民营银行已达17家，民间资本占股份制银行股本的比例超过40%，占城市商业银行股本的比例超过50%，占农村合作金融机构股本的比例超过80%（易纲，2019）。

为更好地发挥银行在供给侧结构性改革中的作用，需要充分认识银行的贷款供给与实体经济供给端结构性问题之间的关系，并从银行内部挖掘其深层次原因，同时也需要进一步优化银行的公司治理，以促使其持续健康发展。那么，银行的信贷资金低效配置是否是资金供应层面造成实体经济产能过剩、创新不足等问题的重要原因？产权结构不合理是否导致了银行信贷资金的低效配置？银行应如何适应供给侧结构性改革要求、提高信贷资金配置效率，以促进实体经济高质量发展？在新的经济形式下，银行应如何提高自身的经营效率并防范经营风险？这些问题是理论界和实务界广泛关注的话题。鉴于此，本书深入研究供给侧结构性改革背景下银行产权结构与信贷行为、经营效率及经营风险的关系，在此基础上，提出优化银行产权结构以提高信贷资金配置效率并促进银行持续健康发展的对策。

1.1.2　研究目的

本书的研究目的：分析我国银行信贷资金配置存在的问题与实体经济供给端质量效率低下之间的关系，从银行产权结构层面研究其内在根源和作用机理，并探究产权结构对银行经营风险和经营效率的影响，在此基础上，提出提高银行信贷资金配置效率和经营发展能力以助力供给侧结构性改革的政策建议。

具体而言，本书尝试回答以下四个问题：第一，信贷资金低效配置是否在资金供应层面导致了我国实体经济供给端的结构性问题？第二，银行产权结构不合理是否造成了信贷资金的低效配置？第三，产权结构会对银行的经营效率和经营风险产生怎样的影响？第四，应如何优化银行的产权结构以为实体经济发展提供优质高效的金融服务，并促进银行自身的持续健康发展？

1.1.3 研究意义

1.1.3.1 理论意义

（1）现有文献主要从市场结构或银行规模等层面讨论与实体经济相匹配的最优银行业结构问题，本书在研究银行信贷资金低效配置与实体经济供给端结构性问题之间的关系的基础上，从银行产权结构层面分析信贷资金低效配置的原因，并提出优化银行产权结构以促使其更好地服务实体经济的对策，丰富了新结构经济学最优金融结构理论。

（2）产权性质不同的银行会在功能定位、经营目标等方面存在差异，进而导致银行在经营理念、模式、行为等方面具有异质性，本书据此研究银行产权结构对信贷行为、经营效率以及经营风险的影响，充实了信贷配给、银行公司治理等问题的相关研究。

1.1.3.2 实践意义

（1）研究银行信贷资金低效配置与实体经济产能过剩、企业融资成本偏高等供给端结构性问题的关系，并从银行产权结构层面探究其的原因，在此基础上提出相应的对策，有助于从资金供应和金融机构经营管理角度深入认识我国实体经济供给端的质量效率问题及其根源，从而助力供给侧结构性改革的顺利推进。

（2）分析银行产权结构对经营效率和经营风险的影响，并据此提出进一步优化银行产权结构、改善公司质量的对策，有助于增强银行的稳健经营和持续发展能力，以为实体经济发展提供更高效、优质的金融服务。

1.2 研究内容、思路和方法

1.2.1 研究内容

本书包括以下几个方面的研究内容：

第1章 绪论。介绍本书的研究背景和研究目标，说明本书的研究内容、研究方法、研究思路、研究意义以及创新之处，并对国内外相关文献进行归纳、梳理和评述。

第2章 我国银行产权结构及信贷资金配置现状。梳理我国银行产权结构改革历程，描述我国银行业总体和大型国有控股银行、全国性股份制银行、地方性银行的产权结构现状。从贷款总量、贷款方式、贷款期限结构、贷款客户结构、贷款行业结构、贷款区域结构、贷款质量等方面说明我国银行业金融机构信贷资金配置现状。

第3章 银行产权结构对贷款效率的影响。理论分析银行产权结构影响贷款行为的内在机理。在此基础上，采用数据包络分析方法测算我国主要行业的技术进步、产能利用率和生产效率，并从以上三个维度衡量行业的经营发展质量；采用2010~2016年我国84家银行的数据分析银行贷款集中度最高行业的贷款量与该行业经营发展质量之间的关系，以探究银行的贷款效率。同时，分析不同产权性质的银行在贷款效率方面的差异性，以研究银行产权结构对贷款效率的影响。

第4章 地方性银行产权结构、贷款供给与地方经济发展。理论分析银行产权性质、贷款供给与经济发展之间的关系。在此基础上，采用2005~2015年我国67家地方性银行的数据，研究在贷款供给促进地方经济发展方面，不同产权性质的地方性银行是否具有差异。同时，讨论控股方式对地方性银行贷款供给与地方经济发展关系的影响，并探究城市商业银行与农村商业银行在促进城市和非城市经济发展方面的作用效果差异。

第5章 银行产权结构对贷款议价能力的影响。建立讨价还价博弈模型探讨利率市场化条件下贷款价格的形成机制，并从理论层面分析银行特许权对贷款价格的影响。在此基础上，采用 2009～2017 年我国 95 家银行的数据，研究贷款价格的决定因素，测度银行的议价能力大小及其对贷款价格的影响程度，并分析不同产权性质的银行在贷款议价能力方面的差异性，以研究银行产权结构对贷款议价能力的影响。

第 6 章　产权结构、经营环境与银行经营效率。在理论分析产权结构、法律和制度环境、市场竞争环境影响银行经营行为的内在机理的基础上，采用 2005～2014 年我国 78 家城市商业银行的数据，实证研究银行内部产权结构、外部经营环境对银行经营效率的影响，探究在法律和制度环境、市场竞争环境与银行经营效率的关系方面，不同产权性质银行的差异性。

第 7 章　银行产权对风险结构的影响。将银行的破产风险分解为杠杆风险和资产组合风险，采用 2010～2016 年我国 83 家银行的数据，分析第一大股东的产权性质、控股方式和前十大股东中国有股比例与银行破产风险及其组成部分之间的关系，探究产权结构影响银行风险的路径。

第 8 章　研究结论与政策建议。总结本书的研究工作，提出优化银行产权结构以提高信贷资金配置效率并促进银行持续健康发展的对策建议，并指出本书研究的不足和未来深入研究需重点关注的问题。

1.2.2　研究思路

本书在梳理、评述现有相关文献，并分析我国银行产权结构和信贷资金配置现状的基础上，首先，研究在贷款金额与贷款对象经营发展质量的关系方面，不同产权性质银行的差异性；其次，分析在贷款供给促进地方经济发展方面，不同产权性质银行的作用效果差异；再次，分析银行产权结构对贷款议价能力的影响；再其次，研究银行产权结构对经营效率和经营风险的影响；最后，总结本书的研究工作，提出相应的对策建议。本书的逻辑结构如图 1.1 所示。

1.2.3　研究方法

本书拟采用理论分析与实证检验、定性分析与定量研究相结合的方法，研究产权结构与银行贷款行为、经营效率、经营风险等之间的关系。

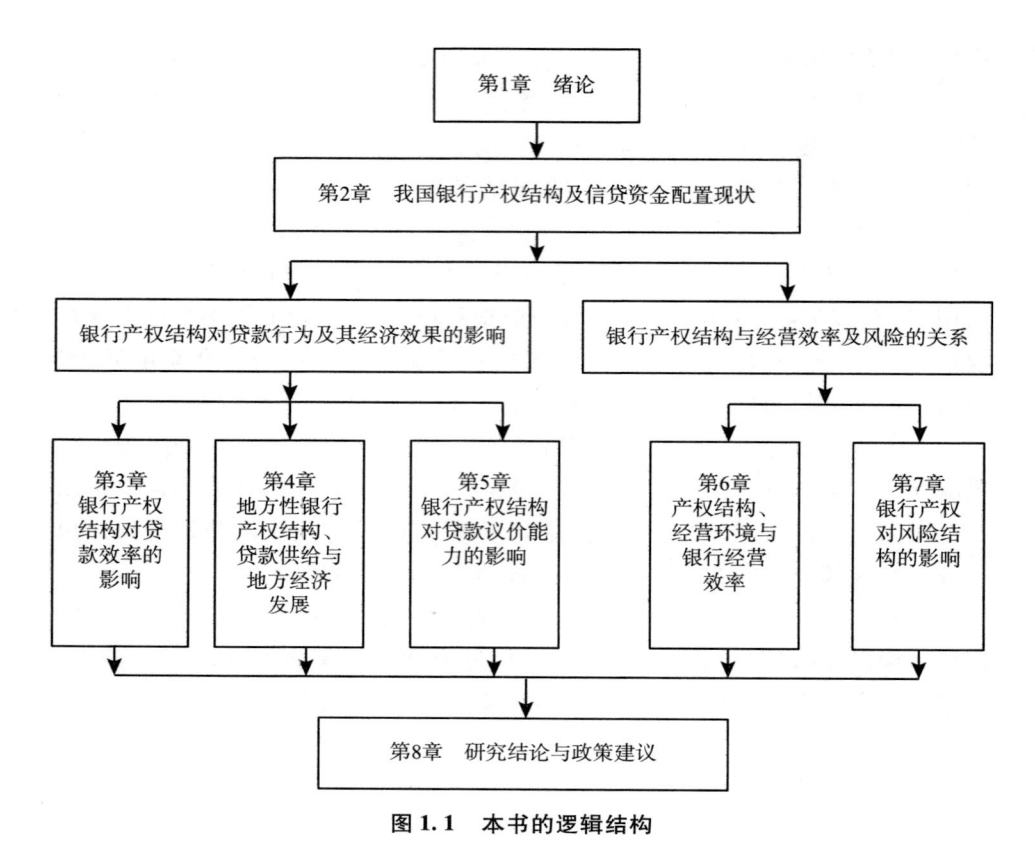

```
                    ┌─────────────────┐
                    │  第1章  绪论     │
                    └────────┬────────┘
                             │
            ┌────────────────▼────────────────┐
            │ 第2章 我国银行产权结构及信贷资金配置现状 │
            └────────┬───────────────┬────────┘
                     │               │
    ┌────────────────▼─────┐   ┌─────▼──────────────────┐
    │银行产权结构对贷款行为及  │   │银行产权结构与经营效率及风险│
    │其经济效果的影响        │   │的关系                  │
    └──┬──────┬──────┬─────┘   └──────┬──────────┬─────┘
       │      │      │                │          │
    ┌──▼──┐┌──▼──┐┌──▼──┐          ┌──▼──┐    ┌──▼──┐
    │第3章││第4章││第5章│          │第6章│    │第7章│
    └──┬──┘└──┬──┘└──┬──┘          └──┬──┘    └──┬──┘
```

图 1.1 本书的逻辑结构

1.2.3.1 理论分析方法

第一，运用金融发展理论和产权理论，分析银行产权结构影响信贷资金配置的作用机理；第二，运用银行经营理论和公司治理理论，分析银行产权结构与经营效率、经营风险之间的关系；第三，建立讨价还价博弈模型，分析银行特许经营优势对贷款价格的影响。

1.2.3.2 实证研究方法

在理论分析基础上，采用我国商业银行的数据和其他相关数据：第一，采用数据包络分析方法，计算我国主要行业的技术进步、产能利用率、生产效率、地方的经济效率和银行的经营效率；第二，采用回归分析方法，研究主要行业的经营发展质量和银行贷款金额的关系，研究地方性银行贷款供给与地方经济发展的关系，研究产权结构、经营环境对银行经营效率的影响；第三，采用基于似无相关模型的检验方法，研究不同产权性质的银行在贷款效率方面的差异；第四，采用双边随机边界模型，测算银行的贷款议价能力大小及其对贷款价格的影响程度；第五，采用随机边界模型，测算银行经营效率；第六，采用自体抽样法，研究产权结构对经营环境与银行经营效率关系的调节作用；第七，采用系统广义矩估计方法，研究产权结构对银行风险的影响。

1.3 研究重点、难点及创新之处

1.3.1 研究重点和难点

1.3.1.1 研究重点

首先，从银行是否根据贷款对象经营发展质量进行贷款决策的角度衡量贷款效率，研究银行银行贷款效率与实体经济"高杠杆""产能过剩"等结构性问题的关系，并从银行产权结构层面探究其原因。其次，从"质"和"量"两个维度衡量经济发展，研究银行贷款供给与经济发展的关系，并研究在贷款促进经济发展方面，不同产权结构银行的作用效果差异。最后，测算银行的贷款议价能力及其对贷款价格的影响，研究在通过谈判议价优势抬高企业融资成本方面，不同产权结构银行的差异性。

1.3.1.2 研究难点

第一，收集整理银行贷款行为、产权结构等资料；收集整理行业和地方的投入产出等数据。第二，结合实体经济供给端的结构性问题和经济高质量发展的要求，以恰当方式衡量银行的信贷资金配置效率。

1.3.2 研究特色或创新之处

相对于现有文献，本书的研究特色或创新之处主要体现为以下几个方面：

（1）从银行是否有效识别贷款对象经营发展质量的角度衡量贷款效率，研究银行产权结构对贷款效率的影响。

现有文献主要从借款人的身份特征或财务状况层面衡量银行的贷款效率，并在此基础上研究银行信贷资金配置中的国有产权效应，忽略了贷款对象的经营效率和发展质量，也未能据此探究银行贷款供给与借款人资金需求不匹配的原因。

本书从技术进步、产能利用率和生产效率三个维度衡量贷款对象的经营发展质量，并从贷款对象经营发展质量与银行贷款金额关系的角度衡量贷款效率，研究不同产权性质的银行在贷款效率方面的差异性，以从银行信贷资金配置层面分析实体经济"高杠杆""产能过剩"等问题的原因。研究发现，我国银行基本能根据贷款对象的技术进步和生产效率配置信贷资金，但对贷款对象的产能信息不敏感；完成"政治任务"和实现利润最大化的双重压力使国有控股银行的贷款效率高于非国有控股银行。

（2）研究地方性贷款供给与地方经济增长及经济效率的关系，分析在贷款供给促进地方经济发展方面，不同产权性质银行的差异性。

现有文献大多从经济增长层面研究银行的金融服务对实体经济发展的贡献，较少关注银行的贷款供给对经济效率提升的作用。同时，金融发展促进经济增长理论的潜在假设是金融机构是完全按市场原则配置资源的独立经营主体，忽略了产权性质不同的银行在经营目标等方面的差异性。

本书从经济增长和经济效率两个维度衡量地方经济发展，在理论分析地方性银行产权结构、贷款供给与地方经济发展关系的基础上，实证研究在贷款供给促进地方经济发展方面，不同产权性质银行的差异性。研究发现：地方性银行贷款供给越多，地方经济增长速度越快，地方经济效率也越高；在贷款促进地方经济增长方面，国有控股银行与非国有控股银行的作用无明显差异，但在贷款促进地方经济效率提升方面，国有控股银行的作用弱于非国有控股银行。

（3）研究利率市场化背景下贷款价格的形成机理，估算银行的贷款议价能力，并分析银行产权结构对议价能力的影响。

现有文献大多基于贷款的金融产品属性或银行的金融中介属性讨论贷款定价问题，忽略了贷款的一般商品属性，缺乏从市场主体谈判议价的角度研究贷款价格形成机理，尤其是缺乏关于借贷双方的议价能力大小及其对贷款价格影响程度的研究，也缺乏关于银行产权结构对议价能力影响等问题的探讨。

本书建立讨价还价博弈模型分析利率市场化背景下贷款价格的形成机理，在此基础上，采用双边随机边界模型估计借贷双方的议价能力，并分析银行产权结构对议价能力的影响。研究发现，谈判议价因素对贷款价格具有重要的影响，银行具有较借款人更低的谈判成本，表现出较强的讨价还价能力，并使谈判达成较高的交易价格，但在通过谈判议价优势抬高贷款价格方面，国有控股银行与非国有控股银行无明显差异。

（4）将银行内部产权结构、外部经营环境与经营效率纳入同一研究框架中，研究产权结构对经营环境与银行经营效率关系的调节作用。

外部经营环境对银行经营行为的影响一般须通过内部决策机制才能实现，而产权结构从根本上决定了银行的决策机制和经营模式，但关于经营环境与银行经营行为关系的现有研究大多没有将产权结构纳入其分析框架，忽略了银行内部产权结构对外部经营环境与经营行为关系的调节作用。

本书在理论分析银行产权结构、法律和制度环境、市场竞争环境与经营行为之间的关系的基础上，实证研究银行内部产权结构、外部经营环境对银行经营效率的影响，并研究在经营环境与银行经营效率的关系方面，不同产权性质银行的差异性。研究发现，产权结构与银行经营效率无明显关系；法律和制度环境对银行经营效率的影响因银行产权性质而异；竞争性的市场环境对银行经营效率的抑制作用不因银行产权结构而异。

（5）分解银行风险，研究银行产权结构影响经营风险的路径或方式。

虽然大量文献讨论了银行产权结构与经营风险的关系，但却忽略了银行风险的构成与来源，尤其是缺乏关于银行产权结构通过怎样的途径或方式影响破产风险的研究。

本书将银行破产风险分解为杠杆风险和资产组合风险，以分析产权结构影响银行风险的路径。研究发现，银行产权结构主要通过杠杆风险影响破产风险，国有控股银行的破产风险和杠杆风险均明显高于非国有控股银行；前十大股东中国有和非国有股份比例的变化对银行各类风险均无显著影响。

1.4 文献综述

1.4.1 文献回顾

本书的研究主要涉及银行信贷资金配置中的国有产权效应、产权结构与银行市场化贷款行为的关系、非国有股东持股银行的动机等方面的文献。

1.4.1.1 银行信贷资金配置中的国有产权效应

在世界主要国家，政府通过各种方式持有银行股权是一种普遍现象（La Porta et al.，2002）。对于国有产权在银行信贷资金配置中作用，理论界一直存在"发展观"和"政治观"两种观点。前者认为，银行的国有产权是克服市场失灵的有效制度安排（Gerschenkron，1962），国有控股银行能使具有社会效益但难以获得私人银行资金支持的项目获得贷款，有助于提高信贷资金的配置效率（Stiglitz，1993；Hainz and Hakenes，2007）；政府持股银行还可增加公众对银行的信任，促进银行效率的提升和金融体系的发展（Altunbas et al.，2001；Andrianova et al.，2008）。后者则认为，国有产权会导致银行经营行为的政治化，造成信贷资金的错误配置，不仅不利于银行自身的经营发展，而且会抑制经济增长（Kornai，1979；Shleifer and Vishny，1994；La Porta et al.，2002；Beck and Levine，2002）。针对这两种理论，国内外学者从银行贷款行为、经营绩效等角度进行了实证研究。萨皮恩扎（Sapienza，2004）对意大利银行业的研究发现，提供给经营情况相似企业的贷款，国有银行收取的利率比非国有银行低。同时，银行贷款利率还反映了政党的影响力，银行所属政党的势力越强，其贷款的利率越低。丁克（Dinc，2005）对新兴市场国家的研究表明，政府控制的银行会成为政治家获取政治资源的工具，它们会在选举年份增加贷款。米科等（Micco et al.，2007）的跨国研究也表明，在发展中国家，国有银行较非国有银行具有更高的成本和更低的盈利能力。在选举年份，政府利用其控制的银行向为其提供竞选帮助的企业提供更多的低息贷款。恩格拉迈耶和斯塔瓦瑟（Englamaier and Stowasser，2014）基于德国地方选举的研究也发现，银行的信贷投放具有政治周期现象。

王钰等（2015）对我国银行业的研究也发现，地方政府对银行的干预会导致贷款价格的扭曲进而损害信贷配置效率。钱先航等（2011）、李维安和钱先航（2012）、钱先航（2012）从政府官员治理与银行贷款行为关系的角度研究国有股东的"政治观"，其结果表明，地方官员晋升压力较大时，城商行会减少短期贷款和对批发零售业的贷款，增加中长期贷款和对建筑业、房地产业的贷款，提高贷款集中度，并导致了较多的不良贷款。另外，对于不同来源和去向的市委书记，其辖内城商行的信贷投放存在明显差异，市委书记任期与城商行信贷投放显著正相关，且官员董事会强化这种关系。祝继高等（2012）对银行公司治理问题的研究发现，产权结构影响银行的贷款集中度和贷款流向，银行大股东存在追求控制权私利、损害其他股东利益的"掏空"动机，第一大股东为地方政府的银行其不良贷款率更高。纪志宏等（2014）的研究结果也表明，地方官员出于仕途考虑，在晋升压力较大时会动用自身控制力促使银行扩张信贷，且这种行政干预会导致银行风险上升。刘冲等（2017）将官员的研究范围扩大至银监局局长，他们的研究发现，银监局局长在政治激励下的监管行为会促使银行提高资本充足率，进而抑制了银行的信贷投放。刘冲和郭峰（2017）进一步研究发现，市委书记任期与城商行的次级贷款率正相关，而银监局局长任期的延长会约束市委书记任期对城商行信贷风险的刺激作用。而洪正等（2017）则认为，地方政府对城商行产权性质的选择本质上是经济增长驱动下的最优资本分配问题，体现为资本在低效但有控制权收益的国企与高效民企之间的分配权衡，国有经济比例、财政状况、金融业竞争程度等在很大程度上影响地方政府对城商行的产权态度。

1.4.1.2 产权结构与银行市场化贷款行为的关系

20世纪90年代以来，东欧、俄罗斯等转型经济国家和东南亚、拉美等新兴市场国家的银行业都经历了以市场结构或产权结构为核心的市场化改革（Clark et al.，2005）。为检验产权改革的实施效果，国内外学者从贷款的行业分布、贷款价格、贷款风险等角度研究产权结构与银行贷款的商业原则之间的关系。珀第皮耶尔（Podpiera，2006）认为，判断银行业改革成败的标准是银行是否将信贷资金配置于最有效率的经济单位。塔博达（Taboada，2011）也认为，高效率的贷款是银行将资金提供给经济发展做出更多贡献的高增加值行业，他的跨国研究表明，整体而言，国有股权比例的下降对银行贷款效率的影响难以确定，但在判例法系国家，增加外资股权比例可提高银行的贷款效率。

李燕平和韩立岩（2007）研究我国不同产权性质的银行在贷款中的风险行为差异时发现，非国有控股银行的贷款行为比国有控股银行更加谨慎。贾（Jia，2009）对我国银行业的研究也表明，相对于其他银行，国有控股银行的贷款决策更缺乏谨慎性。杨文等（2015）对产权结构与银行效率关系的研究表明，增加对制造业、房地产业等高增加值行业的贷款能有效提高国有控股银行的利润效率。弗斯等（Firth et al.，2008）对我国银行业的研究发现，国有控股银行更容易向增长慢或绩效差的企业提供贷款，其贷款行为的商业性导向较弱。蔡卫星和曾城（2012）的研究显示，我国银行国有或非国有产权比例的增减均未促使其将贷款资金向盈利能力高的地区倾斜，产权改革没有改变银行贷款决策时的市场导向。郝项超（2013）则从贷款定价的科学性层面研究了我国银行产权改革的效果，他的研究发现，由于银行产权改革不彻底等原因，无论是否是政府控股银行，其在确定贷款利率时均没有充分考虑自身的成本和借款企业的风险，但境外战略投资者的引入能有效改善银行贷款利率对自身成本的敏感性。此外，潘敏和张依茹（2013）研究我国产权结构与银行信贷行为周期性的关系时发现，银行国有股份比例的提高会强化其信贷总量增速的逆周期性，但外资股份比例的增加则会弱化该特征。同时，在经济下行周期中，国有股份比例较高的银行会加大中长期贷款的投放力度，外资股份比例较高的银行则会削减短期贷款规模。

1.4.1.3 非国有股东持股银行的动机

除直接获取股权投资收益外，非国有股东持股银行还可能具有为其控制的企业提供资金支持的目的，现有文献主要从关联贷款的角度研究非国有股东持股银行的这一目的。银行贷款是企业重要的融资渠道，银行大股东有极强的动机敦促银行向其控制的企业提供资金支持（Rajan and Zingales，1998；Johnson et al.，2000）。因此，关联贷款是银行大股东获取控制权私利的重要途径。在全世界的银行体系中，关联贷款都是一个非常普遍的现象，尤其是在法制不健全的新兴市场国家，银行的关联贷款问题更加突出（La Porta et al.，2003）。勒米厄（Lemieux，1999）研究发现，针对大股东的关联贷款是银行内部资金滥用的重要表现，这使银行形成了大量的不良资产，并在一定程度上导致了东南亚金融危机的爆发。皮克和罗森格伦（Peek and Rosengren，2005）对日本银行业的研究表明，获得关联贷款的企业的财务状况相对较差，同时，业绩越差的银行越有可能向财务状况不佳的关联方提供贷款。

我国金融市场不完善导致众多企业特别是民营企业都面临"融资难""融资贵"等问题，在此背景下，企业通过控股或参股商业银行，利用股东身份获取融资便利成为许多企业的选择（张敏等，2012）。尤其是对于具有产业资本性质的大股东，更便捷地获得关联贷款以支持产业资本的发展是其持股银行的主要目的（张敏等，2014）。

1.4.1.4 地方性银行业金融机构对地方经济发展的作用

根据内生金融发展理论，金融体系可以有效动员储蓄、识别投资机会、强化风险管理、监督公司管理层、方便商品和劳务的交换等，从而能够加快资本积累、改善资本配置并促进技术进步，进而促进经济增长（King and Levine，1993；Levine，1997）。其核心机制在于金融部门能够通过减少逆向选择、道德风险或者交易成本的方式将资本配置到最有效率的经济部门中去，从而最大化资本的使用价值（Rajan and Zingales，1998）。对于金融体系中的银行业金融机构，它能够通过与企业建立长期的合作关系以缓解企业的逆向选择和道德风险、动员资本形成规模经济、在收集信息时发挥规模经济优势、以受托人的身份监督信贷资金使用等方式改善资本配置效率，从而促进经济增长（Levine，1997；李青原等，2013）。对于金融发展理论，国内外学者从行业、区域、企业等层面进行了大量的实证检验。乌格勒（Wurgler，2000）的跨国研究表明，金融市场越发达，资本配置效率相应越高。贝克和莱文（Beck and Levine，2002）、菲斯曼与乐福（Fisman and Love，2004）、庞和吴（Pang and Wu，2009）等的研究也为金融市场或信贷机构的发展能有效改善资本配置效率提供了直接证据。

李青原等（2013）采用我国省级工业行业数据的研究表明，银行信贷能够显著改善地区实体经济的资本配置效率。陆桂贤等（2016）利用省际面板数据的研究发现，金融发展促进了地区第二、第三产业资本配置效率的提高，而地区金融发展程度的差异会导致地区资本配置效率的不同。郭峰和熊瑞祥（2017）基于城商行设立的准自然实验探究城商行对城市经济增长的影响及其微观作用机制，研究发现，城商行的成立促进了所在地区的经济增长，而这种促进作用主要通过为企业提供贷款和促进企业增长这两个微观机制来实现。

1.4.1.5 银行产权结构与经营风险的关系

现代公司治理理论认为，不同产权性质的股东在持股动机、利益诉求、风险偏好等方面存在差异，同时，控股股东对公司经营决策、管理理念以及行为方式的影响更为突出。因此，现有文献主要从控股股东的产权性质层面研究银行产权与风险的关系。具体而言，包括以下几个方面的研究视角：

（1）经营目标视角。国有控股银行承担了更多的"政治任务"，经营的商业性和市场性相对较弱（La Porta et al., 2002; Dinc, 2005; Brei et al., 2015），为配合国家宏观调控和地方经济建设，它们甚至不依据经济利润目标和风险收益原则配置信贷资金，导致不良贷款率高企，信用风险增加（王连军，2011；祝继高等，2012；谭劲松等，2012）。因此，国有控股银行比私人银行和合作银行具有更低的资产质量和更高的破产风险（Bonin et al., 2005; Iannota et al., 2007; Cornett et al., 2010）；银行国有股比例和不良贷款率呈现正相关关系（Angkinand and Wihlborg, 2010；杨有振、赵瑞，2010）；银行国有股占比的上升会显著增强银行风险承担水平与宏观经济波动之间的敏感性（潘敏、张依茹，2012; Angeloni et al., 2015）。

（2）"所有者"缺位视角。与非国有股东不同，国有股东一般通过行政任命董事长或主要管理人员的方式履行出资人资格，国有控股银行存在"所有者"缺位现象，会造成产权人以及存款人对管理者监督的软化，甚至出现挪用国有资产、增加在职消费等问题，增大了风险（Berger et al., 2005; Iannota et al., 2013）。同时，"所有者"缺位和行政化的管理方式还会导致政府官员将自身的动机嵌入股东或股东代理人角色之中，使国有控股银行成为政府官员获取"政治资本"、提升"政绩"的工具，造成信贷质量较差，银行风险增大（钱先航，2012；纪志宏等，2014；刘冲、郭峰，2017）。

（3）风险补偿视角。相对于其他银行，国有控股银行更容易获得国家或政府的政策和资金支持，剥离不良资产或补充资本金等救助措施增强了它们的风险抵御能力（Barth et al.，2004；李艳红、贺赣华，2009）。同时，国有股东更加重视金融安全，更加注重对经理人风险控制能力的考核，行政化的考核机制使得国有控股银行的经营行为更加谨慎（贾春新，2007；王涛、蒋再文，2011）。此外，国有控股银行以国家信誉担保，在吸收存款等方面也更具有优势，风险更低（Andrianova et al.，2008；Barry et al.，2011）。但正是由于对国家信用担保或政府救助的预期和依赖，国有控股银行管理者的努力程度降低，冒险动机更加强烈（Sapienza，2004；Micco et al.，2007；Mohsni and Otchere，2014）。

1.4.2 文献评析

现有文献虽然从国有产权对银行经营行为的影响、非国有股东控股银行的动机、银行产权改革的效果、银行产权结构与经营效率和经营风险的关系，以及银行贷款供给在促进经济发展的中作用等方面对银行产权结构与信贷资金配置效率问题进行了大量、深入且有意义的研究，但仍有以下几个问题被现有文献忽略：

（1）国有控股银行在市场化经营与执行政府经济政策之间的平衡。现有文献的潜在观点是，市场化经营与执行政府经济政策的"政治任务"之间是矛盾的，银行在经营中只能二者取其一，而不能在这两者之间达到有效的平衡。但实际上，在市场经济条件下，政府制定经济政策的根本目的是促进经济的持续健康发展，银行根据政策指引配置信贷资金未必有悖于贷款的"风险性""收益性"原则。因此，长期而言，银行经营的商业原则与执行政府经济政策应是有机统一的。

（2）贷款对象的经营发展质量。现有文献主要从贷款对象的身份特征或财务状况层面衡量银行的贷款效率，并据此研究银行信贷资金配置中的国有产权效应或非国有股东持股银行的目的，但事实上，政府或政党控制的企业的发展质量未必较其他企业差，财务状况佳的企业也未必经营质量好。因此，贷款对象的经营发展质量应是现代商业银行选择贷款对象的重要考量，也应是理论研究中衡量银行贷款效率的基本标准。

（3）地方性银行贷款供给是否能促进地方经济效率的提升。经济增长强调产出总量的增加，这种增加可能源于生产单位资源要素的大量投入，也可能源于其对资源的合理充分利用或新工艺新技术的采用，而经济效率度量了要素投入以外的其他因素对产出增加的作用，反映了经济发展的质量。因此，需要从"质"和"量"两个维度衡量地方经济发展，尤其在当前高质量发展的经济背景下，研究促进地方经济效率提升的金融因素具有极强的现实意义。

（4）银行贷款供给与地方经济发展的关系是否会因银行产权性质而异。金融发展促进经济增长理论的潜在假设是金融机构是独立经营的市场主体，能完全按市场原则配置资源。但在我国金融资源配置中，政府具有主导权，尤其是在我国财政分权导致地方政府财力不足的背景下，政府具有通过股权控制等方式干预国有控股银行的经营决策以实现其政治目的的强烈动机，这可能会导致国有控股银行的贷款资源更多地向政府重点关注的领域倾斜，经营行为的独立性弱于非国有控股银行。

（5）产权结构影响银行经营风险的方式。一般而言，银行产权的变化会造成其风险偏好及风险管控策略发生改变，导致银行破产风险的来源随之变化，这就需要对银行破产风险进行分解，剖析银行风险的构成，探究银行产权结构通过怎样的途径或方式影响破产风险。另外，在公司治理中，银行的经营管理决策不仅受控股股东产权性质的影响，还可能会受控股股东的股权持有方式、银行总股份中各类产权性质股份的比例等因素的影响，因此，为全面研究银行产权结构对经营风险的影响，还需要深入分析不同产权性质的股份在银行股份中的比例、控股股东持股方式等产权结构因素与银行风险的关系。

第 2 章
我国银行产权结构及信贷资金配置现状

为深入研究供给侧结构性改革下银行产权结构与信贷资金配置效率的关系，需充分了解当前我国银行业产权结构和贷款供给的基本状况。鉴于此，本章首先以产权结构改革为主线回顾我国银行业改革发展历程，然后梳理银行业产权结构现状，最后分析银行业信贷资金供给现状。

2.1 我国银行业改革发展历程

1978年以前，我国基本上是"大一统"的国家金融体系和高度计划的银行经营体制，金融机构仅有中国人民银行一家，中国人民银行同时具有中央银行、政策性银行和商业银行的功能，既行使中央银行职能，又办理对企事业单位和城乡居民的存、贷款业务，其行为是行政指令性的，而其他"银行"要么是中国人民银行的附属机构，要么是财政部的下设机构，类似国家的"出纳"。1978年12月，中国共产党十一届三中全会作出了把全党工作重点转移到社会主义现代化建设上来的战略决策，我国拉开了改革开放的帷幕。伴随着金融领域改革和开放的深入，我国银行业的市场化经营体制和商业性经营原则日趋明确，商业银行的市场主体逐步确立（刘明康，2009）。为进一步增强我国商业银行的市场活力和国际竞争力，银行业经历了以产权结构和市场结构为核心和抓手的市场化改革历程。在产权结构方面，我国银行业大致经历了以下几个改革发展阶段：

（1）第一阶段（1979～1993年），银行体系初步确立。

1979年邓小平同志提出"必须把银行真正办成银行"，[①] 决定了我国银行业改革的目标是把政府管理的银行改造成为真正独立的金融机构（Qian，1994；王涛，2012），以适应我国经济体制改革和发展的要求。恢复中国农业银行是中国银行业改革的起点，1979年2月，国务院颁布《关于恢复中国农业银行的通知》，规定"中国农业银行作为国务院直属机构，由中国人民银行代管"，同年3月，中国农业银行正式成立，标志着我国迈出了设立专业银行、打破传统金融体制的第一步。1979年3月，中国银行也从中国人民银行分离出来，成为独立运行的金融机构；1983年5月，中国建设银行正式恢复；1984年1月，中国工商银行组建成立。至此，四大国有专业银行得以恢复和成立，我国国有银行体系初步确立。

为更好地发挥政策性信贷工具以服务国有经济，四大国有专业银行成立之初，其经营范围受到严格限制，它们分别在农业、外汇、基础设施建设和城市工商领域各司其职，"客户"群体几乎没有交叉，相互之间缺乏竞争，同时，主管部门对银行的行政化管理方式也使其缺乏参与竞争的内在激励，这导致了银行运行的低效率、不良贷款的快速形成和风险的不断累积。为解决此问题，一方面，国有银行启动了以"放权让利"为核心的企业化改革；另一方面，引入市场竞争以打破四大国有专业银行对信贷业务的垄断。1986年1月，《中华人民共和国银行管理暂行条例》颁布实施，正式确认了城市信用合作社的合法地位，城市信用合作社得以快速的发展；1986年7月，国务院批准重新组建交通银行；1987年4月，招商银行正式成立，标志着我国第一家完全由企业法人持股的股份制的商业银行正式成立。随后，兴业银行、中信银行、光大银行、华夏银行等股份制银行相继

---

① 邓小平文选：第2卷［M］. 北京：人民出版社，1994：200。

成立。股份制银行成立之初就定位为法人企业而非国家行政单位，采用典型的股份制股权结构和产权明晰、权责分明的企业管理办法，自主经营、独立核算、自负盈亏，是我国银行体系的新鲜血液。至此，我国初步形成了以四大国有专业银行、股份制商业银行和信用社为主体的银行业金融体系。

（2）第二阶段（1994~2003年），国有银行商业化改革。

四大国有专业银行和部分信用社同时经营政策性业务和商业性业务，但在商品经济和社会主义市场经济背景下，身兼两职使它们既难以有效履行政策性银行的义务，又无法承担商业银行自负盈亏的责任，角色定位不明确、经营机制不灵活等问题极大地制约了我国银行业的发展（符静静，2012；安然，2017），按照"产权明晰、权责明确、政企分开、管理科学"的原则对四大国有专业银行和信用社进行商业化改革势在必行。

1994年，中国农业发展银行、中国进出口银行、国家开发银行三家政策性银行相继成立，实现了政策性金融与商业性金融的分离，为四大国有专业银行的商业化改革奠定了基础。1995年5月，《中华人民共和国商业银行法》颁布实施，首次以法律形式明确了国有商业银行的独立民事法律主体，并清晰阐述了商业银行的权利、义务和经营原则，为我国银行业的商业化改革指明了方向；1995年5月，四大国有银行正式由国家专业银行转型为国有独资商业银行。同时，自1995年起，各地也陆续在原有城市信用社和农村信用社的基础上，组建成立城市商业银行、农村商业银行等地方性银行业金融机构。1996年1月，中国民生银行成立，这是我国第一家以非国有资本为主力投资设立的现代股份制商业银行，其不同于其他银行国有独资或国有控股的股权结构，民营资本首次控股商业银行，这不仅迈出了我国银行业向民营资本开放的第一步，丰富了银行的产权结构，也使得银行的现代企业制度更加完善，以产权为基础的银行公司治理机制初步确立。2003年4月，中国银行业监督管理委员会正式成立，标志着我国银行业步入法制化、规范化、专业化的发展阶段。

（3）第三阶段（2004~2012年），国有银行股份制改革。

加入世界贸易组织（WTO）为我国银行业发展创造了新的机遇，但也意味着五年过渡期后，中资银行将面临外资银行的冲击和挑战。同时，由于角色定位不明确、股权结构单一等先天性原因，我国绝大部分银行都存在产权界定不清晰、治理机制不完善等诸多问题，这不仅极大地制约了商业银行的自身发展，而且严重影响了金融支持经济发展的效率。因此，为加强我国银行业金融体系的稳定性，适应世界范围内有效银行监管和现代银行经营管理模式，同时为迎接加入 WTO 带来的机遇和挑战，并我国经济发展提供高效的金融服务，加快以股权为核心的商业银行公司治理改革迫在眉睫。

2003 年 10 月，中共十六届三中全会通过了《中共中央关于完善社会主义市场经济体制若干问题的决定》，该决定针对银行业提出"加大处置不良资产的力度，积极实行股份制改造，努力创造各种有利条件争取早日上市"，明确了国有银行股份制改革的方向和路径。2003 年 12 月，中央汇金投资有限责任公司向中国银行、中国建设银行各注资 225 亿美元，助其进行股份制改造和上市；2004 年，中国银行和中国建设银行相继完成股份制改造，并成立中国银行股份有限公司和中国建设银行股份有限公司；2005 年 6 月，中国建设银行与美洲银行签署战略投资合作协议，四大国有银行首次引入海外战略投资者；2005 年 6 月，交通银行在香港联合交易所上市，成为首家在境外上市的中国内地商业银行；2005 年 10 月，中国工商银行完成股份制改造，成立中国工商银行股份有限公司；2005 年 10 月，中国建设银行股份有限公司在香港联合证券交易所上市；2006 年 6 月，中国银行股份有限公司在香港联合证券交易所上市；2006 年 7 月，中国银行股份有限公司在上海证券交易所上市；2006 年 10 月，中国工商银行股份有限公司在香港联合证券交易所和上海证券交易所同时上市；2007 年 5 月，交通银行在上海证券交易所上市；2007 年 9 月，中国建设银行股份有限公司在上海证券交易所上市；2008 年 12 月，国家开发银行完成股份制改造，成立国家开发银行股份有限公司；2009 年 1 月，中国农业银行完成股份制改造，成立中国农业银行股份有限公司；2010 年 7 月，中国农业银行股份有限公司在上海证券交易所和香港联合证券交易所上市。至此，四大国有银行及交通银行都已完成股份制改革和挂牌上市，转变成为国有控股的股份有限公司。与此同时，全国性股份制商业银行和各地的城市商业银行、农村商业银行也陆续进行了财务重组、战略引资或公开上市，过去单一的产权结构得以有效改变，现代公司治理机制逐步确立。

(4) 第四阶段（2013 年至今），民营银行快速发展。

随着社会主义市场经济体制的初步确立和金融领域改革的不断深入，银行业等一些特殊行业逐步具备了向国内民间资本和国外资本开放的条件。另外，引入民间资本和发展民营银行是我国银行业市场化改革的重要内容，是丰富银行业产权结构与市场结构、完善治理机制和强化市场竞争的迫切需要，同时也是为实体经济发展提供广覆盖、差异化、高效率金融服务的必要要求（陈晓蕊，2016）。2012 年 5 月，中国银监会发布《关于鼓励和引导民间资本进入银行业的实施意见》，规定"民营企业可通过发起设立、认购新股、受让股权、并购重组等多种方式投资银行业金融机构"，提出支持民间资本与其他资本按同等条件进入银行业；2013 年 6 月，国务院常务会议指出"鼓励民间资本参与金融机构重组改造，探索设立民间资本发起的自担风险的民营银行和金融租赁公司、消费金融公司等"，明确鼓励探索发展民营银行；2013 年 7 月，国务院办公厅发布《关于金融支持经济结构调整和转型升级的指导意见》，提出要"扩大民间资本进入金融业"，要求"鼓励民间资本投资入股金融机构和参与金融机构重组改造。允许发展成熟、经营稳健的村镇银行在最低股比要求内，调整主发起行与其他股东持股比例。尝试由民间资本发起设立自担风险的民营银行、金融租赁公司和消费金融公司等金融机构"，将民营银行事项落实到政策文件中。随后，国务院、中国银监会、人民银行、工商总局等政府机构也陆续出台相关政策文件，为民营银行的设立和发展提供了强有力的政策保障。

随着关于支持民营银行发展的政策逐步明朗，2013 年以来，各地民间资本积极筹备、争相申办民营银行。经过近一年的酝酿，2014 年 3 月，中国银监会公布了首批进行试点的 5 家民营银行名单，深圳前海微众银行、天津金城银行、浙江网商银行、上海华瑞银行和温州民商银行成为我国第一批民营银行。随着第一批试点民营银行的开业运营，相关监管措施同步推进并不断完善，各项支持政策也陆续出台并落地实施。2015 年 6 月，国务院办公厅转发了中国银监会《关于促进民营银行发展的指导意见》，对民营银行的指导思想、基本原则、准入条件、许可程序、经营管理、监管要求等进行了专门、详细的规定，标志着我国民营银行的设立和发展进入常态化。与此同时，第二批试点民营银行的筹建和审批工作也稳步进行，截至 2017 年年底，全国共有 17 家民营银行已开业运营，民营银行总资产、各项贷款余额和各项存款余额分别为 3381.40 亿元、1444.17 亿元、1135.13 亿元,占我国银行业金融机构资产总额、贷款余额和存款余额的比例分别为 0.13%、0.11% 和 0.07%,2017 年民营银行利润合计 19.67 亿元,占我国银行业金融机构总利润的 0.09%。[①] 民营银行发起时以民营资本为主导,设立时采取非国有资本控股的股权结构,经营中采用差异化的市场定位和业务模式,极大地丰富了我国银行业的产权结构和经营方式。

在鼓励民营银行发展的同时,监管当局不断拓宽民间资本进入银行业的渠道,引导民间资本规范有序参与商业银行的改制重组。在政策的指引下,民间资本除直接发起设立民营银行外,还通过受让股权、并购重组等方式参股或控股成熟的商业银行。目前,民间资本占城市商业银行和农村合作金融机构股份的比例均超过 50%,在股份制商业银行股本中的占比也已超过 40%(易纲,2019)。

2.2 我国银行产权结构现状

2.2.1 总体情况

采集我国 97 家商业银行[②]2009~2017 年的前十大股东持股比例和产权性质数据,[③] 统计银行各年前十大股东中国有股比例均值、国有股比例均值、外资股[④]比例均值、前十大股东持股比例合计均值、第一大股东持股比例均值、第一大股东与第二大股东持股比例之差均值、第一大股东为国有和非国有性质的银行数量及比例、第一大股东为政府职能部门和国有企业的银行数量及比例,结果如表 2.1 和表 2.2 所示。

---

① 《中国银行业监督管理委员会 2017 年报》。
② 包括 5 家大型国有商业银行、12 家全国性股份制商业银行和 80 家地方性商业银行。
③ 本节关于银行产权结构现状的数据来源于各商业银行年报。
④ 本书的外资股是指国外资本持有的银行股份,不包括我国香港地区、澳门地区、台湾地区资本持有的银行股份。

表 2.1　2009～2017 年 97 家商业银行第一大股东及前十大股东持股情况　单位：%

年份	前十大股东中国有股比例	前十大股东中非国有股比例	前十大股东中外资股比例	前十大股东股份占银行总股份的比例	第一大股东持股比例	第一大股东控股能力
2009	53.43	46.57	7.37	64.80	21.13	9.65
2010	52.39	47.61	7.16	65.60	20.76	8.78
2011	50.91	49.09	6.86	65.32	20.21	8.21
2012	51.31	48.69	6.58	64.91	20.49	8.69
2013	51.31	48.69	6.16	64.27	20.32	8.74
2014	51.43	48.57	5.88	63.92	19.56	7.73
2015	52.06	47.94	5.54	64.27	19.92	8.22
2016	52.36	47.64	4.49	64.84	20.18	8.20
2017	51.52	48.48	4.01	65.20	20.33	8.56

注：第一大股东控股能力 = 第一大股东持股比例 - 第二大股东持股比例。下同。

表 2.2　2009～2017 年 97 家商业银行第一大股东产权性质及控股方式统计

年份	国有资本控股银行 数量（家）	国有资本控股银行 占样本的比例（%）	非国有资本控股银行 数量（家）	非国有资本控股银行 占样本的比例（%）	政府职能部门控股银行 数量（家）	政府职能部门控股银行 占样本中国有控股银行的比例（%）	国有企业控股银行 数量（家）	国有企业控股银行 占样本中国有控股银行的比例（%）
2009	74	76.29	23	23.71	21	28.38	53	71.62
2010	74	76.29	23	23.71	19	25.68	55	74.32
2011	74	76.29	23	23.71	19	25.68	55	74.32
2012	75	77.32	22	22.68	20	26.67	55	73.33
2013	77	79.38	20	20.62	19	24.68	58	75.32
2014	74	76.29	23	23.71	18	24.32	56	75.68
2015	74	76.29	23	23.71	17	22.97	57	77.03
2016	71	73.20	26	26.80	16	22.54	55	77.46
2017	71	73.20	26	26.80	17	23.94	54	76.06

从表2.1来看，整体而言，在银行前十大股东中，国有股比例与非国有股比例大致相当，2017年，二者分别为51.52%和48.48%；2009～2017年，非国有股份的比例呈稳中略升的变动态势，其中，外资股比例呈逐年下降的变化趋势，境内民营资本及其他非国有投资者持股比例逐年增加。同时，银行股权较为集中，2017年，前十大股东股份占银行总股份的比例及第一大股东持股比例分别为65.20%和20.33%，2009～2017年，二者均较为稳定，但第一大股东与第二大股东股份之差呈波动下降的变化态势，第一大股东的股权控制能力有所降低。

另外，从表2.2来看，在被观测的97家银行中，有近1/4的银行第一大股东为非国有资本，且该比例在2009～2017年呈扩大趋势，2017年，非国有资本控股的银行家数达26家，占被观测银行总数的26.80%。另外，在国有资本控股的银行中，第一大股东为政府职能部门的银行数量逐年下降，国有企业控股的银行数量逐渐增多，2017年达54家，占国有控股银行总数的76.06%，国有资本持有方式逐步市场化。

2.2.2 大型国有控股银行产权结构

进一步统计5家大型国有控股银行[①]的产权结构，结果如表2.3和附录中附表1所示。

表2.3　　　　2005～2017年5家大型国有控股银行第一大股东
及前十大股东持股情况　　　　　　　　　单位：%

年份	前十大股东中国有股比例	前十大股东中非国有股比例	前十大股东中外资股比例	前十大股东股份占银行总股份的比例	第一大股东持股比例	第一大股东控股能力
2005	85.22	14.78	11.82	93.03	63.28	25.46
2006	80.93	19.07	13.78	89.34	57.21	21.95
2007	73.52	26.48	12.50	92.38	56.79	20.81

---

① 5家大型国有控股银行分别为：中国工商银行、中国农业银行、中国建设银行、中国银行、交通银行。

续表

年份	前十大股东中国有股比例	前十大股东中非国有股比例	前十大股东中外资股比例	前十大股东股份占银行总股份的比例	第一大股东持股比例	第一大股东控股能力
2008	71.30	28.70	14.45	92.43	45.52	17.80
2009	71.62	28.38	9.56	92.43	47.30	17.10
2010	67.72	32.28	8.68	91.25	45.32	16.44
2011	67.66	32.34	7.36	91.56	45.35	15.27
2012	67.95	32.05	6.79	92.35	45.43	15.03
2013	67.90	32.10	6.62	92.41	45.42	14.90
2014	67.76	32.24	6.31	91.75	44.94	14.36
2015	68.65	31.35	6.21	92.61	44.52	13.99
2016	69.07	30.93	4.99	92.58	44.47	12.79
2017	69.00	31.00	4.92	92.49	44.48	12.79

从表2.3可以看出，在5家大型国有控股银行前十大股东的持股份额中，国有股比例明显高于非国有股比例，2017年，两者分别为69.00%和31.00%；2005~2017年，非国有股份比例逐年上升，其中，外资股比例逐年减少，境内民营资本及境内其他非国有投资者持股比例逐年增加，2017年，外资占前十大股东股份的比例为4.92%。同时，在5家大型国有控股银行中，90%以上的股份集中于前十大股东，且40%以上的股份集中于第一大股东，但第一大股东持股比例在2005~2017年呈下降趋势。另外，5家大型国有控股银行第一大股东均为国有性质，股份制改革完成之前为国务院国资委等政府职能部门，股份制改革完成之后为中央汇金公司。

2.2.3 全国性股份制银行产权结构

统计12家全国性股份制商业银行[①]的产权结构，结果如表2.4和附录中附表2所示。

---

① 12家全国性股份制商业银行分别为：招商银行、浦发银行、中信银行、中国光大银行、华夏银行、中国民生银行、广发银行、兴业银行、平安银行、浙商银行、恒丰银行、渤海银行。

表 2.4　　　2007~2017 年 12 家全国性股份制银行第一大股东
及前十大股东持股情况　　　　　　　单位：%

年份	前十大股东中国有股比例	前十大股东中非国有股比例	前十大股东中外资股比例	前十大股东股份占银行总股份的比例	第一大股东持股比例	第一大股东控股能力
2007	55.09	44.91	10.75	67.44	23.45	12.48
2008	55.16	44.84	14.47	67.61	24.96	12.73
2009	57.79	42.21	12.76	67.52	26.06	14.50
2010	55.62	44.38	13.53	65.82	23.85	11.10
2011	56.11	43.89	13.57	66.46	24.36	11.14
2012	61.86	38.14	11.85	67.92	27.64	14.44
2013	61.24	38.76	10.59	69.80	28.39	14.85
2014	56.87	43.13	10.04	66.51	24.73	10.54
2015	54.91	45.09	7.60	72.10	27.60	12.55
2016	58.55	41.45	3.22	73.69	27.27	11.92
2017	58.31	41.69	3.77	75.07	27.63	12.20

从表 2.4 来看，在全国性股份制银行前十大股东的持股份额中，国有股份比例略高于非国有股份，与 5 家大型国有控股银行相比，二者的差距明显缩小，2017 年它们分别为 58.31% 和 41.69%；2007~2017 年，非国有股份比例呈波动变化，但整体较为稳定，而其中的外资股比例却明显减少，其在前十大股东股份中的比例由 2007 年的 10.75% 下降至 2017 年的 3.77%，这与 5 家大型国有控股银行类似，表明前十大股东中境内民营资本及境内其他非国有投资者的持股比例在逐年增加。同时，全国性股份制银行的股权也较 5 家大型国有控股银行更为分散，2007~2017 年，前十大股东股份占银行总股份的比例和第一大股东持股比例分别在 65%~75% 和 23%~28% 之间，且它们均呈逐年上升的变化态势。另外，除部分年度的民生银行和平安银行外，12 家全国性股份制银行的第一大股东均为国有性质，且绝大部分为国有企业。

2.2.4　地方性银行产权结构

统计 80 家地方性商业银行的产权结构，结果如表 2.5 和表 2.6 所示。

表 2.5　　　　2009～2017 年 80 家地方性银行第一大股东
及前十大股东持股情况　　　　单位：%

年份	前十大股东中国有股比例	前十大股东中非国有股比例	前十大股东中外资股比例	前十大股东股份占银行总股份的比例	第一大股东持股比例	第一大股东控股能力
2009	51.75	48.25	6.41	62.75	18.88	8.44
2010	50.95	49.05	6.11	63.96	18.76	7.96
2011	49.08	50.92	5.82	63.50	18.01	7.32
2012	48.69	51.31	5.77	62.74	17.86	7.44
2013	48.78	51.22	5.47	61.68	17.54	7.44
2014	49.59	50.41	5.23	61.79	17.20	6.90
2015	50.60	49.40	5.19	61.32	17.23	7.21
2016	50.39	49.61	4.64	61.78	17.60	7.35
2017	49.42	50.58	3.99	62.01	17.73	7.75

表 2.6　　　　2009～2017 年 80 家地方性银行第一大股东产权
性质及国有股份持有方式统计

年份	国有资本控股银行 数量（家）	国有资本控股银行 占样本的比例（%）	非国有资本控股银行 数量（家）	非国有资本控股银行 占样本的比例（%）	政府职能部门控股银行 数量（家）	政府职能部门控股银行 占样本中国有控股银行的比例（%）	国有企业控股银行 数量（家）	国有企业控股银行 占样本中国有控股银行的比例（%）
2009	60	75.00	20	25.00	19	31.67	41	68.33
2010	60	75.00	20	25.00	17	28.33	43	71.67
2011	60	75.00	20	25.00	17	28.33	43	71.67
2012	60	75.00	20	25.00	18	30.00	42	70.00
2013	62	77.50	18	22.50	17	27.42	45	72.58
2014	59	73.75	21	26.25	16	27.12	43	72.88
2015	59	73.75	21	26.25	15	25.42	44	74.58
2016	55	68.75	25	31.25	14	25.45	41	74.55
2017	56	70.00	24	30.00	15	26.79	41	73.21

地方性银行的非国有股份比例不仅远高于 5 家大型国有控股银行，而且明显高于全国性股份制银行。在地方性银行的前十大股东中，国有股份与非国有股份比例大致相当，且在 2009～2017 年呈交替变化态势，2017 年二者分别为 49.42% 和 50.58%；与大型国有控股银行和全国性股份制银行类似，在地方性银行的前十大股东股份中，外资股比例逐年下降，2017 年仅为 3.99%，境内民营资本及境内其他非国有投资者持股比例在逐年增加。同时，地方性银行的股权集中度和第一大股东股权控制能力总体上均较为稳定，2009～2017 年前十大股东股份占银行总股份的比例、第一大股东持股比例以及第一大股东与第二大股东股份比例之差均无大幅变化。

另外，在地方性银行中，第一大股东为非国有性质的银行比例明显多于大型国有控股银行和全国性股份制银行。从表 2.6 可以看出，2009～2017 年，在被观测的 80 家地方性银行中，除 2013 年外，第一大股东为国有性质的银行数量各年均在 60 家以下，占比低于 75%；同时，在国有控股银行中，超过 70% 的银行其控股股东为国有企业。2017 年，有 24 家银行第一股东为非国有资本，占样本中国有控股银行的 30%，而在第一大股东为国有性质的 56 家银行中，41 家第一大股东为国有企业，占样本中国有控股银行的比例为 73.21%。

2.3　我国银行业信贷资金配置现状

2.3.1　贷款总量

统计 2003～2018 年我国银行业金融机构贷款总量、贷款增长速度、贷款占社会融资总额的比例及贷款与银行业金融机构资产及存款总额的比率，[1] 结果如表 2.7 所示。

---

[1]　本小节关于银行业信贷资金配置现状的数据来源于《中国金融年鉴》。

表 2.7　2003~2018 年我国银行业金融机构贷款总量及不良贷款率情况

年份	贷款总额（万亿元）	贷款年均增长率（%）	贷款占社会融资总额的比例（%）	GDP 增长率（%）	贷款占资产的比例（%）	贷款与存款的比率（%）	不良贷款率（%）
2003	15.90	21.10	87.53	10.03	70.57	76.42	17.90
2004	17.82	12.08	87.29	10.09	67.82	73.81	13.20
2005	19.47	9.26	86.81	11.31	64.46	67.80	8.90
2006	22.53	15.75	85.20	12.68	61.70	67.18	7.50
2007	26.17	16.13	81.44	14.16	57.61	67.21	6.70
2008	30.34	15.94	79.89	9.63	56.35	65.08	2.40
2009	39.97	31.74	78.09	9.21	58.62	66.87	1.60
2010	47.92	19.89	73.74	10.45	59.46	66.72	2.40
2011	54.64	14.02	71.16	9.30	59.83	67.51	1.80
2012	62.81	14.95	68.67	7.65	61.33	68.45	1.60
2013	71.71	14.17	66.69	7.67	61.05	68.70	1.50
2014	81.48	13.62	66.28	7.40	61.56	71.56	1.60
2015	93.64	14.93	67.72	6.90	60.76	69.58	1.90
2016	106.17	13.38	68.05	6.70	60.32	70.91	1.90
2017	119.69	12.74	65.45	6.90	61.95	73.40	1.74
2018	135.79	13.45	67.64	6.60	64.38	76.96	1.89

从表 2.7 来看，近年来，我国银行业金融机构贷款总量快速增长，年均增长率达 15.82%。2011 年之前，贷款增长速度的波动较大，2011 年之后则较为稳定，每年的增长率均在 13%~15% 之间，且与 GDP 增长率的变化态势基本一致。2018 年底，我国银行业金融机构贷款余额已达 135.79 万亿元，是国内生产总值的 1.5 倍。

同时，近年来，我国银行业金融机构贷款占社会融资总额的比例均在

65%以上，但整体呈逐年下降的变化态势。表明以银行贷款为代表的间接融资仍是我国社会融资的主要方式，但随着我国资本市场的逐步健全，特别是股权融资市场的快速发展，企业融资渠道进一步拓宽，金融脱媒现象进一步加剧，直接融资在社会融资中的作用日趋突出。

另外，总体而言，以2008年为界，我国银行业金融机构贷款与其资产及存款总额的比率均呈先降后升的变化态势，2018年与2003年相比，贷款与存款的比率无明显变化，贷款占总资产的比例由2003年的70.57%下降至2018年的64.38%，虽然整体上有所降低，但仍占银行资产总额的近2/3。表明我国银行业金融机构的资产运用空间依然较窄，多元化经营能力亟待提升。

进一步统计2010~2018年我国不同规模银行贷款额占银行业金融机构贷款总额的比例，结果如表2.8所示。

表2.8　　2010~2018年不同规模银行贷款占银行业金融机构贷款总额的比例　　单位：%

类别	2010年	2011年	2012年	2013年	2014年	2015年	2016年	2017年	2018年
大型银行	68.36	67.63	67.02	66.15	65.55	56.22	54.31	52.91	51.20
中小型银行	31.64	32.38	32.98	33.85	34.45	43.78	45.69	47.09	48.80

从表2.8来看，随着我国银行业市场结构改革的持续深入，银行业的市场集中度明显改善，大型银行[①]的市场份额逐年下降，中小型银行的市场占有率稳步攀升，2018年底，大型银行和中小型银行贷款占银行业贷款总额的比例分别为51.20%和48.80%，二者大致相当，基本形成了六家大型银行与众多中小型银行平分市场的竞争格局。

2.3.2　贷款方式

统计2010~2016年我国银行业金融机构主要贷款方式贷款量占其企业

---

① 本节大型银行包含：中国工商银行、中国农业银行、中国银行、中国建设银行、中国邮政储蓄银行、交通银行，共六家；中小型银行指除上述六家大型银行外的其他商业银行。

类贷款总额的比例,以及不同贷款方式中大型、中型和小微企业的贷款量占其企业类贷款总量的比例,结果如表2.9所示。

表2.9　2010~2016年我国银行业金融机构各类贷款方式的贷款比例　　单位:%

类别		2010年	2011年	2012年	2013年	2014年	2015年	2016年
银行业企业类贷款	信用贷款	23	23	21	20	22	20	23
	保证贷款	24	25	25	25	25	22	24
	抵(质)押贷款	35	37	38	40	42	39	38
对大型企业的贷款	信用贷款	69	66	61	63	64	61	60
	保证贷款	37	32	30	29	30	29	29
	抵(质)押贷款	31	28	25	25	25	24	24
对中型企业的贷款	信用贷款	21	19	24	24	25	26	25
	保证贷款	35	34	38	37	37	36	34
	抵(质)押贷款	39	35	41	41	40	39	37
对小微企业的贷款	信用贷款	11	15	15	13	12	13	15
	保证贷款	28	34	32	34	33	36	37
	抵(质)押贷款	30	36	34	35	35	37	39

从表2.9来看,信用贷款、保证贷款、抵(质)押贷款是我国银行业金融机构常用的贷款方式,这三种方式的贷款额占银行业金融机构贷款总额的近85%。在这三种贷款方式中,抵(质)押贷款占的比例最高,其次是保证贷款,最后是信用贷款。表明银行在贷款业务中更注重企业的资产情况,主要采用要求企业提供抵(质)押物或担保等方式来控制信贷风险。

同时,信用贷款的主要对象是大型企业[①],其次是中型企业,最后是小微企业,在银行的信用贷款中,大型企业的贷款量各年均在60%以上;保证贷款和抵(质)押贷款的贷款对象主要是中型企业和小微企业,在银行

---

① 本节关于大型、中型和小微企业的划分依据为2011年国家统计局颁布的《统计上大中小微型企业划分办法》。

的这两种贷款方式中，各年中型企业和小微企业的贷款量均超过30%。这表明我国商业银行主要依据企业的资产规模和经营实力进行贷款方式决策，大型企业资产实力较为雄厚，经营相对稳健，银行更倾向于向其提供信用贷款，而针对资产规模较小或经营风险较大的中小微企业，银行则更多地采取保证贷款或抵（质）押贷款的方式向其提供信贷资金。

2.3.3 贷款结构

2.3.3.1 贷款的期限结构

统计2009~2018年我国银行业金融机构短期贷款和中长期贷款占贷款总额的比例，结果如表2.10所示。

表2.10　2009~2018年我国银行业金融机构各类期限贷款占贷款总额的比例

单位：%

类别	2009年	2010年	2011年	2012年	2013年	2014年	2015年	2016年	2017年	2018年
短期贷款	37	35	37	40	40	39	37	34	33	31
中长期贷款	56	60	59	56	56	56	56	59	62	62

从表2.10来看，总体而言，近年来，我国银行业金融机构中长期贷款额占贷款总额的比例逐年上升，而短期贷款占比逐年下降。2018年底，中长期贷款余额达84.65亿元，占贷款总额的62%，是短期贷款的两倍。表明近年来我国银行业金融机构的贷款更多的是满足企业技术改造、基础设施建设等长期资产投资需求，而对满足企业流动资金需求的短期贷款逐年减少。

2.3.3.2 贷款的客户结构

统计2010~2016年我国银行业金融机构个人贷款和企业贷款占贷款总额的比例、经营贷款和消费贷款占个人贷款总额的比例、不同规模企业贷款和不同所有制企业贷款占企业贷款总额的比例，结果如表2.11所示。

表 2.11　2010～2016 年我国银行业金融机构各类客户贷款占贷款总额的比例

单位：%

年份	总体 个人贷款	总体 企业贷款	个人贷款 消费贷款	个人贷款 经营贷款	企业贷款 大型企业	企业贷款 中型企业	企业贷款 小微企业	企业贷款 国有企业	企业贷款 非国有企业
2010	76.51	23.49	66.70	33.30	35.87	26.91	19.84	43.16	56.84
2011	75.11	24.89	65.23	34.77	33.75	26.20	25.38	41.66	58.34
2012	74.32	25.68	64.69	35.31	29.84	30.38	23.94	40.04	59.96
2013	72.32	27.68	65.35	34.65	29.76	30.39	24.73	39.46	60.54
2014	71.60	28.40	66.40	33.60	32.33	31.37	25.71	42.56	57.44
2015	71.14	28.86	70.14	29.86	27.91	28.14	24.85	40.25	59.75
2016	68.58	31.42	75.08	24.92	30.30	28.43	27.23	46.36	53.64

从表 2.11 来看，我国银行金融机构以企业客户为主，但近年来，随着住房抵押贷款、汽车消费贷款、信用卡业务等的快速发展，个人客户的贷款额占银行业金融机构贷款总额的比例逐年增加，2016 年底，我国个人客户贷款余额达 11.25 亿元，接近企业客户贷款余额的 1/2。

进一步统计个人客户的贷款结构发现，个人客户贷款的主要用途为消费，个人消费贷款占个人贷款总额的比例超过 65%，是个人经营贷款占比的两倍。同时，近年来，随着供给侧结构性改革的深入和消费升级战略的实施，消费贷款占个人贷款的比例呈逐年上升的变化趋势。

另外，在企业贷款中，小微企业贷款所占的比例呈逐年上升的变化趋势，而大型企业贷款所占的比例整体上呈下降趋势。2016 年底，大型企业、中型企业、小微企业的贷款额占银行业金融机构企业类贷款总额的比例分别为 30.30%、28.43% 和 27.23%，各类规模企业的贷款额基本接近。另外，从企业客户的所有制结构来看，国有企业贷款额低于非国有企业，但各年均较为稳定，2016 年底，它们占企业类贷款总额的比例分别为 46.36% 和 53.64%。

2.3.3.3 贷款的区域结构

统计 2010~2016 年我国东部、东北、中部和西部地区贷款占银行业金融机构贷款总额的比例及这些地区的地区生产总值（GDP）占全国 GDP 的比例，结果如表 2.12 所示。

表 2.12　2010~2016 年我国银行业金融机构贷款和 GDP 的区域结构　单位：%

年份	东部地区 贷款比例	东部地区 GDP比例	东北地区 贷款比例	东北地区 GDP比例	中部地区 贷款比例	中部地区 GDP比例	西部地区 贷款比例	西部地区 GDP比例
2010	59.99	53.01	7.08	8.57	14.71	19.74	18.22	18.68
2011	59.37	51.99	7.13	8.68	14.71	20.09	18.80	19.24
2012	58.47	51.37	7.16	8.59	14.95	20.24	19.42	19.80
2013	57.71	51.23	7.16	8.53	15.23	20.22	19.90	20.03
2014	56.75	51.33	7.18	8.13	15.52	20.33	20.55	20.21
2015	55.83	51.49	7.31	8.02	15.95	20.32	20.91	20.17
2016	55.69	52.32	7.02	6.78	16.35	20.62	20.94	20.28

从表 2.12 来看，2016 年，东部地区[①]的贷款量最多，其贷款额占银行业金融机构贷款总额的比例为 55.69%，其后依次是西部、中部和东北地区，贷款额占银行业金融机构贷款总额的比例分别为 20.94%、16.35%、7.02%。同时，东部地区贷款额占银行业金融机构贷款总额的比例各年均高于其 GDP 占全国 GDP 的比例，而中部地区则正好相反，东北和西部地区贷款额占银行业金融机构贷款总额的比例与其 GDP 占全国 GDP 的比例大致相当。表明我国银行业金融机构的信贷资金主要集中投放于东部地区，但

---

① 其中，东部地区包括：北京、天津、上海、河北、山东、江苏、浙江、福建、广东、海南共十个省市；中部地区包括：山西、河南、安徽、江西、湖南、湖北共八个省；西部地区包括：陕西、甘肃、宁夏、青海、新疆、四川、贵州、云南、西藏、重庆、内蒙古、广西共十二个省区市。东北地区包括：辽宁、吉林、黑龙江共三个省。

贷款并没有转化为与之对等的经济增长，信贷资金的利用效率较低，与此相反，中部地区贷款对经济增长的促进作用更强。

进一步从时间维度来看，各地区贷款额占银行业金融机构贷款总额的比例与该地区 GDP 占全国 GDP 的比例的变化趋势则出现了严重分化。2010～2016年，东部地区贷款额占银行业金融机构贷款总额的比例逐年下降，而 GDP 占全国 GDP 的比例则先降后升；东北地区贷款额占银行业金融机构贷款总额的比例整体上较为稳定，但 GDP 占全国 GDP 的比例却持续下降；中部地区和西部地区贷款额占银行业金融机构贷款总额的比例与 GDP 占全国 GDP 的比例变化较为一致，都呈逐年上升的变化态势。表明东部地区资本市场的发展速度更快，金融脱媒现象更加突出，经济增长对信贷资金的依赖程度呈下降趋势，而东北地区贷款对经济增长的促进作用逐年减弱，中部和西部地区经济增长对信贷资金的依赖度无明显变化。

2.3.3.4 贷款的产业和行业结构

统计 2010～2016 年各产业和各行业贷款占银行业金融机构企业类贷款总额的比例、各产业和各行业 GDP 占全国 GDP 总量的比例，结果如表 2.13 和表 2.14 所示。

表 2.13　　2010～2016 年我国银行业金融机构贷款和 GDP 的产业结构　　单位：%

年份	第一产业 贷款占比	第一产业 GDP 占比	第二产业 贷款占比	第二产业 GDP 占比	第三产业 贷款占比	第三产业 GDP 占比
2010	1.79	10.1	36.78	46.67	54.14	43.24
2011	1.72	10.04	39.42	46.58	53.79	43.38
2012	1.66	10.08	39.63	45.27	51.9	44.64
2013	1.79	9.57	39.19	44.22	55.11	46.21
2014	1.83	9.34	37.01	43.29	56.02	47.38
2015	1.68	9.13	34.44	41.09	59.39	49.78
2016	1.57	8.87	32.69	40.02	60.73	51.12

表 2.14 2010～2016 年我国银行业金融机构贷款和 GDP 的行业结构

单位：%

年份	项目	农林牧渔业	采矿业	制造业	电力热气燃气及水生产和供应业	建筑业	批发和零售业	交通运输仓储和邮政业	住宿和餐饮业	信息传输软件和信息技术服务业	金融业	房地产业	租赁和商务服务业	科学研究和技术服务业	水利环境和公共设施管理业	居民服务修理和其他服务业	教育业	卫生和社会工作业	文化体育和娱乐业	公共管理社会保障和社会组织
2010	贷款占比	1.79	2.98	21.58	8.84	3.38	9.08	12.62	0.79	0.53	0.24	9.15	6.67	0.19	11.02	0.67	1.04	0.43	0.27	1.44
	GDP 占比	10.10	5.21	32.46	2.36	6.64	8.90	4.77	2.01	2.21	5.23	5.67	1.94	1.40	0.44	1.52	3.00	1.49	0.62	4.04
2011	贷款占比	1.72	3.39	23.26	8.76	4.01	10.47	13.04	0.85	0.47	0.31	8.71	6.56	0.21	9.72	0.59	0.80	0.46	0.31	1.29
	GDP 占比	10.04	5.75	31.83	2.25	6.75	9.18	4.74	1.94	2.07	5.28	5.66	1.99	1.47	0.43	1.54	3.05	1.58	0.64	3.81
2012	贷款占比	1.66	3.69	23.39	8.03	4.52	11.29	13.11	0.97	0.50	0.46	8.34	6.43	0.25	8.47	0.43	0.59	0.50	0.35	0.21
	GDP 占比	10.08	5.21	31.06	2.17	6.83	9.51	4.75	2.01	2.11	5.53	5.65	2.09	1.59	0.46	1.55	3.13	1.73	0.66	3.87
2013	贷款占比	1.79	3.68	23.24	7.47	4.80	12.39	13.37	1.13	0.57	0.57	8.73	6.95	0.29	7.91	0.38	0.56	0.53	0.40	1.33
	GDP 占比	9.57	4.28	30.55	2.52	6.87	9.46	4.38	1.72	2.31	6.92	6.05	2.24	1.85	0.51	1.45	3.18	1.85	0.65	3.64
2014	贷款占比	1.83	3.58	21.36	7.19	4.88	11.92	13.68	1.12	0.52	0.63	9.21	7.54	0.31	7.73	0.37	0.56	0.56	0.43	1.44
	GDP 占比	9.34	3.64	30.38	2.30	6.97	9.69	4.43	1.73	2.48	7.25	5.90	2.37	1.90	0.54	1.51	3.29	1.98	0.66	3.65
2015	贷款占比	1.68	3.36	19.56	6.87	4.65	11.52	13.56	1.03	0.55	4.52	9.01	8.06	0.30	7.44	0.33	0.51	0.57	0.45	1.54
	GDP 占比	9.13	2.77	29.38	2.17	6.77	9.61	4.42	1.76	2.69	8.40	6.05	2.48	1.96	0.56	1.58	3.52	2.17	0.72	3.86
2016	贷款占比	1.57	3.11	18.17	6.85	4.56	11.04	13.44	0.94	0.62	4.91	8.59	9.68	0.32	8.16	0.30	0.49	0.58	0.45	1.21
	GDP 占比	8.87	2.46	28.82	2.06	6.68	9.59	4.45	1.80	2.95	8.22	6.48	2.62	1.96	0.57	1.72	3.60	2.30	0.74	4.12

从贷款的产业分布来看，我国银行业金融机构向第三产业提供的贷款最多，其次是第二产业，最后是第一产业，2016 年底，它们的贷款余额占银行业金融机构企业类贷款余额的比例分别为 60.73%、32.69% 和 1.57%。进一步结合各产业的 GDP 占比来看，2010～2016 年，第三产业年均占用银行业金融机构 55.87% 的信贷资金，但其年均 GDP 占比却仅为 46.54%，与之相对应，第一、第二产业年均占用 1.72% 和 37.02% 的信贷资金，但其年均 GDP 占比却为 9.59% 和 43.88%。表明在我国的三次产业中，第一、第二产业的信贷资金转化利用效率最高，第三产业的信贷资金转化利用效率最低。① 另外，从时间维度来看，2010～2016 年，第三产业贷款占比呈上升态势，而第一、第二产业贷款占比略为下降的变化趋势，这与它们的 GDP 占比的变化特征基本一致。

从贷款的行业分布来看，总体而言，我国银行业金融机构提供贷款最多的前六大行业依次是制造业、交通运输仓储和邮政业、批发和零售业、房地产业、水利环境和公共设施管理业、电力热力燃气及水生产和供应业，它们占用的贷款额合计超过银行业金融机构贷款总额的 60%。2016 年，这六个行业贷款额占我国银行业金融机构贷款总额的比例分别为 18.17%、13.44%、11.04%、8.59%、8.16% 和 6.85%。进一步结合这几个行业对 GDP 的贡献来看，除制造业外，其他行业的 GDP 占比均明显低于其贷款占比，其中，交通运输仓储邮政业、水利环境和公共设施管理业、电力热力燃气及水生产和供应业这三个行业最为明显，② 表明制造业的贷款转化利用效率相对较高，其他行业的信贷资金转化利用效率较低。

2.3.4 贷款质量

统计 2003～2018 年我国银行业金融机构不良贷款率、2010～2016 年企业类贷款中不良贷款构成及各类企业的不良贷款率，结果如表 2.7 和表 2.15 所示。

---

① 这可能是因为第三产业包括了教育、社会事业、公用事业等非经营性行业，它们虽然占用了信贷资金，但直接产生的 GDP 较少。

② 与上述第三产业贷款转化效率较低的原因类似，这些行业包含了部分非经营性企业，这些企业直接产生的 GDP 较少。

表 2.15　　　　2010~2016 年企业类贷款中不良贷款构成
及各类企业不良贷款率　　　　　单位：%

年份	次级贷款占不良贷款的比例	可疑贷款占不良贷款的比例	损失贷款占不良贷款的比例	大型企业不良贷款率	中型企业不良贷款率	小微企业不良贷款率
2010	35.11	47.70	17.19	0.76	1.98	3.25
2011	36.69	47.64	15.68	0.52	1.48	2.02
2012	44.50	44.72	10.78	0.43	1.38	1.98
2013	45.74	44.87	9.39	0.48	1.38	2.01
2014	50.47	41.20	8.33	0.65	1.79	2.20
2015	49.68	42.74	7.59	0.99	2.46	2.74
2016	43.49	45.50	11.01	1.10	2.52	2.68

整体而言，我国银行业金融机构的不良贷款率呈下降趋势。2009 年之前，得益于政府对不良贷款的快速、有效处置，银行业金融机构的不良贷款率大幅下降，六年间下降了逾 10%，信贷风险得到及时遏制。2009 年之后，银行业金融机构不良贷款率基本稳定，除 2010 年外，每年不良贷款率均在 2% 以下，2018 年底，我国银行业金融机构的不良贷款率为 1.89%。表明当前我国银行业金融机构的信贷风险控制能力较强，贷款质量相对较高。

从表 2.15 来看，我国银行业金融机构企业类不良贷款主要由次级贷款和可疑贷款构成，二者占企业类不良贷款的比例超过 80%，损失贷款占的比例相对较低，且总体上呈逐年下降的变化趋势，2016 年，次级贷款、可疑贷款和损失贷款占企业类不良贷款的比例分别为 43.49%、45.50% 和 11.01%。另外，从贷款对象来看，2010~2016 年间，银行业金融机构对小微企业贷款的不良贷款率最高，年均为 2.41%，其次是对中型企业贷款，年均不良贷款率为 1.86%，对大型企业贷款的不良贷款率最低，年均为 0.70%。表明经营风险较高的小微企业发生信贷风险的概率最高，而经营稳健的大型企业发生信用风险的可能性最低。

2.4 本章小结

本章以产权结构改革为线索回顾我国银行业改革历程，从银行业整体、大型国有控股银行、全国性股份制银行和地方性银行四个层面梳理我国银行业产权结构现状，并从贷款总量、贷款方式、贷款结构及贷款质量四个方面分析我国银行业贷款现状。对本章研究内容的总结如下：

（1）我国银行业改革历程。产权结构改革是我国银行业市场化改革的重要内容，1978年以来，我国银行业产权改革大体上经历了以下四个阶段：银行体系初步确立（1978~1993年）、国有银行商业化改革（1994~2003年）、国有银行股份制改革（2004~2012年）、民营银行快速发展（2013年至今）。经过40余年的改革和发展，当前我国商业银行多元化的产权结构已初步形成，不仅非国有资本控股的银行和民营银行从无到有，数量逐年增多，而且民营资本等非国有资本在银行股权结构中所占的比例也逐年增加，我国银行业的产权结构进一步丰富，以产权为基础的公司治理机制进一步完善。

（2）我国银行业产权结构现状。第一，总体而言，在被观测的97家银行的前十大股东中，国有股股比例与非国有股比例大致相当，2017年，二者分别为51.52%和48.48%；2009~2017年，非国有股份的比例呈稳中略升的变动态势，外资股比例逐年下降；有近1/4的银行第一大股东为非国有资本，且该比例在2009~2017年呈扩大趋势；国有企业持有银行股份的银行数量逐渐增多，国有资本持有方式逐步市场化。第二，对5家大型国有控股银行而言，在前十大股东中，国有股比例明显高于非国有股比例，2017年，二者分别为69%和31%；2005~2017年，非国有股份比例逐年上升，外资股比例逐年减少；5家大型国有控股银行第一大股东均为国有性质。第三，就12家全国性股份制银行而言，在前十大股东中，国有股份比例略高于非国有股份，与5家大型国有控股银行相比，二者的差距明显缩小，2017年它们分别为58.31%和41.69%；2007~2017年，非国有股份比例呈波动变化，但整体较为稳定，外资股比例逐年减少；12家全国性股份制银行的第一大股东均为国有性质，且绝大部分为国有企业。第四，就地方性银行而言，其非国有股份比例不仅远高于 5 家大型国有控股银行，而且明显高于全国性股份制银行，在被观测的 80 家地方性银行的前十大股东中，国有股份与非国有股份比例大致相当，2017 年二者分别为 49.42% 和 50.58%；2009～2017 年，它们呈交替变化，外资股比例逐年下降；在地方性银行中，第一大股东为非国有资本的银行比例明显多于大型国有控股银行和全国性股份制银行，在 80 家被观测的地方性银行中，第一大股东为国有性质的银行占比低于 75%，且其中超过 70% 为国有企业。

（3）我国银行业贷款现状。第一，从贷款总量来看，近年来我国银行业贷款量快速增长，年均增长率约为 15%，贷款占社会融资总额的比例超过 65%，且整体上逐年下降；大型银行贷款的市场份额逐年下降，中小型银行的市场占有率稳步攀升。第二，从贷款方式来看，抵（质）押贷款占的比例最高，其次是保证贷款，最后是信用贷款；信用贷款的主要对象是大型企业，而保证贷款和抵（质）押贷款的主要贷款对象是中型企业和小微企业。第三，从贷款的期限结构和客户结构来看，我国银行业以中长期贷款为主，而短期贷款所占的比例较小且逐年下降。银行将近 2/3 的信贷资金提供给企业客户，但个人客户的贷款量占比逐年上升；个人客户贷款的主要用途为消费，其占个人贷款总额的比例超过 65%，且呈逐年上升的变化态势；在企业贷款中，小微企业贷款所占的比例逐年上升，而大型企业贷款占比整体上呈下降趋势；国有企业贷款量低于非国有企业，且各年均较为稳定。第四，从贷款的区域结构和行业结构来看，东部地区贷款占银行业贷款总量的比例最高，其后依次是西部、中部和东北地区，但东部地区信贷资金转化 GDP 的效率较低，而中部地区贷款对经济增长的促进作用更强。银行业向第三产业提供的贷款最多，其次是第二产业，最后是第一产业，但第一、第二产业的信贷资金转化利用效率最高，第三产业的信贷资金转化效率最低。银行业供给贷款最多的前五大行业依次是制造业、交通运输仓储邮政业、批发和零售业、房地产业、水利环境、公共设施管理业，它们占用信贷资金超过银行业贷款总额的 50%，相对于企业行业，制造业贷款转化为 GDP 的效率最高。第五，我国银行业的不良贷款率呈下降趋势，不良贷款主要由次级贷款和可疑贷款构成，损失贷款占的比例最小；对小微企业贷款的不良贷款率最高，其次是对中型企业贷款，对大型企业贷款的不良贷款率最低。

| 第 3 章 |
银行产权结构对贷款效率的影响

　　银行的基本功能是高效地为实体经济发展提供资金支持。当前，我国经济正从规模速度型粗放式增长向质量效率型集约式发展转变，创新能力和对资源要素的利用能力是衡量生产单元经营发展质量的基本标准。同时，在以"三去一降一补"为抓手的供给侧结构性改革中，银行是资金供给层面推动"去杠杆""去库存"等改革措施有效落实的重要载体。新的经济发展方式和供给侧结构性改革对银行的信贷资金配置行为提出了新的要求，资金是否流向高经营发展质量的领域是判断银行贷款效率高低的重要依据。在此背景下，产权结构改革是否能促使银行提高贷款效率？哪种产权性质的银行更倾向于向高经营发展质量的生产单元提供资金支持？银行应如何在资本要素配置层面推动实体经济的供给侧结构性改革？对这些问题的回答有利于进一步丰富银行产权结构，促使其更有效地服务于经济发展，有利于对各类银行进行分类指导，促使其更好地适应新的经济形势对贷款行为的新要求，同时也有利于银行自身提高资产配置效率，降低经营风险。

本章在理论分析产权结构影响银行贷款效率的内在机理的基础上，采用数据包络分析方法测算我国主要行业的技术进步、产能利用率和生产效率，并从以上三个维度衡量行业的经营发展质量；采用 2010~2016 年我国 84 家商业银行的数据分析银行贷款集中度最高行业的贷款量与该行业经营发展质量之间的关系，以探究银行的贷款效率；分析不同产权性质的银行在贷款效率方面的差异性，以研究银行产权结构与贷款效率的关系。

本章其他内容安排如下：第 3.1 节进行理论分析并提出研究假设；第 3.2 节为实证研究设计，介绍各变量及其计算方式，说明样本选择、数据来源和实证模型；第 3.3 节分析说明实证研究结果；第 3.4 节对实证研究结果进行稳健性检验；第 3.5 节总结本章内容。

3.1　理论分析与研究假设

回顾我国银行业的市场化改革历程，产权结构和市场结构始终是改革的核心和主线。产权结构改革的目的是通过厘清银行产权关系来改变其过去行政化的经营体制和官本位的管理模式，建立现代企业制度，以释放银行的经营活力。在对国有独资银行进行股份制改造的基础上，近年来，我国进一步扩大银行业对民营资本和境外资本的开放程度，银行的非国有股份比例大幅提高，产权结构进一步多元化，以产权为基础的银行公司治理机制逐步确立（陈其安、刘艾萍，2015）。市场结构改革的目的是打破行业垄断，强化市场竞争，以提高银行的经营效率。在全国性银行、地方性银行、外资银行形成的多层次银行体系和竞争格局的基础上，近年来，随着金融脱媒的深化和银行业市场准入的放宽，民营银行快速发展并羽翼渐丰，互联网金融等新兴金融业态方兴未艾，银行业的市场竞争进一步加剧，行业的赫芬达尔指数（HHI）[①] 由 2010 年的 0.0644 下降至 2016 年的

[①] 赫芬达尔指数（HHI）是衡量行业市场竞争程度的常用指标，该指标数值越大，行业的市场集中度越高，竞争程度越低。本章选取贷款的赫芬达尔指数作为银行业市场竞争程度的度量指标，其计算方式为：$HHI = \sum s_{it}^2$，其中 s_{it} 为第 t 年市场份额最大的 15 家银行贷款额占金融机构贷款总额的比重。

0.0497。日趋完善的公司治理机制和激烈的市场竞争促使国有控股银行逐步按商业原则配置资产，经营管理的市场化程度大幅提高（简泽等，2013；杨文等，2015）。

但是，国有控股银行的实际控制人是中央或地方政府，它们通过股权控制等方式来督促银行执行经济调控政策可有效弥补市场配置信贷资金时出现的失灵（Stiglitz and Weiss，1981；Greenwald and Stiglitz，1986；Andrianova et al.，2008）。在我国以经济发展为核心的政府考核机制和区域竞争机制下，国有控股银行是政府贯彻落实经济意图、促进经济发展的重要工具和载体（纪志宏等，2014；郭峰，2016），他们具有执行政府经济政策的"职责"。另外，国有控股银行的重要高级管理人员一般由政府任命（钱先航等，2011），他们同时扮演了职业经理人和"准官员"两个角色，受到薪酬与政治晋升的双重激励（郝项超，2015），既有动力又有能力通过影响银行信贷资金配置来迎合政府意愿，配合实现政府的经济目标（潘敏、魏海瑞，2015），从而获得政治晋升资本。因此，国有控股银行需要且能够强有力地贯彻执行政府的经济意图。

市场化经营要求银行基于"收益性""安全性"等商业原则提供贷款，而国有企业属性要求银行按国家的经济政策配置信贷资金，国有控股银行在贷款决策时须在这两者之间寻求平衡。一般而言，高质量发展的企业既具有长期的盈利能力和偿债能力，又符合国家产业政策和宏观经济发展方向，因此，贷款对象的经营发展质量是银行贷款的商业原则与执行"政治任务"之间的平衡点。以此而论，国有控股银行更注重贷款对象的经营发展质量。据此，本章提出研究假设1。

研究假设1：国有控股商业银行能根据贷款对象的经营发展质量发放贷款。

相对于国有控股银行，非国有控股银行的政治压力较小，其经营管理者也缺乏政治晋升激励，这使其更能充分地按商业原则配置资产，要求贷款对象具有较强的盈利能力和偿债能力以保障贷款的收益性与安全性。此外，非国有股东持股银行的目的要么是获得股权投资收益，要么是为其控制的其他企业提供融资便利，这使得非国有控股银行更容易出现短视行为，在贷款决策时更注重贷款对象当前的财务状况。因此，非国有控股银行一般根据贷款对象当前的直接经济效益而非长期的经营发展质量提供贷款。

据此，本章提出研究假设2。

研究假设2：非国有控股银行未能根据贷款对象的经营发展质量发放贷款。

3.2 研究设计

3.2.1 变量设定

3.2.1.1 贷款对象的经营发展质量

现有文献主要采用企业的财务指标衡量贷款对象的经营能力（郝项超，2013），或采用行业增加值衡量贷款对象的发展能力（Taboada，2011；杨文等，2015），但高利润或高增加值可能来源于资金等生产要素的高投入，主要反映贷款对象的短期运营能力，没有体现贷款对象的创新能力和对投入要素的使用效率，也没有体现支撑贷款对象长期持续发展的经营质量。在供给侧结构性改革背景下和高质量发展的经济发展模式中，生产单元的经营发展质量应主要体现为技术创新、对资源要素的综合利用能力等方面。鉴于此，本章从技术进步、产能利用率和生产效率三个维度衡量贷款对象的经营发展质量。

（1）技术进步。

早期学者主要通过在柯布－道格拉斯（C-D）生产函数等模型中引入时间趋势项来度量技术进步（Tinbergen，1942；Stigler，1947），索洛（Solow，1960）、乔根森和格里奇斯（Jorgenson and Griliches，1967）、乔根森和格里奇斯（Jorgenson and Griliches，1972）通过计算生产过程中除资本、劳动等投入要素以外的"剩余的部分"对生产的贡献度来衡量技术进步，即"索洛余值法"。近年来，随着生产前沿思想的兴起和快速发展，通过计算相邻两个时期生产前沿面的距离来衡量技术进步的方法得到广泛应用（Pires and Fernande，2012；苏治、徐淑丹，2015；周五七，2016）。现有文献主要采用随机前沿分析（SFA）和数据包络分析（DEA）两种方法构造生产前沿面。根据实际观测到的投入产出数据,SFA 方法采用预先设定的生产函数和计量经济方法来构建生产前沿面,而 DEA 方法则不必事先假定生产函数形式,而是采用线性规划的方式构建生产前沿面。鉴于各行业生产函数较难统一,本章采用 DEA 方法测算主要行业的技术进步(TC)。

在规模报酬不变①和产出导向②条件下,以时期 t 的投入产出和技术为参照,生产单元从时期 t 到时期 $t+1$ 的技术进步(TC^t)可表示为:

$$TC^t = \frac{d^t(X_t, Y_t)}{d^{t+1}(X_t, Y_t)} \quad (3.1)$$

同样,以时期 $t+1$ 的投入产出和技术为参照,生产单元从时期 t 到时期 $t+1$ 的技术进步(TC^{t+1})可表示为:

$$TC^{t+1} = \frac{d^t(X_{t+1}, Y_{t+1})}{d^{t+1}(X_{t+1}, Y_{t+1})} \quad (3.2)$$

为避免随意选择时期可能导致的计算结果差异,③ 凯文斯等(Caves et al., 1982b)用式(3.1)和式(3.2)的几何平均值计算时期 t 到 $t+1$ 的技术进步($TC^{t,t+1}$)。

$$TC^{t,t+1} = (TC^t \times TC^{t+1})^{1/2} = \left[\frac{d^t(X_t, Y_t)}{d^{t+1}(X_t, Y_t)} \times \frac{d^t(X_{t+1}, Y_{t+1})}{d^{t+1}(X_{t+1}, Y_{t+1})}\right]^{1/2}$$

$$(3.3)$$

若 $TC^{t,t+1} > 1$,则生产单元从时期 t 到时期 $t+1$ 存在技术进步,反之则反是。式(3.1)至式(3.3)中,$d^t(X_t, Y_t)$、$d^{t+1}(X_t, Y_t)$、$d^t(X_{t+1}, Y_{t+1})$、$d^{t+1}(X_{t+1}, Y_{t+1})$ 为四个 DEA 距离函数,由式(3.4)至式(3.7)定义:

$$\left. \begin{array}{l} [d^t(x_t, y_t)]^{-1} = \max_{\phi, \lambda} \phi \\ \text{s.t.} \quad -\phi y_{i,t} + \lambda Y_t \geq 0 \\ \qquad x_{i,t} - \lambda X_t \geq 0 \\ \qquad \lambda \geq 0 \end{array} \right\} \quad (3.4)$$

---

① 在一段时间内(如本章的考察期),行业一般规模报酬不变,但企业却不一定具有规模报酬不变的特点。

② 产出导向即投入不变的情况下,产出最大化;与此相对应,投入导向为产出不变时,投入最小化。如果生产单元具有规模报酬不变性质,则基于产出导向与基于投入导向计算的技术进步、技术效率变化以及 Malmquist 全要素生产率结果相同(Coelli et al., 2005)。

③ 如果生产单元是希克斯(Hicks)中性技术进步,则以时期 t 的技术和投入产出为参照与以时期 $t+1$ 的技术和投入产出为参照计算的技术进步以及 Malmquist 全要素生产率相同(Fare et al., 1998)。

$$\left.\begin{array}{l}[d^{t+1}(x_t, y_t)]^{-1} = \max_{\phi,\lambda} \phi \\ \text{s. t.} \quad -\phi y_{i,t} + \lambda Y_{t+1} \geq 0 \\ \quad\quad x_{i,t} - \lambda X_{t+1} \geq 0 \\ \quad\quad \lambda \geq 0 \end{array}\right\} \quad (3.5)$$

$$\left.\begin{array}{l}[d^{t}(x_{t+1}, y_{t+1})]^{-1} = \max_{\phi,\lambda} \phi \\ \text{s. t.} \quad -\phi y_{i,t+1} + \lambda Y_{t} \geq 0 \\ \quad\quad x_{i,t+1} - \lambda X_{t} \geq 0 \\ \quad\quad \lambda \geq 0 \end{array}\right\} \quad (3.6)$$

$$\left.\begin{array}{l}[d^{t+1}(x_{t+1}, y_{t+1})]^{-1} = \max_{\phi,\lambda} \phi \\ \text{s. t.} \quad -\phi y_{i,t+1} + \lambda Y_{t+1} \geq 0 \\ \quad\quad x_{i,t+1} - \lambda X_{t+1} \geq 0 \\ \quad\quad \lambda \geq 0 \end{array}\right\} \quad (3.7)$$

若有 N 个生产单元，i 为第 i 个生产单元（$i=1, 2, 3, \cdots, N$），每个生产单元都有 K 种投入，M 种产出，则 x_i 和 y_i 分别为第 i 个生产单元的投入向量和产出向量，X 为 $K \times N$ 维投入矩阵，Y 为 $M \times N$ 维产出矩阵，ϕ 为标量，$1 \leq \phi < \infty$，λ 为 $N \times 1$ 维常数向量。

（2）产能利用率。

现有文献主要有三者种测量产能利用率的经济分析方法：峰值法、函数法和数据包络分析方法。峰值法首先根据生产单元产出的历史数据识别出"峰值"，并假定在峰值处的产能利用率为100%，然后对比其他时期的产出与峰值产出从而推算出产能利用率（Klein，1960）。函数法通过设定生产函数、利润函数或成本函数的具体形式，计算生产单元达到"均衡状态"时的生产能力进而测算产能利用率（Morrison，1985）。基于"产能为可变投入不受限制时生产设备的最大生产能力"的思想（Johanson，1968），数据包络分析方法通过计算各生产单元的实际产出与既定技术条件下前沿面最优产出的距离以得到产能利用率（Fare et al.，1989）[①]。相对于前两者，数据包络分析方法因具有对生产函数形式无限定、对测量数据的要求较为宽松等优势而被国内外学者广泛采用（Kirkley et al.，2002；Karagian-

---

[①] 按此方式计算的产能利用率即为生产单元的技术效率。

nis，2013；董敏杰等，2015）。借鉴相关研究，并与前述技术进步计算口径一致，本章基于数据包络分析方法测量主要行业产能利用率的变化率，并以此作为产能利用率（CU）的度量指标。

生产单元从时期 t 到时期 $t+1$ 的产能利用率的变化率（$CU^{t,t+1}$）可表示为：

$$CU^{t,t+1} = \frac{d^{t+1}(X_{t+1}, Y_{t+1})}{d^{t}(X_{t}, Y_{t})} \quad (3.8)$$

若 $CU^{t,t+1} > 1$，则生产单元从时期 t 到时期 $t+1$ 的产能利用率提高了（产能过剩程度降低了），反之则反是。

（3）生产效率。

全要素生产率（TFP）通过计算生产单元全部要素投入与产出的比率来衡量其生产效率。凯文斯等（Caves et al.，1982a，1982b）将 Malmquist 指数与基于生产前沿面思想的距离函数相结合，构建了测算两个相邻时期全要素生产率变化的 Malmquist 指数（Malmquist TFP），是衡量生产效率的常用指标。法瑞等（Fare et al.，1994，1997）运用 DEA 方法计算 Malmquist TFP，并进一步将其分解为技术进步和技术效率变化，从数理和结构上说明了生产效率变化的原因。为与前文关于技术进步和产能利用率的计算相联系，本章采用 DEA 方法计算主要行业的 Malmquist TFP，并以此作为生产效率（MTFP）的度量指标。

以时期 t 的技术和投入产出为参照，生产单元从时期 t 到时期 $t+1$ 的 Malmquist TFP（$MTFP^{t}$）可表示为：

$$MTFP^{t} = \frac{d^{t}(X_{t+1}, Y_{t+1})}{d^{t}(X_{t}, Y_{t})} \quad (3.9)$$

同样，以时期 $t+1$ 的技术和投入产出为参照，生产单元从时期 t 到时期 $t+1$ 的 Malmquist TFP（$MTFP^{t+1}$）可表示为：

$$MTFP^{t+1} = \frac{d^{t+1}(X_{t+1}, Y_{t+1})}{d^{t+1}(X_{t}, Y_{t})} \quad (3.10)$$

与技术进步类似，用式（3.9）和式（3.10）的几何平均值衡量从时期 t 到时期 $t+1$ 的 Malmquist TFP（$MTFP^{t,t+1}$），则：

$$MTFP^{t,t+1} = (MTFP^{t} \times MTFP^{t+1})^{1/2} = \left[\frac{d^{t}(X_{t+1}, Y_{t+1})}{d^{t}(X_{t}, Y_{t})} \times \frac{d^{t+1}(X_{t+1}, Y_{t+1})}{d^{t+1}(X_{t}, Y_{t})}\right]^{1/2}$$

$$= \frac{d^{t+1}(X_{t+1}, Y_{t+1})}{d^{t}(X_t, Y_t)} \times \left[\frac{d^{t}(X_t, Y_t)}{d^{t+1}(X_t, Y_t)} \times \frac{d^{t}(X_{t+1}, Y_{t+1})}{d^{t+1}(X_{t+1}, Y_{t+1})} \right]^{1/2}$$

$$= CU^{t,t+1} \times TC^{t,t+1} \tag{3.11}$$

由式（3.11）可以看出，Malmquist 全要素生产率为产能利用率（技术效率变化）与技术进步的乘积。①

若 $MTFP^{t,t+1} > 1$，则生产单元从时期 t 到时期 $t+1$ 的生产效率提高了，反之则反是。

（4）计算技术进步、产能利用率和生产效率的投入产出变量。

按《国民经济行业分类与代码》（GB/T 4754—2002），国民经济共分为 20 个行业，但金融业、教育业、公共管理和社会组织等部分行业的生产经营具有特殊性，鉴于此，本章选取投入产出具有相似性的 11 个主要行业作为备考察的生产单元。② 基于 C-D 生产函数，生产单元的产出变量以行业增加值表示，投入变量包括劳动投入和资本投入，劳动投入用各行业从业人数度量，资本投入用行业固定资产投资额衡量。为增强研究结论的可靠性，本章选取主要行业投入产出变量均有完整数据的年份（2004 年）作为起点，计算 2005～2016 年主要行业的技术进步、产能利用率和生产效率。

3.2.1.2 其他变量

（1）银行贷款行为与贷款效率。基于研究目的和数据的可获得性，本章以银行贷款集中度最高行业的贷款额占贷款总额的比例作为贷款行为的度量指标，该指标同时也衡量了银行贷款的行业集中度。

本章在计算各银行贷款集中度最高行业的经营发展质量的基础上，通过考察银行对该行业的贷款额与该行业经营发展质量的关系来判断银行的贷款效率。银行对高经营发展质量的行业提供的贷款越多，其贷款效率越

---

① 若生产单元具有规模报酬可变性质，则技术效率变化可进一步分解为规模报酬变化和纯技术效率变化（Fare et al., 1994）。此时，Malmquist 全要素生产率为技术进步、纯技术效率变化、规模报酬变化三者的乘积。

② 这 11 个行业分别为：采矿业，制造业，电力、热力、燃气及水生产和供应业，建筑业，批发和零售业，交通运输、仓储和邮政业，住宿和餐饮业，信息传输、软件和信息技术服务业，房地产业，租赁和商务服务业，文化、体育和娱乐业。

高，反之则反是。

（2）银行产权结构。按第一大股东的产权性质将银行分为国有控股银行和非国有控股银行，并进一步对国有控股银行按第一大股东持股方式分为政府职能部门控股银行和国有企业控股银行，本章按第一大股东的产权性质和持股方式设置银行产权结构虚拟变量。此外，本章还按前十大股东中国有股比例设置银行产权比例变量，按第一大股东与第二大股东持股比例之差设置股权控制能力变量。

（3）控制变量。银行的贷款行为不仅取决于贷款对象的经营发展质量，而且还受宏观经济环境、银行自身经营情况等诸多因素的影响。借鉴国内外关于银行信贷行为的相关研究，并基于银行贷款决策的"风险""收益""成本"原则，选取经济发展速度和金融深度作为宏观经济类控制变量，以衡量银行贷款时的外部环境；选取资产规模、贷存比、不良贷款率、贷款拨备率、贷款利息率、贷款费用率为银行经营状况类控制变量，以衡量银行贷款时的资产配置情况、贷款损失覆盖能力、贷款风险、贷款收益和贷款成本。需特别说明的是，银行经营状况是其贷款投放等经营行为完成后的结果，银行通常根据上一期的经营状况制定本期的经营策略，鉴于此，除资产规模外，其他所有银行经营状况变量均滞后一期。

各变量的定义和计算方式如表 3.1 所示。

表 3.1 变量定义及计算方式

所属模型	变量名称	变量标识	计算方式
DEA 模型	产出	Out	行业增加值（百亿元）
	劳动力投入	Put_1	行业从业人数（百万人）
	资本投入	Put_2	行业固定资产投资额（百亿元）
回归模型	贷款行为（贷款行业集中度）	LC	贷款集中度最高行业的贷款额占银行贷款总额的比例（%）
	第一大股东是否国有性质	SN	虚拟变量，若第一大股东是国有性质，取值为 1；否则为 0
	第一大股东是否政府职能部门	GH	虚拟变量，若第一大股东是政府职能部门，取值为 1；否则为 0

续表

所属模型	变量名称	变量标识	计算方式
回归模型	第一大股东是否国有企业	SHE	虚拟变量,若第一大股东是国有企业,取值为1;否则为0
	前十大股东中国有股比例	SSP	(前十大股东中国有股合计/前十大股东股份总计)×100%
	第一大股东股权控制能力	ECA	(第一大股东持股比例－第二大股东持股比例)×100%
	资产规模	AS	总资产的自然对数
	贷存比	LD	(贷款总额/存款总额)×100%
	不良贷款率	NPL	(不良贷款总额/贷款总额)×100%
	贷款拨备率	LR	(贷款损失准备总额/贷款总额)×100%
	贷款利息率	LI	(贷款利息收入/平均贷款净额)×100%
	贷款费用率	LO	(营业费用/平均贷款净额)×100%
	经济发展速度	GDPgr	GDP增长率(%)
	金融深度	FD	(人民币贷款总额/社会融资总额)×100%

3.2.2 数据来源与样本描述

现有文献中,对我国银行产权改革效果的研究大多基于2010年之前的银行经营状况。但产权结构变化对银行经营行为的影响很难立竿见影,一般而言,改革的成效需要一段时间以后才能充分显现。考虑到银行业改革效果的时滞性,本章选取2010~2016年我国商业银行为研究样本。剔除数据不全样本后共获得84家银行588个观测值,其中,第一大股东为国有性质的观测值数445个(第一大股东为政府职能部门和国有企业的观测值数分别为108个和337个),第一大股东为非国有性质的观测值数143个。银行经营状况数据来源于各银行年报,宏观经济环境变量和DEA模型中的投入产出变量数据均来源于《中国统计年鉴》。各变量的描述性统计如表3.2所示。

表 3.2　　　　　　　　　　变量描述性统计

变量	均值	方差	最小值	最大值
Out	275.7697	394.6634	10.4322	2142.8900
Put_1	212.8157	371.9746	3.6170	1878.3600
Put_2	8.3475	11.5522	1.2236	52.5794
LC	26.3046	11.678	4.6597	67.0300
SSP	33.8983	22.2957	0.0000	93.1900
ECA	6.7973	9.5906	0.0000	51.1900
AS	12.4193	1.5987	9.7846	16.9993
LD	62.1598	10.6546	26.2424	94.4990
NPL	1.3009	1.8223	0.0303	38.4913
LR	2.9807	1.1184	0.7150	15.0871
LI	7.3909	1.9449	3.8462	19.0577
LO	2.6684	0.8800	1.3441	7.0216
$GDPgr$	8.1000	1.3310	6.7000	10.6000
FD	60.1353	7.7825	51.3467	73.1478

从行业分布来看，样本期我国银行提供贷款最多的行业分别为：制造业，批发和零售业，房地产业，租赁和商务服务业，交通运输、仓储邮政业，建筑业，采矿业。这些行业为贷款集中度最高行业的银行占样本的比例分别为 65.14%、22.79%、6.80%、2.21%、1.53%、1.36%、0.17%，这与这些行业在国民经济中的重要程度基本一致。从时间维度来看，整体上样本期我国银行贷款的行业集中度呈现逐年下降的变化趋势（集中度最高行业贷款比例的均值由 2011 年的 28.03% 下降至 2016 年的 23.00%），贷款集中度风险有所降低。

总体而言，样本期第一大股东为国有性质和政府职能部门的银行数量均逐步减少，第一大股东与第二大股东持股比例之差逐年减小，前十大股东中国有股比例呈先降后升的变动态势。表明随着我国银行业对内和对外开放的持续深入，民间资本和国外资本对银行业的投资逐渐增加，银行过去产权单一、一股独大的局面日趋改善，股权结构更为丰富，国有资本对银行的控制方式更加多元化，国有股权的持有方式也更加市场化。

另外，样本期我国银行的资产规模和贷款拨备率均逐年增加，贷款损失准备的计提更加充分；贷存比和不良贷款率呈先降后升的变化趋势，信贷风险随贷款业务的扩张而增加；贷款利息率和贷款费用率呈先升后降的变化趋势，贷款净收益随利率市场化改革的深入和行业竞争的加剧而日趋收窄。限于篇幅，对其他变量的统计特征文中不再赘述。

3.2.3 实证模型与估计方法

3.2.3.1 回归模型

建立如下回归模型探究银行贷款行为与贷款对象经营发展质量之间的关系，以考察银行的贷款效率。

$$LC = \alpha + \beta_1 BDA + \beta_2 SN + \beta_3 SSP + \beta_4 ECA + \beta_5 AS + \beta_6 LD + \beta_7 NPL + \beta_8 LR + \beta_9 LI + \beta_{10} LO + \beta_{11} GDPgr + \beta_{12} FD + \varepsilon \qquad (3.12)$$

其中，BDA 为行业经营发展质量，在研究银行贷款行为与行业技术进步、产能利用率和生产效率关系的模型中，它们分别为 TC、CU、$MTFP$，α 为常数项，β 为各变量的回归系数，ε 为随机误差项。

3.2.3.2 系数组间差异检验

按第一大股东产权性质对上述模型进行分组回归，在此基础上，检验各组模型中行业经营发展质量变量的系数是否存在显著差异，以探究银行的贷款效率是否因产权性质而异。

现有文献主要有三种组间系数差异的检验方法：在模型中引入虚拟变量与分析变量的交叉项，基于随机抽样的费舍尔组合检验和基于似无相关模型的检验（连玉君、廖俊平，2017）。相对而言，第三种方法较为适合本章的研究目的和数据特征。鉴于此，本章采用基于似无相关模型的检验方法探究不同产权性质的银行其贷款效率是否具有显著差异。

基于似无相关模型的检验方法其基本思路是：假定两组子样本回归模型的干扰项彼此相关，首先分别对各组子样本进行 OLS 估计，然后联合两组样本并进行似无相关估计（SUR），最后进行组间系数差异检验。

3.3 实证结果及分析

3.3.1 技术进步、产能利用率和生产效率的计算结果及分析

采用 DEAP 计算 2005~2016 年主要行业的技术进步、产能利用率和生产效率，结果如表 3.3 和附录中附表 3 所示。

表 3.3 2005~2016 年主要行业的技术进步、产能利用率和生产效率均值

行业	技术进步（TC）	产能利用率（CU）	生产效率（$MTFP$）
制造业	0.9849	1.0007	0.9857
采矿业	0.9778	1.0005	0.9775
建筑业	0.9847	1.0009	0.9853
批发和零售业	0.9833	0.9991	0.9828
交通运输、仓储和邮政业	0.9893	1.0020	0.9916
住宿和餐饮业	1.0065	1.0003	1.0069
房地产业	1.0174	0.9996	1.0172
租赁和商务服务业	1.0168	1.0009	1.0181
文化、体育和娱乐业	1.0174	1.0036	1.0189
电力、热力、燃气及水生产和供应业	0.9828	1.0010	0.9838
信息传输、软件和信息技术服务业	1.0144	0.9990	1.0133

总体上，2005~2016 年我国信息传输、软件和信息技术服务业，房地产业，租赁与商务服务业等 5 个行业均有明显的技术进步和生产效率改善；采矿业，建筑业，批发和零售业等 6 个行业却出现了不同程度的技术退步或生产效率下降。这 12 年间，制造业，交通运输、仓储和邮政业，建筑业等 8 个行业的产能利用率均有所提升；房地产业，批发和零售业，信息传输、软件和信息技术服务业 3 个行业的产能利用率明显下降，产能过剩程度有所增加。

整体而言，综合考虑技术进步、产能利用率和生产效率三个维度，住宿和餐饮业、租赁和商务服务业以及文化、体育和娱乐业等第三产业的经营发展质量较高，而制造业、采矿业、建筑业等第二产业的经营发展质量相对较低。

从时间维度来看，2005~2016年主要行业的技术进步和生产效率变化趋势较为一致，以2009~2016年为例，几乎所有行业的技术进步和生产效率在2010~2011年都出现了大幅度提升，但在2011~2015年却逐年下滑，2015以后这种情况才有了明显改善。2005~2016年主要行业的产能利用率变化趋势则出现了较大的分化，电力、热力、燃气及水生产和供应业，住宿和餐饮业，信息传输、软件和信息技术服务业等7个行业的产能利用率较为稳定，而制造业、采矿业、建筑业等4个行业的产能利用率则出现了较大的波动。2014~2016年来，制造业，电力、热力、燃气及水生产和供应业，交通运输、仓储和邮政业等5个行业的产能利用率逐年提高，产能过剩程度有所缓解，建筑业，批发和零售业，信息传输、软件和信息技术服务业等6个行业的产能利用率则呈现出上下波动的变动态势。

3.3.2 回归模型估计结果及分析

采用Stata 12.0进行各回归模型的估计，结果如表3.4和表3.5所示。

表3.4 全样本下贷款对象经营发展质量与银行贷款行为关系的回归结果

变量	技术进步 Coef	Std. Err	产能利用率 Coef	Std. Err	生产效率 Coef	Std. Err
TC	3.4528***	0.4034	—	—	—	—
CU	—	—	-6.8073	4.2276	—	—
MTFP	—	—	—	—	2.4463***	0.8011
SN	0.8071	0.7073	0.8646	0.6965	0.7916	0.7075
SSP	-0.0920**	0.0393	-.0938**	0.0395	-0.0928**	0.0397
ECA	0.1488*	0.0889	0.1470*	0.0898	0.1487*	0.0895
AS	0.0008	0.9574	0.2455	0.9330	-0.1078	0.9597

续表

变量	技术进步		产能利用率		生产效率	
	Coef	Std. Err	Coef	Std. Err	Coef	Std. Err
LD	-0.0235	0.0166	-0.0199	0.0161	-0.0222	0.0170
NPL	-0.1927***	0.0473	-0.1747***	0.0475	-0.1879***	0.0448
LR	-0.0461	0.1652	-0.0705	0.1775	-0.0491	0.1638
LI	-0.1124	0.1355	-0.0207	0.1553	-0.0793	0.1264
LO	0.7379*	0.4138	0.7261*	0.4053	0.7418*	0.4160
GDPgr	0.6750***	0.1767	0.7618***	0.2155	0.6614***	0.1799
FD	-0.1255***	0.0336	-0.1241***	0.0241	-0.1247***	0.0315
常数项	26.6698**	11.6713	32.3147***	9.9856	28.7948**	12.1120
F 检验 P 值	0.0000		0.0000		0.0000	
R^2	0.1445		0.1417		0.1428	
VIF 均值	1.5200		1.5200		1.5200	
Hausman 检验 P 值	0.0034		0.0317		0.0034	
Wald 检验 P 值	0.0000		0.0000		0.0000	
Wooldridge 检验 P 值	0.0000		0.0000		0.0000	

注：①模型设定的 Hausman 检验显示，各模型均宜采用固定效应形式。模型中各变量的方差膨胀因子均小于 10，表明不存在严重的共线性问题。采用 Wald 检验和 Wooldridge 检验发现，各模型均存在显著的异方差和组内自相关，但采用 Friedman、Frees 以及 Pesaran 方法进行组间截面相关检验时均失败。对于短面板和小样本数据，实证文献处理异方差、组内自相关和组间截面相关的一般方法是计算 White 一致性标准误、聚类稳健标准误、Newey-West 标准误或 Discoll-Kraay 稳健性标准误。荷柯（Hoechle，2007）运用蒙特卡洛模拟对这些方法进行比较时发现，当存在截面相关时，Discoll-Kraay 标准误最优，当不存在截面相关时，聚类稳健标准误最优，但 Discoll-Kraay 标准误仅略有不足。鉴于 White 一致性标准误和聚类稳健标准误不能同时处理异方差和组内自相关，而 Newey-West 标准误不适合本章的数据特征，故采用 Discoll-Kraay 稳健性标准误。② ***、** 和 * 分别表示在 1%、5% 和 10% 的水平下显著。

表 3.5　国有和非国有控股样本下贷款对象经营发展质量与银行贷款行为关系的回归结果

变量	技术进步 国有样本	技术进步 非国有样本	产能利用率 国有样本	产能利用率 非国有样本	生产效率 国有样本	生产效率 非国有样本
TC	5.3957** (2.1872)	-2.4910 (4.3757)	—	—	—	—
CU	—	—	-6.0457 (7.3762)	-2.1924 (15.0403)	—	—
$MTFP$	—	—	—	—	4.1654** (2.0256)	-2.2129 (4.0004)
SSP	-0.1075** (0.0446)	-0.1533 (0.1742)	-0.1092** (0.0449)	-0.1420 (0.1738)	-0.1082** (0.0447)	-0.1508 (0.1739)
ECA	0.1492*** (0.0554)	0.5212* (0.2885)	0.1472*** (0.0557)	0.5177* (0.2894)	0.1491*** (0.0555)	0.5185* (0.2885)
AS	-3.1554** (1.4577)	7.0501** (2.9802)	-2.8855* (1.4979)	7.3050** (3.0792)	-3.3168** (1.4634)	7.1780** (2.9706)
LD	-0.1137** (0.0458)	0.0802 (0.0693)	-0.1044** (0.0459)	0.0791 (0.0694)	-0.1121** (0.0459)	0.0795 (0.0693)
NPL	-0.2589** (0.1168)	-0.3288 (0.3790)	-0.2322** (0.1170)	-0.3197 (0.3794)	-0.2522** (0.1170)	-0.3304 (0.3792)
LR	0.0529 (0.3412)	-0.0457 (0.4623)	0.0480 (0.3433)	-0.0249 (0.4617)	0.0552 (0.3419)	-0.0473 (0.4627)
LI	-0.6911*** (0.2186)	2.4904*** (0.5761)	-0.5415** (0.2108)	2.3784*** (0.5535)	-0.6522*** (0.2173)	2.4688*** (0.5666)
LO	1.1498** (0.5807)	-2.3914* (1.2942)	1.1649** (0.5847)	-2.3024* (1.2973)	1.1734** (0.5818)	-2.3649* (1.2910)
GDP_{gr}	-0.0688 (0.4032)	2.7624*** (0.8132)	0.0450 (0.4100)	2.7830*** (0.8332)	-0.0909 (0.4053)	2.7872*** (0.8150)
FD	-0.0966** (0.0388)	-0.0610 (0.0886)	-0.0969** (0.0390)	-0.0691 (0.0880)	-0.0962** (0.0388)	-0.0627 (0.0883)

续表

变量	技术进步		产能利用率		生产效率	
	国有样本	非国有样本	国有样本	非国有样本	国有样本	非国有样本
常数项	0.0247 (0.1991)	−0.1968 (0.4183)	0.0270 (0.2004)	−0.1934 (0.4188)	0.0236 (0.1996)	−0.1976 (0.4184)
F 检验 P 值	0.0000	0.0000	0.0000	0.0000	0.0000	0.0000
R^2	0.1751	0.1967	0.1648	0.1948	0.1716	0.1966
BDA_P 值	0.0407**		0.7505		0.0576*	
SSP_P 值	0.7300		0.8011		0.7452	
ECA_P 值	0.1537		0.1537		0.1554	
AS_P 值	0.0027***		0.0026***		0.0022***	
LD_P 值	0.0072***		0.0110**		0.0077***	
NPL_P 值	0.0074***		0.0092***		0.0076***	
LR_P 值	0.8547		0.8905		0.8487	
LI_P 值	0.0000***		0.0000***		0.0000***	
LO_P 值	0.0020***		0.0024***		0.0020***	
GDPgr_P 值	0.0098***		0.0109		0.0090***	
FD_P 值	0.6762		0.7424		0.6938	

注：①括号内为标准误；②变量_P 值为各变量的系数在国有控股银行样本与非国有控股银行样本的组间 Suest 检验 P 值，其中，BDA_P 值为变量 TC、CU、MTFP 系数的组间 Suest 检验 P 值；③ ***、** 和 * 分别表示在 1%、5% 和 10% 的水平下显著。

从表 3.4 和表 3.5 来看，各模型的 F 检验显著，且绝大部分变量的解释能力较强，R^2 值均相对较高，模型整体效果较好。基于模型估计结果，对银行产权结构、银行贷款行为、贷款对象经营发展质量三者之间的关系分析如下：

（1）银行贷款效率。本章通过考察行业经营发展质量与银行对该行业贷款额的关系来判断银行的贷款效率。从表 3.4 可以看出，在全样本中，行业技术进步、生产效率与银行对该行业贷款比例显著正相关，但行业产能利用率与银行对该行业贷款比例的关系不显著。表明目前我国银行主要依据贷款对象的技术进步和生产效率信息进行信贷决策，贷款对象技术进步越明显或生产效率越高,银行对其提供的贷款越多,但银行对贷款对象的产能利用状况不敏感。整体而言,样本期我国银行基本能根据行业的经营发展质量配置信贷资金,贷款效率相对较高。

(2) 银行产权结构与贷款效率的关系。从表3.4可以看出,在国有控股银行样本中,行业技术进步和生产效率均与银行对该行业的贷款比例具有显著的正向关系,而在非国有控股银行样本中,它们之间的关系不显著。同时,这两个变量的系数在两组样本间具有明显差异。表明国有控股银行更注重贷款对象的经营发展质量,更倾向于向技术进步明显或生产效率显著改善的行业配置更多的信贷资金,这与研究假设1基本一致。

由于缺乏政治压力和对经营管理者的政治晋升激励,非国有控股银行对国家经济和产业政策的执行力度相对较弱,加之财务投资或为关联方提供融资便利等短视行为,使非国有控股银行没有根据贷款对象的经营发展质量进行贷款决策,未向具有技术优势或高生产效率的行业提供更多的贷款资金。本章的研究假设2得以较好的验证。

此外,需特别说明的是,在国有控股银行样本和非国有控股银行样本中,产能利用率的系数均不显著,且其组间系数差异也不明显。表明无论何种产权性质的银行都未能根据行业的产能信息配置信贷资金,这可能也是近年来我国部分行业产能过剩问题严重,以及产能过剩与高杠杆问题并存的重要原因。因此,深入推进以"去产能""去杠杆"等为抓手的供给侧结构性改革,在信贷资金供应层面需要银行将产能利用率作为选择贷款对象的重要依据,提高对贷款对象产能利用信息的重视程度。

(3) 银行产权结构对贷款行业集中度的影响。第一大股东产权性质与银行贷款的行业集中度没有显著关系。但前十大股东中国有股比例与银行贷款的行业集中度具有显著的负向关系,银行前十大股东中国有股比例越高,其贷款的行业集中程度越低,贷款的行业分布越广泛。第一大股东的股权控制能力与银行贷款的行业集中度显著正相关,股东的股权控制能力越强,银行经营决策权越集中,其贷款的行业分散程度越低。

(4) 银行经营状况与贷款行业集中度的关系。在全样本中,不良贷款率与银行贷款的行业集中度负相关,若银行上一期的不良贷款率偏高,其当期将调整贷款策略,降低贷款的行业集中度以分散风险。贷款成本与银行贷款的行业集中度具有正向关系，若银行上一期的贷款费用率过高，其当期将降低贷款的行业分散程度，提高贷款的行业集中度。资产规模、贷存比、贷款拨备率、贷款利息率对银行贷款的行业集中度均没有显著影响，整体而言，银行较少根据其资产规模和往期的资产运用状况、贷款风险覆盖程度和贷款利息收入决定当期的贷款行业分布。

分样本的回归结果显示，大部分经营状况变量与贷款行业集中度的关系因银行产权性质而异。在国有控股样本中，资产规模与银行贷款的行业集中度显著负相关，而在非国有控股银行样本中，它们却显著正相关，且在这两组样本中，该变量的系数具有明显差异，表明大型国有控股银行贷款的行业分布更为广泛，贷款的行业集中程度更低，而资产规模大的非国有控股银行却相反。同时，在国有控股银行样本中，贷存比和不良贷款率与银行贷款行业集中度的负向关系明显，而在非国有控股银行样本中，它们之间的关系不显著，且在这两组样本中，这两个变量的系数均具有显著差异，表明国有控股银行更能根据往期的资产运用状况和贷款风险情况进行信贷决策，而非国有控股银行由于存在向关联企业提供融资便利等问题，其贷款决策对这些因素不敏感，这也从侧面说明了国有控股银行的贷款效率更高。另外，在国有控股银行样本中，贷款利息率及贷款成本与银行贷款的行业集中度分别具有显著的负向和正向关系，而在非国有控股银行样本中则恰好相反，且在这两组样本中，这些变量的系数差异显著，表明若上一期国有控股银行的贷款利息收入偏低或贷款费用率偏高，其当期将提高对主要行业的贷款比例，而非国有控股银行则进行了相反操作。

（5）宏观经营环境对银行贷款行业集中度的影响。GDP 增长率与银行贷款的行业集中度具有正向关系，且在非国有控股银行样本中，这种关系更为明显，高速的经济发展促使社会对银行贷款的需求增加，非国有控股银行将提高贷款的行业集中程度，而国有控股银行的贷款行业集中度并未受宏观经济发展速度的影响。总体而言，金融深度与银行贷款的行业集中度具有负向关系，人民币贷款占社会融资总额的比重越大，经济发展对信贷资金的依赖程度越高，银行贷款的行业分布越广泛，贷款的行业集中程度越低。

3.4 稳健性检验

为检验上述结论为的稳健性，并分析国有资本持有方式对银行贷款效率的影响，本章将国有控股银行进一步分为政府职能部门控股银行和国有企业控股银行，分别检验它们与非国有控股银行在贷款效率等方面的差异性，结果如表3.6和表3.7所示。

表3.6 政府职能部门控股和非国有控股样本下贷款对象经营发展质量与银行贷款行为关系的回归结果

变量	技术进步 政府职能部门样本	技术进步 非国有样本	产能利用率 政府职能部门样本	产能利用率 非国有样本	生产效率 政府职能部门样本	生产效率 非国有样本
TC	7.5237** 3.7414	−2.4910 (4.3757)	—	—	—	—
CU	—	—	−7.4575 (12.1581)	−2.1924 (15.0404)	—	—
MTFP	—	—	—	—	5.6467* (3.4283)	−2.2129 (4.0004)
SSP	−0.0115 (0.0916)	−0.1533 (0.1742)	−0.0443 (0.0923)	−0.1420 (0.1738)	−0.0162 (0.0922)	−0.1508 (0.1739)
ECA	−0.2306 (0.1802)	0.5212* (0.2885)	−0.2288 (0.1837)	0.5177* (0.2894)	−0.2326 (0.1814)	0.5185* (0.2885)
AS	−0.3734 (2.3789)	7.0501** (2.9802)	−0.4768 (2.4388)	7.3050** (3.0792)	−0.5831 (2.3909)	7.1780** (2.9706)
LD	−0.0820 (0.0736)	0.0802 (0.0693)	−0.0579 (0.0739)	0.0791 (0.0694)	−0.0721 (0.0736)	0.0795 (0.0693)
NPL	−3.4401*** (1.2326)	−0.3288 (0.3790)	−2.8892** (1.2210)	−0.3197 (0.3794)	−3.2536*** (1.2299)	−0.3304 (0.3792)

续表

变量	技术进步 政府职能部门样本	技术进步 非国有样本	产能利用率 政府职能部门样本	产能利用率 非国有样本	生产效率 政府职能部门样本	生产效率 非国有样本
LR	0.0099 (0.7223)	-0.0457 (0.4623)	-0.0503 (0.7422)	-0.0249 (0.4617)	0.0539 (0.7277)	-0.0473 (0.4627)
LI	-0.1167 (0.3207)	2.4904*** (0.5761)	0.0405 (0.3166)	2.3784*** (0.5535)	-0.0760 (0.3210)	2.4688*** (0.5666)
LO	1.8335** (0.8997)	-2.3914* (1.2942)	1.8494** (0.9167)	-2.3024* (1.2973)	1.8510** (0.9057)	-2.3649* (1.2909)
$GDPgr$	0.5137 (0.6398)	2.7624*** (0.8132)	0.5240 (0.6553)	2.7831*** (0.8332)	0.4733 (0.6439)	2.7872*** (0.8150)
FD	-0.2144*** (0.0662)	-0.0610 (0.0886)	-0.1920*** (0.0666)	-0.0691 (0.0880)	-0.2103*** (0.0666)	-0.0627 (0.0883)
常数项	-0.0398 (0.3151)	-0.1968 (0.4183)	-0.0293 (0.3210)	-0.1934 (0.4188)	-0.0331 (0.3172)	-0.1976 (0.4184)
F 检验 P 值	0.0011	0.0000	0.0044	0.0000	0.0019	0.0000
R^2	0.1808	0.1967	0.1496	0.1948	0.1698	0.1966
BDA_P 值	0.0364**		0.7001		0.0606*	
SSP_P 值	0.4125		0.5798		0.4408	
ECA_P 值	0.0239**		0.0280**		0.0245**	
AS_P 值	0.0580*		0.0454**		0.0491**	
LD_P 值	0.0605*		0.1216		0.0783*	
NPL_P 值	0.0013***		0.0067***		0.0022***	
LR_P 值	0.9455		0.9758		0.9024	
LI_P 值	0.0001***		0.0002***		0.0001***	
LO_P 值	0.0014***		0.0015***		0.0013***	
$GDPgr\_P$ 值	0.0623*		0.0593*		0.0569*	
FD_P 值	0.1130		0.2013		0.1288	

注：①括号内为标准误；②变量_P 值为各变量的系数在国有控股银行样本与非国有控股银行样本的组间 Suest 检验 P 值，其中，BDA_P 值为变量 TC、CU、$MTFP$ 系数的组间 Suest 检验 P 值；③*** 、** 和 * 分别表示在 1%、5% 和 10% 的水平下显著。

表 3.7　国有企业控股和非国有控股样本下贷款对象经营发展质量与银行贷款行为关系的回归结果

变量	技术进步 政府职能部门样本	技术进步 非国有样本	产能利用率 政府职能部门样本	产能利用率 非国有样本	生产效率 政府职能部门样本	生产效率 非国有样本
TC	5.4137** (2.6287)	−2.4910 (4.3757)	—	—	—	—
CU	—	—	−5.0532 (8.8329)	−2.1924 (15.0404)	—	—
MTFP	—	—	—	—	4.2666* (2.4343)	−2.2129 (4.0004)
SSP	−0.0763 (0.0557)	−0.1533 (0.1742)	−0.0699 (0.0560)	−0.1420 (0.1738)	−0.0749 (0.0558)	−0.1508 (0.1739)
ECA	0.1702*** (0.0611)	0.5212* (0.2885)	0.1667*** (0.0615)	0.5177* (0.2894)	0.1697*** (0.0612)	0.5185* (0.2885)
AS	−4.5821*** (1.7919)	7.0501** (2.9802)	−4.1963** (1.8457)	7.3050** (3.0792)	−4.7389*** (1.8024)	7.1780** (2.9706)
LD	−0.1499*** (0.0584)	0.0802 (0.0693)	−0.1468** (0.0587)	0.0791 (0.0694)	−0.1508*** (0.0584)	0.0795 (0.0693)
NPL	−0.2309* (0.1238)	−0.3288 (0.3790)	−0.2054* (0.1239)	−0.3197 (0.3794)	−0.2251* (0.1239)	−0.3304 (0.3792)
LR	−0.1379 (0.4017)	−0.0457 (0.4623)	−0.1108 (0.4039)	−0.0249 (0.4617)	−0.1329 (0.4023)	−0.0473 (0.4627)
LI	−0.8724*** (0.2903)	2.4904*** (0.5761)	−0.6932** (0.2777)	2.3784*** (0.5535)	−0.8270*** (0.2878)	2.4688*** (0.5666)
LO	1.0583 (0.7295)	−2.3914* (1.2942)	1.0211 (0.7342)	−2.3024* (1.2973)	1.0660 (0.7309)	−2.3649* (1.2909)
GDPgr	−0.3275 (0.4927)	2.7624*** (0.8132)	−0.1801 (0.5004)	2.7830*** (0.8332)	−0.3468 (0.4958)	2.7872*** (0.8150)

续表

变量	技术进步 政府职能部门样本	技术进步 非国有样本	产能利用率 政府职能部门样本	产能利用率 非国有样本	生产效率 政府职能部门样本	生产效率 非国有样本
FD	-0.0667 (0.0470)	-0.0610 (0.0886)	-0.0685 (0.0473)	-0.0691 (0.0880)	-0.0659 (0.0471)	-0.0627 (0.0883)
常数项	0.0126 (0.2413)	-0.1968 (0.4183)	0.0129 (0.2428)	-0.1934 (0.4188)	0.0104 (0.2417)	-0.1976 (0.4184)
F检验P值	0.0000	0.0000	0.0000	0.0000	0.0000	0.0000
R^2	0.1944	0.1967	0.1847	0.1948	0.1915	0.1966
BDA_P值	0.0515*		0.8246		0.0671*	
SSP_P值	0.5756		0.5926		0.5771	
ECA_P值	0.1789		0.1769		0.1802	
AS_P值	0.0009***		0.0011***		0.0008***	
LD_P值	0.0057***		0.0066***		0.0055***	
NPL_P值	0.0100***		0.0125**		0.0102**	
LR_P值	0.8857		0.8920		0.8938	
LI_P值	0.0000***		0.0000***		0.0000***	
LO_P值	0.0053***		0.0072***		0.0055***	
GDPgr_P值	0.0057***		0.0071***		0.0054***	
FD_P值	0.9486		0.9947		0.9715	

注：①括号内为标准误；②变量_P值为各变量的系数在国有控股银行样本与非国有控股银行样本的组间Suest检验P值，其中，BDA_P值为变量TC、CU、MTFP系数的组间Suest检验P值；③***、**和*分别表示在1%、5%和10%的水平下显著。

从表3.6和表3.7来看，无论是在政府职能部门控股银行样本中还是在国有企业控股银行样本中，行业技术进步和生产效率均与银行对该行业的贷款量具有明显的正向关系，而在非国有控股银行样本中，它们之间的关系不显著。同时，这两个变量的系数在政府职能部门控股银行样本与非国有控股银行样本间，以及国有企业控股银行样本与非国有控股银行样本间均存在明显差异。另外，在各组样本中，产能利用率的系数均不显著，且其组间系数差异不明显。上述结果表明，无论是政府职能部门控股银行还是国有企业控股银行，它们均向技术进步明显和生产效率高的行业配置更多的信贷资金，但其贷款行为对行业产能信息不敏感，而非国有控股银行没有根据贷款对象的经营发展质量进行贷款决策，其贷款效率低于政府职能部门控股银行和国有企业控股银行。这说明银行国有股权的持有方式对贷款决策模式没有显著影响，同时也说明本章关于产权结构与银行贷款效率关系的研究结论稳健。

3.5 本章小结

本章从技术进步、产能利用率和生产效率三个维度衡量贷款对象的经营发展质量，并通过考察银行是否根据贷款对象的经营发展质量进行信贷决策以判断银行的贷款效率。在理论分析国有控股银行和非国有控股银行在贷款效率方面的差异的基础上，采用数据包络分析方法计算 2005~2016 年我国主要行业的经营发展质量，采用似无相关模型和 2010~2016 年我国 84 家银行的数据，实证研究银行产权结构与贷款效率的关系。

本章的研究发现：第一，2005~2016 年，在被分析的 11 个行业中，住宿和餐饮业，房地产业，租赁和商务服务业，文化、体育和娱乐业，信息传输、软件和信息技术服务业 5 个行业均有明显的技术进步和生产效率改善，其他行业则有不同程度的技术退步或生产效率下降；制造业，采矿业，建筑业，交通运输、仓储和邮政业，住宿和餐饮业，租赁和商务服务业，文化、体育和娱乐业，电力、热力、燃气及水生产和供应业 8 个行业的产能利用率均有所提升，其他行业的产能过剩程度有所增加。第二，我国银行主要依据贷款对象的技术进步和生产效率信息进行信贷决策，贷款对象技术进步越明显或生产效率越高，银行对其提供的贷款越多，但银行对贷款对象的产能利用状况不敏感。综合考虑技术进步、产能利用率和生产效率三个维度，我国银行基本能根据贷款对象的经营发展质量配置信贷资金，贷款效率相对较高。第三，市场化经营特征和国有企业属性要求国有控股银行在贷款的商业性与执行国家经济政策之间寻求平衡，促使其根据贷款对象的经营发展质量进行贷款决策，贷款效率较高；而非国有控股银行由于缺乏政治压力，加之财务投资者的短视行为，更注重贷款对象的当前财务状况，没有向高经营发展质量的行业配置更多的信贷资金，贷款效率较低。第四，无论是政府职能部门控股银行还是国有企业控股银行，其贷款效率均高于非国有控股银行，银行国有股权的持有方式对贷款效率没有显著影响。

  本章的研究表明，银行的经营行为极大程度上反映了控股股东的持股意图，因此，控股股东产权性质不同的银行会在经营目标、管理理念等方面存在差异，导致贷款决策模式的差异化，进而造成的银行在贷款效率方面的差异性。因此，在产权结构改革使我国初步形成了多元化的银行业体系的背景下，要促使银行更好地服务于实体经济，特别是满足供给侧结构性改革对信贷资金配置的新要求，需要对不同产权性质的银行进行分类指导，促使各类银行都能充分地依据贷款对象的经营效率和持续发展能力进行信贷决策。

| 第 4 章 |
地方性银行产权结构、贷款供给
与地方经济发展

在我国多元化的银行业市场结构中，以城市商业银行（以下简称城商行）和农村商业银行（以下简称农商行）为代表的地方性银行是其不可或缺的部分，也是满足实体经济结构性金融需求的重要载体。根据《中国银行业监督管理委员会 2017 年报》的统计，截至 2017 年底，我国共有 134 家城商行、1262 家农商行、33 家农村合作银行、965 家农村信用社，城商行和农商行的总资产占银行业金融机构资产总额的比例分别为 12.57% 和 9.39%，城商行、农商行等小型银行贷款占银行业金融机构贷款余额的 38.58%。目前，我国 31 个省（区、市）和绝大部分地级市都有地方性银行。

为构建多层次、广覆盖的银行业金融体系，监管当局对各类银行进行了差异化的功能设定，地方性银行被定位于"服务地方经济，服务小微、'三农'，服务社区市民"，其功能主要是支持地方经济发展。2018 年 12 月，中央经济工作会议强调"要以金融体系结构调整优化为重点

第4章 地方性银行产权结构、贷款供给与地方经济发展

深化金融体制改革,推动城商行、农商行、农信社业务逐步回归本源"。2019年1月,中国银保监会出台的《关于推进农村商业银行坚守定位强化治理提升金融服务能力的意见》进一步指出,"农商行严格审慎开展综合化和跨区域经营,原则上机构不出县(区)、业务不跨县(区)。应专注服务本地,下沉服务重心,当年新增可贷资金应主要用于当地"。从经营实际来看,虽然近年来部分地方性银行进行了跨区域扩张,但绝大多数仍然选择"坚守本地"的经营策略,而跨区域经营的地方性银行其机构和业务也主要集中于本地。那么,地方性银行的金融资源配置是否有效促进了地方经济发展?

对于经济发展,"质"和"量"是两个重要衡量维度。经济增长度量了地区总产出的整体增加状况,而经济效率则度量了在增加产出时资源的统筹、整合和利用情况,反映了地区经济的活力、创新力和竞争力,同时也是地区经济发展质量和持续发展能力的重要体现。因此,在当前我国经济正由规模速度型粗放式增长向质量效率型集约式发展转变的背景下,需要从经济增长和经济效率两个方面考察银行的贷款供给是否促进了经济发展。另外,第3章研究表明,在现代企业制度中,产权性质不同的银行其经营目标或理念可能会存在差异,例如,国有控股银行在经营决策时会重点考虑贯彻执行政府的经济政策,而非国有控股银行则更充分地按市场原则配置资源,这种经营理念的不同可能会造成银行贷款促进经济发展的效果存在差异。因此,在讨论银行贷款供给与经济发展的关系时,需要区分不同产权性质银行的作用效果差异。鉴于此,本章从"质"和"量"两个方面衡量经济发展,研究在贷款供给促进经济发展的效果方面,产权性质不同的银行之间的差异性。

鉴于此,本章从经济增长和经济效率两个方面度量地方经济发展,在理论分析银行产权性质、贷款供给与经济发展关系的基础上,实证研究地方性银行贷款供给对地方经济发展的作用是否会因银行产权性质而异,并进一步从控股股东持股方式层面探究其存在差异的原因。另外,本章还探究城商行与农商行在促进城市和非城市经济发展方面的作用效果差异。

本章其他内容安排如下:第4.1节理论分析银行产权结构、贷款供给与经济发展关系,并据此提出研究假设;第4.2节介绍实证检验所需各变量及其计算方式,说明样本选择、数据来源和实证模型;第4.3节分析说

明实证检验结果;第 4.4 节对实证结果进行稳健性分析,并进一步讨论在促进城市和农村经济发展方面,城商行与农商行的作用效果差异;第 4.5 节总结本章内容。

4.1 理论分析与研究假设

改革开放以来,我国银行业经历了从传统专业体制向市场化体制转型的发展历程(刘明康,2009),改革始终是推动我国银行业转型和发展的主要力量,而产权结构改革一直是我国银行业改革的重要内容。产权结构改革的目的是通过厘清银行产权关系来改变其过去行政化的经营体制和官本位的管理模式,建立现代企业制度,以释放银行的经营活力。在对国有独资银行进行股份制改造的基础上,近年来,随着市场条件的成熟,我国进一步扩大银行业对民营资本和境外资本的开放程度,不仅银行非国有股份比例大幅提高,而且非国有股东控股银行的数量也显著增加,我国银行业的产权结构更加多元化,以产权为基础的银行公司治理机制逐步建立(陈其安、刘艾萍,2015)。

控股股东的产权性质是以产权为基础的公司治理机制的核心(李维安等,2001),从根本上决定了银行的经营目标或发展理念,从而决定了银行的经营模式和行为方式。无论是国有控股还是非国有控股的地方性银行,它们都是具有独立法人资格的经营实体,商业银行属性决定了它们须按利润最大化的市场原则配置资源,经营目标和理念都具有"商业性"。然而,地方性国有控股银行的实际控制人是地方政府,为达到上级部门的考核要求,地方政府会以控股股东的身份要求银行按其政策目标配置信贷资金(纪志宏等,2014;郭峰,2016),甚至政府官员会将其政治意愿嫁接于地方政府,将银行作为其实现政治意图的工具(钱先航等,2011;李维安、钱先航,2012)。此外,国有控股银行的重要高级管理人员同时扮演了职业经理人和"准官员"两个角色,受到薪酬与政治晋升的双重激励(郝项超,2015),既有动力又有能力通过影响银行的金融资源配置来迎合政府意愿,从而获得政治晋升资本(潘敏、魏海瑞,2015)。以此而论,地方性国有控股银行的经营目标或理念具有较强的"政治性",且在其经营决策中,"政治性"优先于"商业性"。与此相对应,地方性非国有控股银行的实际控制人是境内民营资本或境外资本,它们投资银行的目的是最大限度地获取利润,而非实现政府的政策目标,同时,非国有控股银行的经营管理者也较少具有政治晋升激励。但是,在非国有控股银行的股权结构中,国有股份仍然具有一定的比例,它们仍能通过一定的方式影响银行的经营决策以实现政府的政策意图。因此,地方性非国有控股银行的经营理念也具有一定的"政治性"。即便如此,控股股东的产权性质决定了其经营决策时的首要考量是仍然是"商业性"。

在我国对地方政府及政府官员的考核评价体系中,经济增长是核心指标。在此考核体系下,地方政府为达到考核要求或政府官员为了获得政治晋升,将致力于推动辖区的经济增长(Li and Zhou,2005;Xu,2011)。相对于其他促进经济增长的方式,投资的作用更加直接和明显,而投资的增加一方面依赖于财政投入,另一方面则依赖于金融资源的投入,在我国"财政分权"导致地方政府财力不足的背景下,主导金融资源配置是地方政府增加投资进而促进经济增长的重要手段(李维安、钱先航,2012;纪志宏等,2014;郭峰,2016)。按此逻辑,为实现经济增长目标,地方政府将督促其可以完全控制的地方性国有控股银行和能施加较大影响的地方性非国有控股银行将信贷资金投放于能直接促进经济快速增长的领域,例如,向地方政府融资平台提供更多的贷款(龚强等,2011;赵尚梅等,2013)。换言之,地方性国有和非控股银行的"政治性"目标即为实现地方政府的经济增长意图。但由于不同产权性质的银行经营目标的差异和受政府干预程度的不同,国有控股银行向能促进经济增长的领域提供的贷款多于非国有控股银行。据此,本章提出研究假设1。

研究假设1:在贷款供给促进地方经济增长方面,地方性国有控股银行的作用强于非国有控股银行。

相对于经济增长,经济效率在我国对地方政府及政府官员的考核评价体系中所占的比重较小,[①] 这导致地方政府及政府官员热衷于提高经济总量

---

① 在2019年4月,中共中央办公厅印发的《党政领导干部考核工作条例》中的考核内容包括:"落实新发展理念,突出高质量发展导向,构建推动高质量发展指标体系,改进推动高质量发展的政绩考核",强化了对经济效率的考核要求。

和经济增长速度，未给予经济效率以足够的重视，追求政绩的思想甚至会催生大量华而不实的政绩工程，造成经济效率的损失（蒋德权等，2015；李长青等，2018）。为迎合政府的政治意图，国有控股银行会向有助于提升政府政绩的领域提供大量的"政治性"贷款，这挤占了信贷资金，使其向能促进经济效率提升的领域提供的贷款减少。而按市场原则配置资源的非国有控股银行更能平衡经营目标的"商业性"与"政治性"，为保障其贷款资金的收益和安全，在贷款供给方面更注重贷款对象的经营效率和发展前景，在贷后管理方面也更有动力监督贷款对象资金的使用，督促其将资金运用于高投资效率的领域。据此，本章提出研究假设2。

研究假设2：在贷款供给促进地方经济效率提升方面，地方性国有控股银行的作用弱于地方性非国有控股银行。

4.2 研究设计

4.2.1 变量设定

4.2.1.1 地方经济效率

（1）经济效率计算方法。

采用全要素生产率（TFP）作为地方经济效率的衡量指标。TFP通过计算参考技术下生产单元全部要素投入与产出的比率，来度量除有形生产要素投入以外的其他因素（如技术革新、要素组合优化、规模经济等）导致的生产效率高低，综合反映了生产单元的资源配置效果和持续发展能力。凯文斯等（Caves et al., 1982）用Malmquist投入距离函数与产出距离函数来定义TFP，构建了测算两个相邻时期生产效率变化的Malmquist TFP指数（MTFP），是衡量经济效率的常用指标。

现有文献主要采用随机前沿分析（SFA）或数据包络分析（DEA）方法计算Malmquist TFP指数。根据实际观测到的投入与产出数据，SFA采用预先设定的生产函数和计量经济方法计算生产效率，而DEA则不必事先设定生产函数形式,而是采用线性规划方法计算生产效率。田友春等(2017)检验不同 TFP 测算方法结果的"一致性"和"稳健性"后发现,对于宏观分行业面板数据,DEA 更为适用。参考现有关于宏观经济效率测算的文献,本章采用 DEA 方法计算地方的 MTFP。

时期 s 到时期 t 的 MTFP 为:

$$MTFP = \frac{d^t(X_t, Y_t)}{d^s(X_s, Y_s)} \times \left[\frac{d^s(X_s, Y_s)}{d^t(X_s, Y_s)} \times \frac{d^s(X_t, Y_t)}{d^t(X_t, Y_t)}\right]^{1/2} \quad (4.1)$$

式中,$d^s(X_s, Y_s)$、$d^t(X_s, Y_s)$、$d^s(X_t, Y_t)$、$d^t(X_t, Y_t)$ 为四个 DEA 距离函数,由式(4.2)至式(4.5)定义:

$$\left.\begin{array}{l}[d^s(x_s, y_s)]^{-1} = \max_{\phi,\lambda} \phi \\ \text{s.t.} \quad -\phi y_{i,s} + \lambda Y_s \geq 0 \\ \quad\quad x_{i,s} - \lambda X_s \geq 0 \\ \quad\quad \lambda \geq 0\end{array}\right\} \quad (4.2)$$

$$\left.\begin{array}{l}[d^t(x_s, y_s)]^{-1} = \max_{\phi,\lambda} \phi \\ \text{s.t.} \quad -\phi y_{i,s} + \lambda Y_t \geq 0 \\ \quad\quad x_{i,s} - \lambda X_t \geq 0 \\ \quad\quad \lambda \geq 0\end{array}\right\} \quad (4.3)$$

$$\left.\begin{array}{l}[d^s(x_t, y_t)]^{-1} = \max_{\phi,\lambda} \phi \\ \text{s.t.} \quad -\phi y_{i,t} + \lambda Y_s \geq 0 \\ \quad\quad x_{i,t} - \lambda X_s \geq 0 \\ \quad\quad \lambda \geq 0\end{array}\right\} \quad (4.4)$$

$$\left.\begin{array}{l}[d^t(x_t, y_t)]^{-1} = \max_{\phi,\lambda} \phi \\ \text{s.t.} \quad -\phi y_{i,t} + \lambda Y_t \geq 0 \\ \quad\quad x_{i,t} - \lambda X_t \geq 0 \\ \quad\quad \lambda \geq 0\end{array}\right\} \quad (4.5)$$

若有 N 个生产单元,i 为第 i 个生产单元($i=1, 2, 3, \cdots, N$),每个生产单元都有 K 种投入,M 种产出。则,式(4.2)至式(4.5)中,x_i 和 y_i 分别为第 i 个生产单元的投入向量和产出向量;X 为 $K \times N$ 维投入矩阵,Y 为 $M \times N$ 维产出矩阵;ϕ 为标量,$1 \leq \phi < \infty$;λ 为 $N \times 1$ 维常数向量。

若 MTFP > 1,则生产单元从时期 s 到时期 t 的全要素生产率提高了,反之则反是。

由式（4.1）可知，$MTFP$ 为 $\dfrac{d^t(X_t, Y_t)}{d^s(X_s, Y_s)}$ 与 $\left[\dfrac{d^s(X_s, Y_s)}{d^t(X_s, Y_s)} \times \dfrac{d^s(X_t, Y_t)}{d^t(X_t, Y_t)}\right]^{1/2}$ 的乘积。

前者可定义为生产单元时期 s 到时期 t 的技术进步（$TFCH$），后者可定义为生产单元时期 s 到时期 t 的技术效率变化（$TECH$）。与 $MTFP$ 类似，若 $TFCH > 1$ 或 $TECH > 1$，则生产单元从时期 s 到时期 t 的存在技术进步或技术效率提升，反之则反是。

（2）计算经济效率的投入产出变量。

以各市的地区生产总值（GDP）为产出变量。基于 C-D 生产函数，以劳动力数量、土地面积和资本存量为投入变量，由于较难获取农村地区的就业人数，本章以各市的总人口代表劳动力数量，同时，以各市的行政区域面积表示土地面积，并采用永续盘存法计算各市的资本存量。

i 市第 t 年的资本存量（K_{it}）计算公式为：$K_{it} = (1-\delta)K_{it-1} + I_{it}/P_{it}$。其中，$\delta$ 为折旧率，借鉴梅林和席强敏（2018）的研究，设定 δ 为 5%；I_{it} 为 i 市第 t 年的固定资产投资，以其第 t 年的固定资产投资总额减去当年住宅投资表示；P_{it} 为以 2006 年为基期计算的 i 市第 t 年固定资产投资价格指数①。此外，i 市 2006 年资本存量（K_{i2006}）的计算方式为：$K_{i2006} = I_{i2006}/(\delta + g_i)$，式中，$g_i$ 为 i 市 2006~2016 年的固定资产投资增长率。

4.2.1.2 地方经济增长

在政府经济职能履行效果评价和政府官员考核激励体系中，GDP 是最具综合性的核心指标，因此，本章以地区生产总值增长率表示地方经济增长。

4.2.1.3 银行产权结构

从银行控股股东的产权性质方面定义银行的产权结构，并据此设置银行产权结构虚拟变量。

---

① 本章计算各省份第 t 年的固定资产投资价格指数，以此代表下辖各市的 P_{it}。

4.2.1.4 银行贷款供给

鉴于地方经济效率和经济增长均为增量指标，为与其保持计算口径一致，以各地方性银行贷款增长率代表银行贷款供给。

4.2.1.5 控制变量

地方经济发展速度和质量不仅受贷款资金供给的影响，而且还取决于人口、资源、政府行为等诸多因素。基于经济发展理论并借鉴国内外关于经济效率和经济增长的相关研究，以各省的市场化指数来反映其下辖市的市场化程度，以第二产业产值占 GDP 的比重来反映各市的产业结构，以房地产投资占固定资产投资的比例来控制各市房地产对经济发展的影响，以实际使用外资与 GDP 的比值来刻画各市的外资利用情况。同时，以科教支出占财政支出的比例来反映各市的科学教育发展程度，以各市普通高校学生数与总人口比值来控制人口素质对经济发展的影响。此外，鉴于财政资源也是促进地方经济发展的重要资金来源（郭峰、熊瑞祥，2017），用预算内财政收入与预算内财政支出的比值来反映各市的财政自主度，以控制财政分权对地方经济发展的影响。

各变量的定义和计算方式如表 4.1 所示。

表 4.1　　　　　　　　　　变量定义及计算方式

所属模型	变量名称	变量标识	计算方式
DEA 模型	产出	Out	地方生产总值（十亿元）
	劳动力投入	Put_1	地方总人口（万人）
	资本投入	Put_2	地方资本存量（十亿元）
	土地投入	Put_3	行政区域土地面积（万平方千米）
回归模型	贷款增长率	$DKgr$	［（银行当年贷款余额－银行上一年贷款余额）/银行上一年贷款余额］×100%
	GDP 增长率	$GDPgr$	［（地方当年 GDP－地方上一年 GDP）/地方上一年 GDP］×100%
	全要素生产率	TFP	DEA 模型

续表

所属模型	变量名称	变量标识	计算方式
回归模型	是否国有控股银行	GY	虚拟变量,若第一大股东是国有性质,取值为1,否则为0
	市场化程度	SCH	虚拟变量,某市的市场化指数高于当年全国均值,取值为1,否则为0
	科教发展程度	KJ	[(地方科学支出+地方教育支出)/地方财政一般预算内支出]×100%
	房地产依赖程度	FDC	[地方房地产开发投资完成额/地方全社会固定资产投资总额]×100%
	外资比例	WZ	[地方当年实际使用外资金额/地方GDP]×100%
	人口素质	RKSZ	[地方普通高校学生数/地方总人口]×100%
	产业结构	CYJG	地方第二产业占GDP的比重(%)
	财政自主度	CZSZ	[地方财政一般预算内支出/地方财政一般预算内收入]×100%

4.2.2 数据来源与样本描述

在我国银行业市场结构改革中,地方性银行的跨区域经营经历了"管制—放松—收紧"的历程。2009年之前,遵循"服务地方经济"的初衷,绝大部分地方性银行的分支机构均在本地(市);2009年4月,中国银监会发布《关于中小商业银行分支机构市场准入政策的调整意见(试行)》,放宽对中小银行异地设立分支机构的限制,地方性银行掀起了跨区域扩张的浪潮;2011年4月,中国银监会暂停审批内控不健全的银行新设网点的申请,地方性银行的跨区域经营步伐逐步放缓。虽然监管当局审慎推进银行的跨区域发展,但受制于自身的经营实力和风险管理能力,在激烈的市场竞争中,绝大多数地方性银行仍然选择深耕本地的经营策略,截至2017年底,跨省市经营的地方性银行数量不足70%,在实现跨区域经营的地方性银行中,本地的营业额仍占其营业总额的60%以上,以市外分支机构较多的北京银行为例,2017年其在北京地区的资产、营业收入和利润分别占全行资产总额、营业收入、利润总额的71%、73%和69%。

鉴于此,本章选取在本地的分支机构数量、贷款额或营业收入大于80%的城商行和农商银为研究对象,同时,考虑数据的完整性和贷款对经济发展作用的滞后性,设定样本区间为2005~2015年。剔除无效样本后共获得67家地方性银行的数据,合计603个观测值,其中,第一大股东为国有性质的观测值数471个(第一大股东为政府职能部门和国有企业的观测值数分别为158个和313个),第一大股东为非国有性质的观测值数132个。

本章银行贷款数据来源于各银行的年报,地方经济发展及相关变量的数据来源于各年的《中国城市统计年鉴》,市场化指数取自《中国市场化指数——各地区市场化相对进程2011年报告》和《中国分省份市场化指数报告(2016)》,[①] 2014年以后各年的市场化指数采用其前三年的均值进行推算。

各变量的统计特征和非连续变量描述性统计如表4.2和表4.3所示。

表4.2　　　　　　　　　　连续性变量描述性统计

变量	均值	方差	最小值	最大值
Out	503.5657	746.1949	14.2594	7827.5390
Put_1	988.9374	1414.3650	89.6000	7777.0000
Put_2	411.4841	602.0993	20.5545	4759.3850
Put_3	3.6110	9.2253	0.1569	66.5523
$DKgr$	23.7049	34.7890	-50.0729	766.6791
$GDPgr$	12.1603	7.4722	-23.7319	54.5720
TFP	1.1113	0.10801	0.5400	1.6540
KJ	20.2236	4.0792	6.3119	30.8438
FDC	22.4813	11.2242	3.2178	67.1067
WZ	2.7568	2.1283	0.0303	13.1653
$RKSZ$	3.2597	3.3181	0.0222	13.1124
$CYJG$	49.9686	8.3734	19.2600	76.5300
$CZSZ$	170.3165	86.5716	64.8820	798.9991

---

① 鉴于两个版本的市场化指数计算口径、方式等有差异,以连续性变量的方式进行分析将有失偏颇,本章设置市场化程度虚拟变量,分年度对市场化指数进行排序,某市的市场化指数高于当年全国均值时取值为1,否则为0。

表 4.3　　　　　　　　　　非连续性变量描述性统计

控股股东类型	观测值数（个）	占样本的比例（%）
国有	471	78
其中：政府职能部门	158	26
国有企业	313	52
非国有	132	22

总体而言，样本期我国国有控股银行的数量基本稳定，但政府职能部门控股的银行数量明显减少，表明国有资本对银行的控制方式更加多元化和市场化。同时，受金融脱媒等因素的影响，2009 年后我国地方性银行的贷款增长率呈逐年下降的变化趋势；2010 年以来，地方 GDP 增长率逐年下降，这与全国经济的整体形势基本一致；房地产投资占固定资产投资的比重在经历 2010 年前的大幅上升后基本稳定，地方经济发展对房地产的依赖程度有所缓解；第二产业产值占地方 GDP 的比例逐年下降，地方的产业结构日趋优化；实际使用外资与地方 GDP 的比值逐年下降，地方经济发展对外资的依赖度有所降低；随着对地方投融资平台清理和整顿的深入，地方财政支出与财政收入的比值在 2014 年前后呈先降后升的变化态势。此外，高校学生数占人口总数的比例逐年增加，人口整体素质逐步提升；科教支出占财政支出的比例变化不明显，地方政府对科教的投入和重视程度亟待加强。

另外，从表 4.2 来看，各连续性变量的方差均较大，为减少异常值的干扰，本章对它们均进行上下 1% 的缩尾处理。

4.2.3　实证模型

建立如下模型探究地方性银行产权性质、贷款供给与地方经济发展的关系。

$$\begin{aligned} JJFZ_{i,t} = & \alpha + \beta_1 DKgr_{i,t-1} + \beta_2 GY_{i,t-1} + \beta_3 GY_{i,t-1} \times DKgr_{i,t-1} + \beta_4 SCH_{i,t} \\ & + \beta_5 KJ_{i,t} + \beta_6 FDC_{i,t} + \beta_7 WZ_{i,t} + \beta_8 RKSZ_{i,t} + \beta_9 CYJG_{i,t} \\ & + \beta_{10} CZSZ_{i,t} + \varepsilon \end{aligned} \quad (4.6)$$

其中，$JJFZ$ 为地方（市）经济发展变量，在经济增长与经济效率模型中分

别为 GDP_{gr} 和 TFP，GY 为地方性银行产权性质虚拟变量，$GY \times DK_{gr}$ 为银行产权变量与贷款增长率的交乘项，用以考察不同产权性质的银行在贷款供给与地方经济发展关系方面的差异，α 为常数项，β 为各变量的回归系数，ε 为随机误差项。

此外，鉴于企业等生产单位获得贷款后需要一段时间才能转化为产出，银行贷款的经济效果具有滞后性，本章所有银行类变量均滞后一期。

4.3 实证结果及分析

4.3.1 地方经济发展效率计算结果及分析

采用 DEAP 计算 2006～2016 年我国地方（市）的 Malmquist 全要素生产率（MTFP），结果如表 4.4 所示。

表 4.4　2006～2016 年地方（市）MTFP 及其分解项均值

年份	技术效率变化均值	技术进步均值	全要素生产率均值
2006	1.0259	1.0449	1.0682
2007	1.0398	1.1502	1.1941
2008	1.0610	1.1367	1.2050
2009	0.9766	1.1286	1.1007
2010	1.0104	1.1836	1.1962
2011	0.9856	1.1699	1.1519
2012	1.0905	1.0242	1.1151
2013	1.0299	1.0237	1.0477
2014	0.9758	1.0859	1.0598
2015	1.0004	1.0418	1.0411
2016	0.9879	1.0816	1.0689

整体而言，2006～2016 年我国地方（市）的 Malmquist 全要素生产率均大于 1，年均增长率达 11.35%，且各年均未出现较大的起伏波动，表明

我国地方经济效率逐年提高，且提升速度较为稳定。从全要素生产率的构成来看，受产能过剩、高库存等因素的影响，2009年、2011年、2014年和2016年我国地方经济发展中存在一定程度的技术效率下降，2006~2016年年均技术效率提升率为1.67%；而在2006~2016年我国地方（市）各年具有明显的技术进步，年均技术进步率达9.74%。表明我国地方经济效率的提升主要源自技术进步。

从地方经济效率变化与GDP增长率的对比来看（见图4.1），2006~2016年我国地方经济效率的提升速度并没有随经济增长速度的下降而下降，尤其是在2010年以后，随着我国经济从规模速度型粗放式增长向质量效率型集约式发展转变，地方经济增速快速下降，而技术效率变化、技术进步以及全要素生产率却均较为稳定，甚至在2013年以后大体呈现出微弱上升的变化态势。表明随着经济结构调整和转型升级、经济提质增效以及供给侧结构性改革的深入，地方经济的增长速度虽有所的下滑，但经济效率却逐年提升。同时，由于促进经济发展的新动能尚未完全形成，地方经济效率的提升速度仍然较慢。

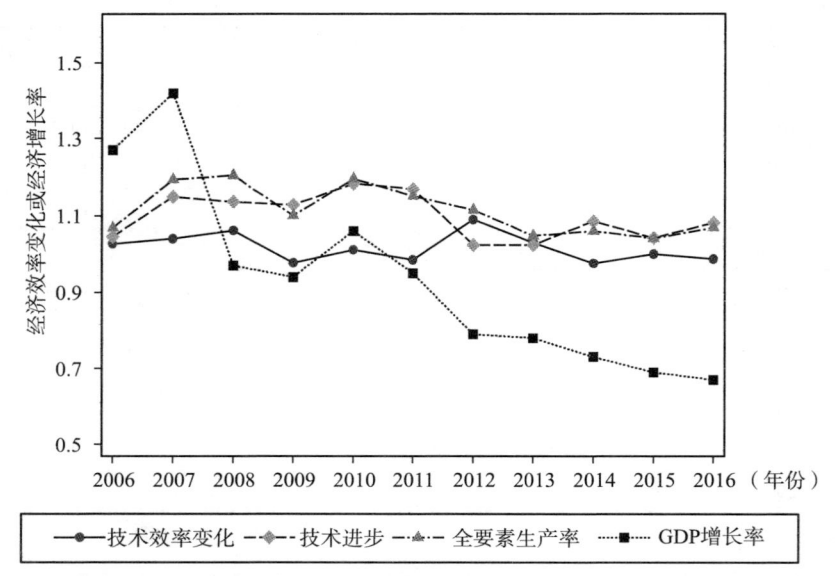

图 4.1　2006~2016年我国地方经济效率变化与经济增速对比

注：为便于比较，图中地方GDP增长率作缩小10倍处理。

4.3.2 回归模型估计结果及分析

采用 Stata 15.0 估计式（4.6），结果如表 4.5 所示。

表 4.5　不同产权性质银行的贷款供给与地方经济发展关系的回归结果

变量	经济增长模型 Coef	经济增长模型 Std. Err	经济效率模型 Coef	经济效率模型 Std. Err
$DKgr$	0.0977**	0.0392	0.0012***	0.0004
GY	-0.3273	0.2852	0.0010	0.0130
$GY \times DK$	0.0051	0.0368	-0.0005**	0.0002
SCH	0.0314	1.3855	-0.0063	0.0195
KJ	0.0779	0.3237	-0.0019	0.0033
FDC	0.0233	0.0712	-0.0013***	0.0003
WZ	0.4326***	0.1603	0.0029	0.0035
$RKSZ$	0.2106	0.1775	0.0067***	0.0023
$CYJG$	0.9519***	0.1301	0.0099***	0.0010
$CZSZ$	0.0139	0.0145	0.0001	0.0002
常数项	-43.6590***	7.0761	0.6212***	0.1225
F 检验 P 值	0.0000		0.0000	
R^2	0.3300		0.1643	
VIF 均值	2.9300		2.9300	
Hausman 检验 P 值	0.0000		0.0000	
Wald 检验 P 值	0.0000		0.0000	
Arellano-Bond 检验 P 值	0.0000		0.0012	

注：***、**和*分别表示在1%、5%和10%的水平下显著。因异方差、自相关等的检验结果与第3章类似，故本章采用 Discoll-Kraay 稳健性标准误。

从表4.5来看，各模型的F检验显著，且绝大部分变量的解释能力较强，R^2值均较为合理，模型整体效果较好。基于模型估计结果，对地方性银行产权结构、贷款供给与地方经济发展的关系分析如下：

（1）银行产权结构、贷款供给与地方经济增长。在经济增长模型中，地方性银行的贷款增长率与地方GDP增长率具有显著的正向关系，表明地方性银行贷款越多，地方经济增长速度越快。银行产权性质与贷款增长率交乘项的系数不显著，表明无论是何种产权性质的地方性银行，其贷款供给对地方经济增长的促进作用无明显差异，这与本章的研究假设1不一致。这可能有以下两个方面的原因：一是，在实际经营中，一些非国有控股银行甚至民营银行会受到地方政府的强势干预，有时甚至被迫将"政治性"目标放在首位，例如，浙江民泰商业银行被杭州市政府要求参加银企融资对接会，帮助当地企业解决融资难问题（郭峰、熊瑞祥，2017）。二是，一般而言，能促进经济增长的领域也能一定程度地保障银行贷款的收益性与安全性，在迎合政府意愿与经营的商业原则不冲突的情况下，非国有控股银行也愿意向能有效促进经济增长的领域提供贷款。

（2）银行产权结构、贷款供给与地方经济效率。在经济效率模型中，地方性银行的贷款增长率与地方Malmquist全要素生产率显著正相关，表明地方性银行贷款越多，地方经济效率越高。银行产权性质与贷款增长率交乘项的系数显著为负，表明地方性银行贷款供给对地方经济效率的提升作用因银行产权性质而异，国有控股银行的贷款对地方经济效率的提升作用显著弱于非国有控股银行，本章的研究假设2得以验证。

（3）其他变量与地方经济发展的关系。总体而言，市场化对地方经济增长的促进和地方经济效率的提升作用均不明显；固定资产投资中房地产投资比例的增加不但没有明显促进地方经济增长，反而挤占了其他经济资源，抑制了地方经济效率；第二产业产值占地方GDP的比例越高，地方经济增长速度越快，地方经济效率也越高；外资比例的增加能有效促进地方经济增长，但对地方经济效率的提升作用不明显，地方经济发展对外资的利用效率较低。同时，地方政府对科教支出的增加未能明显促进地方经济增长和地方经济效率提高；而人口素质的提高虽与地方经济增长无显著关系，但却能有效提升地方经济效率。另外，地方政府的财政自主程度与地方经济增长和经济效率的关系均不明显。

4.4 进一步分析

4.4.1 银行股权持有方式、贷款供给与地方经济发展

近年来，随着转变政府职能改革的深入和国有资本授权经营制度的完善，地方政府直接持有地方性银行股份的情况逐步减少，国有企业持股的银行日趋增多。理论上讲，更具市场化的国有企业持股改变了政府职能部门持股方式的"行政化"，也延长了控制权链条，可以减轻政府对银行的直接干预，有助于银行现代企业制度的建立和公司治理机制的完善。另一方面，政府职能部门与国有企业的资源配置方式存在差异，它们也存在不同的利益诉求，比如，政府对国有企业有经济利润的考核要求，其他股东对国有企业的投资也较为关注其风险与收益，以此而论，相对于政府职能部门，国有企业会更多地基于经济利益目的干预其控股的银行的经营行为。那么，国有股权持有方式的市场化是否能会强化国有控股银行经营行为的"商业性"，促使其按市场原则配置资产？换言之，国有控股银行的贷款供给对地方经济效率的提升作用弱于非国有控股银行是否是由于其国有股权持有方式的非市场化？

为检验上述关于地方性银行产权性质、贷款供给与地方经济发展关系结论的稳健性，并探究其原因，本章将国有控股银行进一步分为政府职能部门控股银行和国有企业控股银行，分别检验它们与非国有控股银行在贷款供给与地方经济发展关系方面的差异。

建立如下回归模型探究地方性银行控股方式、贷款供给与地方经济发展的关系。

$$\begin{aligned}JJFZ_{i,t} =& \alpha + \beta_1 DKgr_{i,t-1} + \beta_2 ZF_{i,t-1} + \beta_3 ZF_{i,t-1} \times DKgr_{i,t-1} + \beta_4 SCH_{i,t} \\ & + \beta_5 KJ_{i,t} + \beta_6 FDC_{i,t} + \beta_7 WZ_{i,t} + \beta_8 RKSZ_{i,t} + \beta_9 CYJG_{i,t} \\ & + \beta_{10} CZSZ_{i,t} + \varepsilon \end{aligned} \quad (4.7)$$

$$\begin{aligned}JJFZ_{i,t} =& \alpha + \beta_1 DKgr_{i,t-1} + \beta_2 GQ_{i,t-1} + \beta_3 GQ_{i,t-1} \times DKgr_{i,t-1} + \beta_4 SCH_{i,t} \\ & + \beta_5 KJ_{i,t} + \beta_6 FDC_{i,t} + \beta_7 WZ_{i,t} + \beta_8 RKSZ_{i,t} + \beta_9 CYJG_{i,t} \\ & + \beta_{10} CZSZ_{i,t} + \varepsilon \end{aligned} \quad (4.8)$$

式中，ZF 和 GQ 为银行控股方式虚拟变量，若为政府职能部门控股，式（4.7）中的 ZF 变量取值为 1；否则为 0。若为国有企业控股，式（4.8）中的 GQ 变量取值为 1；否则为 0。$ZF \times DK_{gr}$ 和 $GQ \times DK_{gr}$ 为银行控股方式变量与贷款增长率的交乘项，分别用以探究政府职能部门控股银行、国有企业控股银行与非国有控股银行在贷款供给与地方经济发展关系方面的差异，其他变量同式（4.6）。

式（4.7）和式（4.8）的估计结果如表 4.6 和表 4.7 所示。

表 4.6　政府职能部门控股和非国有控股银行的贷款供给与地方经济发展关系的回归结果

变量	经济增长模型 Coef	经济增长模型 Std. Err	经济效率模型 Coef	经济效率模型 Std. Err
$DKgr$	0.0989**	0.0384	0.0012**	0.0005
ZF	1.8421	1.6434	0.0072	0.0248
$ZF \times DK$	-0.0119	0.0343	-0.0010**	0.0005
SCH	0.0784	1.3982	-0.0257	0.0211
KJ	0.0769	0.2949	0.0004	0.0034
FDC	0.0752	0.0884	0.0005	0.0009
WZ	0.3694	0.2413	0.0075***	0.0027
$RKSZ$	0.4168**	0.1819	0.0106***	0.0029
$CYJG$	1.1128***	0.1337	0.0122***	0.0012
$CZSZ$	0.0586***	0.0188	0.0005*	0.0003
常数项	-64.1954***	6.5813	0.3064**	0.1389
F 检验 P 值	0.0000		0.0000	
R^2	0.3407		0.1822	
VIF 均值	2.4200		2.4200	
Hausman 检验 P 值	0.0000		0.0005	
Wald 检验 P 值	0.0000		0.0000	
Arellano-Bond 检验 P 值	0.0000		0.0555	

注：***、**和*分别表示在 1%、5% 和 10% 的水平下显著。

表 4.7　　国有企业控股和非国有控股银行的贷款供给与地方经济发展关系的回归结果

变量	经济增长模型 Coef	Std. Err	经济效率模型 Coef	Std. Err
DKgr	0.1003**	0.0396	0.0013***	0.0004
GQ	-0.8451*	0.4927	0.0071	0.0079
GQ×DK	0.0058	0.0429	-0.0005	0.0003
SCH	0.4458	1.3970	0.0205	0.0224
KJ	0.0295	0.3879	-0.0051	0.0041
FDC	0.0088	0.0690	-0.0016***	0.0004
WZ	0.4536***	0.1356	0.0035	0.0046
RKSZ	0.1293	0.1607	0.0060***	0.0019
CYJG	0.8952***	0.1206	0.0090***	0.0010
CZSZ	0.0094	0.0136	-0.0000	0.0002
常数项	-37.6988***	7.9322	0.7452***	0.1399
F 检验 P 值	0.0000		0.0000	
R^2	0.3465		0.1870	
VIF 均值	2.6700		2.6700	
Hausman 检验 P 值	0.0000		0.0000	
Wald 检验 P 值	0.0000		0.0000	
Arellano-Bond 检验 P 值	0.0000		0.0007	

注：***、**和*分别表示在1%、5%和10%的水平下显著。

从表4.6和表4.7来看，在经济增长模型中，银行国有股权持有方式与贷款增长率交乘项的系数均不显著，说明无论是政府职能部门控股的地方性银行还是国有企业控股的地方性银行，其贷款供给对地方经济增长的促进作用与非国有控股的地方性银行无明显差异，同时也说明本章关于银行产权性质、贷款供给与地方经济增长关系的结论稳健。

在表4.6的经济效率模型中，银行国有股权的持有方式与贷款增长率交乘项的系数显著为负，而在表4.7的经济效率模型中，该交乘项的系数不显著，表明对于政府职能部门控股的地方性银行，其贷款供给对地方经济效率的提升作用显著弱于非国有控股银行，而对于国有企业控股的地方性银行，其贷款供给对地方经济效率的提升作用与非国有控股的地方性银行无明显差异。说明国有控股银行贷款对地方经济效率的提升作用弱于非国有控股银行的重要原因在于国有股权持有方式的非市场化，同时也说明本章关于银行产权性质、贷款供给与地方经济效率关系的结论稳健。

其他变量与地方经济发展的关系与表4.5基本相似，文中不再解释。

4.4.2 银行特征、贷款供给与城市和农村经济发展

为构建多层次、广覆盖、有差异的金融机构体系，更好地满足实体经济结构性、多元化的金融需求，监管当局对城商行与农商行进行了差异化的功能定位设定，城商行定位于"立足城市居民、立足中小企业发展、立足地方经济建设"，而农商行的经济功能是"服务县域、服务社区、服务'三农'和小微企业"。那么，针对城市经济主体，城商行的金融服务是否更具专业性？其贷款供给是否更能促进城市经济发展？与之相对应，农商行是否更能针对农村经济主体提供更高效的金融服务？其贷款供给是否更能促进农村经济发展？本章进一步探究城商行与农商行在促进市辖区和非市辖区经济发展中的作用差异，以期回答此问题。

4.4.2.1 经济效率的计算结果

采用式（4.1）至式（4.5）计算各市下辖市辖区和非市辖区的经济效率[①]，结果如表4.8所示。

表4.8　2006～2016年地方（市辖区、非市辖区）MTFP及其分解项均值

年份	市辖区			非市辖区		
	效率变化均值	技术进步均值	全要素生产率均值	效率变化均值	技术进步均值	全要素生产率均值
2006	0.9686	1.1547	1.1153	1.1051	0.9894	1.0866
2007	1.0038	1.2054	1.2098	1.0294	1.2406	1.2767

---

① 除市辖区的劳动力投入为就业人数外，市辖区和非市辖区的投入产出变量的计算方式与全市相应变量的计算方式相同。非市辖区各变量的数据由全市数据减市辖区的数据获得。

续表

年份	市辖区			非市辖区		
	效率变化均值	技术进步均值	全要素生产率均值	效率变化均值	技术进步均值	全要素生产率均值
2008	1.0366	1.1813	1.2240	0.9642	1.2542	1.2094
2009	0.9971	1.1262	1.1226	0.9945	1.2057	1.1993
2010	0.9908	1.2271	1.2151	0.9593	1.2830	1.2283
2011	1.0156	1.1809	1.1984	0.9911	1.2323	1.2215
2012	1.0119	1.1178	1.1304	1.0204	1.1081	1.1281
2013	0.9614	1.1571	1.1096	0.9818	1.1221	1.1013
2014	0.9611	1.1366	1.0921	0.5778	2.1774	1.1455
2015	1.0494	1.0084	1.0566	1.3396	0.8990	1.1384
2016	0.9833	1.0781	1.0601	1.0342	1.0896	1.1465

总体而言，2006~2016 年市辖区、非市辖区经济效率的变化特征与全市基本一致。同时，对于各年的技术效率变化、技术进步及 Malmquist 全要素生产率，市辖区与非市辖区之间均无明显差异。

4.4.2.2 回归模型及其估计结果

建立如下回归模型探究地方性银行特征、贷款供给与地方经济发展的关系。

$$\begin{aligned} JJFZ_{i,t} &= \alpha + \beta_1 DKgr_{i,t-1} + \beta_2 CSH_{i,t-1} + \beta_3 CSH_{i,t-1} \times DKgr_{i,t-1} + \beta_4 SCH_{i,t} \\ &+ \beta_5 KJ_{i,t} + \beta_6 FDC_{i,t} + \beta_7 WZ_{i,t} + \beta_8 RKSZ_{i,t} + \beta_9 CYJG_{i,t} \\ &+ \beta_{10} CZSZ_{i,t} + \varepsilon \end{aligned} \quad (4.9)$$

式中，$JJFZ$ 为市辖区、非市辖区的经济发展变量，在经济增长和经济效率模型中分别 $GDPgr$ 和 TFP；CSH 为地方性银行特征虚拟变量，若为城商行，取值为 1，否则为 0；$CSH \times DKgr$ 为银行特征变量与贷款增长率的交乘项，用以考察在贷款供给与市辖区及非市辖区经济发展关系方面，城商行与农商行之间的差异性，其他变量同式（4.6）。

式（4.9）的估计结果如表 4.9 和表 4.10 所示。

表 4.9　银行特征、贷款供给与市辖区经济发展关系的回归结果

变量	经济增长模型 Coef	经济增长模型 Std. Err	经济效率模型 Coef	经济效率模型 Std. Err
DKgr	0.2773 **	0.1251	0.0014 **	0.0006
CSH × DK	−0.1565	0.1407	−0.0002	0.0008
SCH	0.3062	1.6530	0.0313 *	0.0192
KJ	0.0811	0.1292	0.0003	0.0016
FDC	−0.0264	0.0387	−0.0007 **	0.0003
WZ	0.6784 **	0.2755	0.0089 ***	0.0029
CYJG	0.6580 ***	0.1313	0.0084 ***	0.0011
CZSZ	0.8685	1.8809	−0.0063	0.0134
常数项	−26.5932 ***	7.9590	0.6719 ***	0.0724
F 检验 P 值	0.0000		0.0000	
R^2	0.1684		0.2063	
VIF 均值	2.0200		2.0200	
Hausman 检验 P 值	0.0000		0.0000	
Wald 检验 P 值	0.0000		0.0000	
Arellano-Bond 检验 P 值	0.0000		0.0000	

注：***、** 和 * 分别表示在 1%、5% 和 10% 的水平下显著。

表 4.10　银行特征、贷款供给与非市辖区经济发展关系的回归结果

变量	经济增长模型 Coef	经济增长模型 Std. Err	经济效率模型 Coef	经济效率模型 Std. Err
DKgr	0.1651	0.1992	0.0027	0.0017
CSH × DK	−0.0093	0.2127	−0.0012	0.0015
SCH	−0.0066	2.5883	−0.0074	0.0280
KJ	−0.3475	0.4364	−0.0020	0.0038
FDC	0.1623	0.3575	0.0023	0.0037
WZ	−1.4739 ***	0.0933	−0.0149 ***	0.0009
CYJG	0.1006	0.3654	0.0008	0.0035

续表

变量	经济增长模型		经济效率模型	
	Coef	Std. Err	Coef	Std. Err
CZSZ	-6.1372***	2.3144	-0.049**	0.0215
常数项	33.8244*	19.9882	1.2979***	0.1983
F 检验 P 值	0.0000		0.0000	
R²	0.2561		0.2711	
VIF 均值	2.0000		2.0000	
Hausman 检验 P 值	0.0000		0.0000	
Wald 检验 P 值	0.0000		0.0000	
Arellano-Bond 检验 P 值	0.0069		0.0066	

注：***、**和*分别表示在1%、5%和10%的水平下显著。

从表4.9来看，在经济效率和经济增长模型中，贷款增长率的系数均显著为正，而银行特征与贷款增长率交乘项的系数不显著，表明城商行和农商行的贷款均能有效促进市辖区经济增长和经济效率提升，且它们的作用无明显差异，城商行未能显示出较农商行更突出的促进城市经济发展的能力。但从表4.10来看，无论是在经济效率还是经济增长模型中，贷款增长率以及银行特征与贷款增长率交乘项的系数均不显著，表明城商行与农商行的贷款均未能明显促进非市辖区的经济发展，在服务非城市经济主体方面，农商行也没有表现出较城商行更强的专业性，这可能是因为非城市特别是农村经济发展对银行贷款的依赖程度较低。其他变量与市辖区、非市辖区经济发展的关系与表4.5基本相似，文中不再解释。

4.5 本章小结

本章从经济增长和经济效率两个方面衡量地方经济发展，在理论分析地方性银行产权结构、贷款供给与地方经济发展关系的基础上，采用数据包络分析方法计算2006~2016年我国61个市及其下属市辖区和非市辖区的经济效率，并采用2005~2015年我国67家地方性银行的数据，实证研究在贷款供给与地方经济发展方面，控股股东产权性质不同及持股方式不同的地方性银行之间是否具有差异，并进一步分析在促进城市和非城市经济发展方面，城商行与农商行的差异性。

本章研究发现：第一，整体而言，2006~2016年我国地方技术进步明显，促使地方经济效率逐年提高；2010年以后，我国地方经济增长速度快速下降，经济效率的提升速度并没有随之而下降，甚至在2013年以后呈现出微弱上升的变化态势。第二，地方性银行的贷款供给能有效促进地方经济发展，地方性银行提供的贷款越多，地方经济增长速度越快，地方经济效率也越高。第三，地方性银行的贷款供给对地方经济增长的提升作用不因银行产权性质而异，但对地方经济效率的促进作用却因银行产权性质而异，国有控股银行贷款供给对地方经济效率的提升作用显著弱于非国有控股银行。第四，在贷款供给促进地方经济增长方面，政府职能部门控股的银行和国有企业控股的银行均与非国有控股银行无明显差异；但在贷款供给促进地方经济效率提升方面，国有企业控股的银行与非国有控股银行无明显差异，而政府职能部门控股的银行弱于非国有控股银行。第五，城商行和农商行的贷款供给均能有效促进市辖区的经济增长和经济效率提升，且它们之间的作用效果无明显差异；但城商行与农商行的贷款供给均未能明显促进非市辖区的经济增长和经济效率提升。

本章的研究表明：因经营目标、理念等方面的差异，国有控股银行的贷款供给对地方经济效率的提升作用弱于非国有控股银行，而国有股权持有方式的市场化有助于减弱这种差异；同时，虽然监管当局对城商行和农商行进行了功能划分，但从实际效果来看，城商行未能显示出较农商行更突出的促进城市经济发展的能力，农商行也没有表现出较城商行更强的服务非城市经济主体的专业性。因此，要促使地方性银行更好地服务于地方经济发展，特别是满足当前质量效率型经济发展方式对信贷资金配置的新要求，需要通过持股方式的市场化等途径减少地方政府对银行的干预，促使其更全面地按市场原则配置信贷资金。同时，还需进一步强化城商行与农商行功能定位的差异性，增强它们服务城市经济和农村经济的专业性。

第5章
银行产权结构对贷款议价能力的影响

"高杠杆"是我国金融风险的重要来源，也是我国经济持续健康发展的重要制约因素。不少针对我国经济领域杠杆问题的研究报告均指出，从分部门（企业、政府、居民）来看，我国非金融企业部门的杠杆率最高，问题也最为严重（李杨等，2015；陆婷、余永定，2015）。从变化态势来看，2004~2008年间，我国非金融企业部门的（宏观）杠杆率不到100%，但自2009年以来，非金融企业部门杠杆率大幅飙升，2010年达到105.4%，超过所有其他主要国家（马俊等，2012），后续几年持续攀升，2017年第一季度达161.4%，2017年之后，随着供给侧结构性改革的深入，我国非金融企业部门的杠杆率有所下降，2018年第四季度已回落至153.6%。[①] 即便如此，无论是从杠杆率的绝对水平及企业偿债能力角度分析，还是与世界主要国家相比，我国非金融企业部门的杠杆率仍然处于较高水平（中国人民银行杠杆率研究项目组，2014；马建堂等，2016）。"去杠杆"仍

---

① 联讯证券专题报告《深度解析中国杠杆率》。

是当前及今后一段时期内我国化解金融风险、促进经济高质量发展的重要任务。

有效推动非金融企业部门"去杠杆"需要充分认识杠杆构成和来源。在理论界，杠杆率有以债务与名义 GDP 之比表示的宏观杠杆率和资产负债率表示的微观杠杆率两种计算方式，它们之间的关系为：宏观杠杆率 = 债务/名义 GDP = （债务/总资产）×（总资产/名义 GDP）[①] = 资产负债率/（名义 GDP/总资产）= 微观杠杆率/（名义 GDP/总资产）。与宏观杠杆率快速增加相反，2009 年以来，非金融企业部门的微观杠杆率却整体较为平稳，上升幅度远小于宏观杠杆率（钟宁桦等，2016），以 A 股非金融上升公司资产负债率为例，其在 2009~2017 年的资产负债率仅上升了 5.8 个百分点（从 54.6% 上升至 60.4%）。由此可见，2009 年以来，我国非金融企业部门杠杆率快速飙升且长期居高不下的重要原因在于其资产创造 GDP 的能力下降，在微观层面，这表现为企业生产效率不高，资产收益率过低。

进一步从近年来我国非金融企业部门总资产的 GDP 产出量变化态势来看，2008~2015 年我国非金融企业部门单位资产的 GDP 产出量持续下降，2008 年该指标为 0.28，而到 2015 年则已下降至 0.18。同时，从近年来我国非金融企业总资产收益率变化态势来看，2009~2015 年我国国有企业和 A 股市场上非金融上市公司的总资产收益率整体上均呈下降趋势，2015 年它们分别低于 5% 和 4%。[②]

综上所述，企业利润下降、资产报酬率低下是当前我国非金融企业部门"高杠杆"问题的重要原因。而成本费用偏高又是导致企业利润低下的直接因素，在企业各类成本费用中，融资成本是其重要构成，以杠杆率最高的 2015 年为例，全国规模以上工业企业财务费用与总负债的比值达 2.33%，与主营业务收入的比值达 1.22%。[③] 高企的融资成本增加了企业的负担，降低了企业的利润率，也间接推高了非金融企业部门的杠杆率。因此，推进非金融企业部门"去杠杆"需要多管齐下，而降低企业融资成本是其重要方式。

[①] 名义 GDP/总资产反映的是生产单位总资产创造产出的能力，反映了以增加值表示的资产收益率。

[②][③] Wind 数据库、联讯证券。

第 5 章 | 银行产权结构对贷款议价能力的影响

为有效降低企业融资成本，需要深入分析企业融资成本高企的原因。在以间接融资为主的金融体系中，银行业金融机构收取的贷款利率是企业融资成本的倒影。与企业利润率低下相对应，近年来银行却获利颇丰。据统计，2019 年上半年，四大国有控股银行（中国银行、中国工商银行、中国农业银行、中国建设银行）共实现利润 9360 亿元，占中国 500 强企业利润总额的 20.86%；货币金融服务业（以银行为主）的净利润占全部 3411 家 A 股上市公司净利润的 35.76%。[①] 业界普遍认为，银行凭借经营特许权垄断了信贷资金，迫使企业接受较高的贷款价格，从中获取了超额收益，并推高了企业融资成本。虽然我们急需知道这种观点是否正确，以便判断优化银行业市场结构、强化竞争机制是否为缓解企业融资成本高企问题的可行途径。但是目前这种直观上的认识仍缺乏理论层面的验证，尤其是缺乏银行特许权对贷款价格的影响程度测算与作用机理探讨。

银行取得金融许可证不仅意味着其具有经营资金存贷等特殊业务的权利，更重要的是它可以获得由竞争限制、利率管制、政府担保等金融政策创造的经营条件，并在市场声誉、信息资源、规模经济等方面形成经营优势。因此，在借贷方协商定价条件下，银行特许权导致企业融资成本偏高的观点其逻辑实质为：银行凭借特许权赋予的经营条件和优势，形成较强的议价能力，在与企业的贷款谈判中处于强势地位，"掠夺"了企业的"剩余"，推高了贷款价格。那么，这种逻辑是否具有理论依据？特许权使银行形成了多强的议价能力？这对贷款价格构成了多大程度的影响？国有控股银行是否会因其主要股东的国资或政府背景而具有较非国有控股银行更强的贷款议价能力？本章建立讨价还价博弈模型探讨银行特许权影响贷款价格的作用机理，并采用双边随机边界模型和 2009~2017 年我国 95 家商业银行的数据，测算银行的议价能力大小及其对贷款价格的影响程度，并进一步分析产权结构对银行贷款议价能力的影响，探究不同产权性质的银行在抬高贷款价格、推高企业融资成本方面的差异。

本章其他内容安排如下：第 5.1 节建立讨价还价博弈模型，理论分析银行特许权对贷款价格的影响；第 5.2 节分析贷款价格形成过程，并介绍

[①] 中企千亿俱乐部扩容　实体企业净资产利润率提升 [EB/OL]. 新华网, http://www.xinhuanet.com/fortune/2019-09/02/c_1124948268.htm, 2019-09-02.

议价能力测度模型；第 5.3 节说明实证分析所需的变量、样本和数据的选择；第 5.4 节分析说明实证研究结果；第 5.5 节为对实证分析结果的稳健性检验；第 5.6 节总结本章内容。

5.1　讨价还价博弈模型

现有文献大多基于贷款的金融产品属性研究信贷风险在贷款定价中的作用（彭红枫和叶永刚，2011；Dezsö and Ross，2012；Kim et al.，2013），或基于银行的金融中介属性研究金融监管对贷款价格的影响（毛捷、金雪军，2007；Ruthenberg and Landskroner，2008；杨继光等，2010；Agénor and Aynaoui，2010），忽略了贷款的一般商品属性，缺乏从市场主体谈判议价的角度探讨贷款价格的形成机理。[①] 本章借鉴鲁宾斯坦（Rubinstein，1982）轮流出价博弈模型的思路，构建银行与企业关于贷款价格的讨价还价博弈模型，并分析银行凭借特许权形成的经营条件和优势对博弈结果的影响。

5.1.1　基本假设

（1）在利率市场化条件下，借贷双方通过谈判协商确定贷款价格及金额。假设贷款金额 Q 恒定，银行与企业仅针对贷款价格 P 进行讨价还价谈判。P 越高则银行的获利越多，反之则企业的收益越高。

（2）在特定的交易条件下，谈判前借贷双方对贷款价格均存在一个预期。假设银行对贷款价格的预期为 E_b，企业的预期为 E_c。在博弈中，如果 $E_b > E_c$，则借方或贷方均不愿意按对方提出的任何价格成交，二者没有讨价还价的基础。因此，假定 $E_b \leqslant E_c$，即银行对价格的预期小于等于企业的预期。

（3）谈判前，银行不能确切知道企业的投资收益、风险状况等信息，

[①]　马理等（2013）建立博弈模型分析了市场化条件下的贷款价格形成问题，但模型中忽略了博弈参与人的学习能力。

同样，企业也未能准确了解银行的信贷成本、风险偏好等信息，即借贷双方都不知道对方对贷款价格预期的准确值，但基于对市场结构、宏观环境等交易条件的了解，它们能够大致判断对方贷款价格预期的区间。因此，借贷双方的讨价还价是不完全信息博弈。假定 E_b 和 E_c 均是私人信息，E_b 是银行的类型，E_c 是企业的类型。为简化分析，假定企业估计 E_b 服从 $[a, b]$ 区间上的均匀分布，银行估计 E_c 也服从 $[a, b]$ 上的均匀分布。

（4）在博弈中，虽然参与人不能准确了解其他参与方的信息，但能够根据其他参与方的行为修正对其信息的判断，即博弈的参与人都具有学习能力（谢识予，2002）。就借贷方讨价还价的博弈而言，假定银行和企业均能根据对方的报价不断调整关于对方贷款价格预期的估计，例如，当银行观察到企业在第一阶段的报价 P_1^c 时，会修正它对 E_c 的初始估计，认为企业的 E_c 服从 $[P_1^c, b]$ 区间上的均匀分布。

（5）根据鲁宾斯坦（Rubinstein，1982）的轮流出价模型，谈判双方都要为推迟达成协议付出代价，即应按一定的贴现因子 σ 将第二阶段及以后的谈判收益折算成第一阶段的收益，σ 是拖延谈判的成本，因此可以将 $(1-\sigma)$ 视为"谈判成本"占收益的比例。假定谈判双方的拖延成本不同，银行的贴现因子为 σ_b，企业的贴现因子为 σ_c。拖延谈判成本的存在使讨价还价不能无限制地进行下去，若在第 n 阶段尚未达成协议，则双方的收益都将为零。

（6）凭借特许权形成的经营条件和优势，银行一般具有较企业更强的议价能力，这在模型中表现为银行的谈判成本小于企业，其原因为：首先，特许经营使银行能够形成对资金供给的垄断，在资金需求完全竞争的市场中，谈判破裂后银行找到相似交易对手的可能性更大，谈判失败的机会成本更小；其次，银行凭借市场声誉、信息资源和规模经济等经营优势，能够更容易地收集谈判相关信息，每次出价的费用更低（Petersen and Rajan，1995）；最后，企业对资金的需求更为迫切，推迟达成协议对其更加不利，基于此，假定 $\sigma_b < \sigma_c$。另外，鉴于企业主动向银行寻求资金支持，假定谈判中由企业先报价。

5.1.2 模型构建

采用鲁宾斯坦（Rubinstein，1982）讨价还价模型的思路，构建不完全信息下银行与企业关于贷款价格的轮流出价博弈模型。

不失一般性，先讨论 n 阶段的银行与企业讨价还价博弈过程。第一阶段，企业出价 P_1^c，银行选择接受或拒绝企业的报价。若银行接受，博弈结束，企业和银行的收益分别为 $Q \times (E_c - P_1^c)$ 和 $Q \times (P_1^c - E_b)$；如果银行拒绝，则博弈进入第二阶段。在第二阶段，银行出价 P_1^b，企业选择接受或拒绝。若企业接受银行的报价，博弈结束，由于是在第二阶段达成交易，借贷双方的收益须按贴现因子 σ^c 和 σ^b 折算成第一阶段的收益，即企业的收益为 $\sigma^c \times Q \times (E_c - P_1^b)$，银行的收益为 $\sigma^b \times Q \times (P_1^b - E_b)$；如果企业拒绝，则博弈进入第三阶段。这样借贷双方轮流出价，直到博弈进入第 n 阶段。在第 n 阶段，无论博弈的一方是接受还是拒绝另一方的报价，博弈都将结束。如果 n 为奇数，那么在第 n 阶段由企业报价 $P_{(n+1)/2}^c$，若银行选择接受，则企业的收益为 $(\sigma^c)^{n-1} \times Q \times [E_c - P_{(n+1)/2}^c]$，银行的收益为 $(\sigma^b)^{n-1} \times Q \times [P_{(n+1)/2}^c - E_b]$；如果银行拒绝，借贷双方的收益均为 0。如果 n 为偶数，那么在该阶段由银行报价 $P_{n/2}^b$，企业若选择接受，则其收益为 $(\sigma^c)^{n-1} \times Q \times (E_c - P_{n/2}^b)$，银行的收益为 $(\sigma^b)^{n-1} \times Q \times (P_{n/2}^b - E_b)$；如果企业拒绝，借贷双方的收益均为 0。

5.1.3 模型求解

为简化分析，本节构建两阶段讨价还价博弈树（如图 5.1 所示），讨论模型的均衡解，并分析议价能力对博弈结果的影响。

先从第二阶段开始分析博弈双方的序列理性策略。对于企业而言，这是最后的机会，如果拒绝银行在第二阶段的报价 P_1^b，则其收益为 0。因此，只要 $\sigma^c \times Q \times (E_c - P_1^b) \geq 0$，即 $E_c \geq P_1^b$，它一定会选择接受。此时企业和银行的收益分别为 $\sigma^c \times Q \times (E_c - P_1^b)$ 和 $\sigma^b \times Q \times (P_1^b - E_b)$。

再看在第二阶段银行的报价。首先，银行知道企业在第二阶段的决策方式，即将以 $E_c \geq P_1^b$ 是否成立作为选择接受或拒绝标准；其次，银行此时判断企业对贷款价格的预期 E_c 服从 $[P_1^c, b]$ 区间上的均匀分布。基于此，银行选择 P_1^b 使自己的期望收益 R^b 最大化。

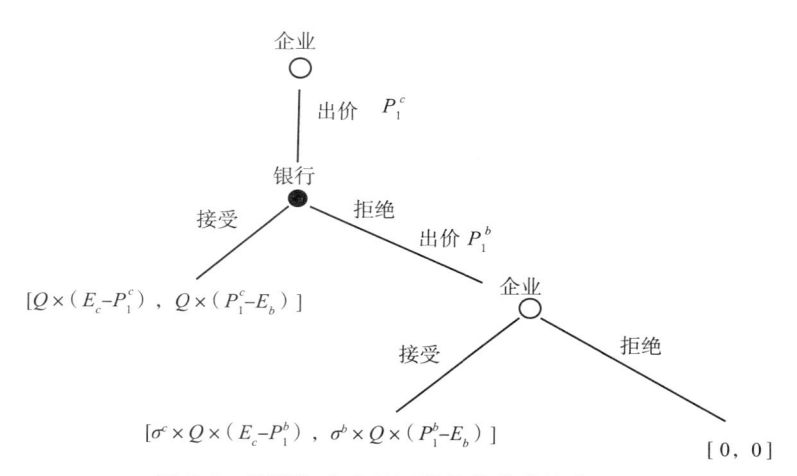

第 5 章 | 银行产权结构对贷款议价能力的影响

```
                    企业
                     ○
                    出价  P₁ᶜ
                     |
                    银行
            接受  ●  拒绝
                /    \
               /      出价 P₁ᵇ
              /        \
  [Q×(Eᶜ-P₁ᶜ), Q×(P₁ᶜ-Eᵦ)]  企业
                        /    \
                      接受    拒绝
                      /        \
  [σᶜ×Q×(Eᶜ-P₁ᵇ), σᵇ×Q×(P₁ᵇ-Eᵦ)]   [0, 0]
```

图 5.1　银行与企业关于贷款价格的博弈过程

即：

$$\max_{P_1^b} R^b = \max_{P_1^b} \left[p_{ca} \times \sigma^b \times Q \times (P_1^b - E_b) + p_{cr} \times 0 \right] \quad (5.1)$$

其中，p_{ca} 和 p_{cr} 分别为在第二阶段企业接受和拒绝银行 P_1^b 报价的概率。

根据银行对企业关于贷款价格预期的判断，则有：

$$p_{ca} = p\{E_c \geqslant P_1^b\} = \frac{(b - P_1^b)}{(b - P_1^c)} \quad (5.2)$$

$$p_{cr} = p\{E_c < P_1^b\} = \frac{(P_1^b - P_1^c)}{(b - P_1^c)} \quad (5.3)$$

将式（5.2）、式（5.3）代入式（5.1）中并对 P_1^b 求偏导得：

$$\frac{\partial R^b}{\partial P_1^b} = \frac{\sigma^b \times Q \times (b - 2P_1^b + E_b)}{(b - P_1^c)} \quad (5.4)$$

令 $\frac{\partial R^b}{\partial P_1^b} = 0$，求解银行的最优报价为：$P_1^b = \frac{(b + E_b)}{2}$。

因此，若博弈进行到第二阶段，且企业接受银行的报价 $P_1^b = (b + E_b)/2$，则企业的收益为：

$$\sigma^c \times Q \times (E_c - P_1^b) = \frac{\sigma^c \times Q \times (2E_c - b - E_b)}{2} \quad (5.5)$$

银行的收益为：

· 97 ·

$$\sigma^b \times Q \times (P_1^b - E_b) = \frac{\sigma^b \times Q \times (b - E_b)}{2} \quad (5.6)$$

回到博弈的第一阶段，对银行而言，它已知道若谈判进行到第二阶段它能得到的最大收益为 $[\sigma^b \times Q \times (b - E_b)]/2$。因此，第一阶段它选择接受企业报价 P_1^c 的条件为：$Q \times (P_1^c - E_b) \geqslant [\sigma^b \times Q \times (b - E_b)]/2$，整理得：

$$E_b \leqslant \frac{(2P_1^c - b \times \sigma^b)}{(2 - \sigma^b)} \quad (5.7)$$

企业了解银行在第一和第二阶段的选择方式，并基于此报价 P_1^c 以最大化自己的期望收益 R^c：

$$\max_{P_1^c} R^c = \max_{P_1^c} \left[p_{ba} \times Q \times (E_c - P_1^c) + p_{br} \times \frac{\sigma^c \times Q \times (2E_c - b - E_b)}{2} \right] \quad (5.8)$$

其中，p_{ba} 和 p_{br} 分别为在第一阶段银行接受和拒绝企业 P_1^c 报价的概率，即：

$$p_{ba} = p\left[E_b \leqslant \frac{(2P_1^c - b \times \sigma^b)}{(2 - \sigma^b)} \right] = \frac{2(P_1^c - a) - \sigma^b(b - a)}{(b - a)(2 - \sigma^b)} \quad (5.9)$$

$$p_{br} = p\left[E_b > \frac{(2P_1^c - b \times \sigma^b)}{(2 - \sigma^b)} \right] = \frac{2(b - P_1^c)}{(b - a)(2 - \sigma^b)} \quad (5.10)$$

将式（5.9）、式（5.10）代入式（5.8）中并对 P_1^c 求偏导得：

$$\frac{\partial R^c}{\partial P_1^c} = \frac{Q \times (2E_c - 4P_1^c + 2a + b\sigma^b - a\sigma^b) + \sigma^c \times Q \times (b + E_b - 2E_c)}{(b - a) \times (2 - \sigma^b)} \quad (5.11)$$

令 $\frac{\partial R^c}{\partial P_1^c} = 0$，求解第一阶段企业的最优报价为：

$$P_1^c = \frac{2(E_c + a) + \sigma^b(b - a) + \sigma^c(b + E_b - 2E_c)}{4} \quad (5.12)$$

5.1.4 博弈结果及分析

由以上逆向归纳法求得两阶段讨价还价博弈的完美贝叶斯均衡为：
（1）企业第一阶段出价：

$$P_1^c = \frac{2(E_c + a) + \sigma^b(b - a) + \sigma^c(b + E_b - 2E_c)}{4} \quad (5.13)$$

(2) 当银行对贷款价格的预期 E_b 满足

$$E_b \leqslant \frac{2(E_c + a) - \sigma^b(b + a) + \sigma^c(b + E_b - 2E_c)}{2(2 - \sigma^b)} \quad (5.14)$$

时，银行接受企业 P_1^c 的报价，否则拒绝。

(3) 银行在观察到企业的报价 P_1^c 后，判断企业对贷款价格预期 E_c 服从 $[P_1^c, b]$ 区间上的均匀分布。若银行拒绝企业 P_1^c 的报价，则在第二阶段它的报价为：

$$P_1^b = \frac{(b + E_b)}{2} \quad (5.15)$$

(4) 当企业对贷款价格的预期 E_c 满足

$$E_c \geqslant P_1^b \quad (5.16)$$

时，企业接受银行 P_1^b 的报价，否则拒绝，博弈终止。

从上述分析可以看出，参与方的议价能力 σ 对博弈结果具有重要影响。借贷双方谈判达成的交易价格 P_1^c 对 σ_b 求偏导得：

$$\frac{\partial P_1^c}{\partial \sigma_b} = (b - a) > 0 \quad (5.17)$$

由式（5.17）可知，贷款成交价格 P_1^c 与银行议价能力 σ_b 呈正向关系，表明银行的谈判成本越低，议价能力越强，谈判达成的交易价格越高，即：贷款价格随银行议价能力的增强而提高。

5.2 实证模型

由第 5.1 节的博弈模型可知，特许权使银行具有议价优势，并使谈判达成较高的贷款价格。为进一步探明银行凭借特许权形成的谈判优势大小及其对贷款价格的影响程度，本节实证测度银行的议价能力。

5.2.1 贷款价格的形成过程

在一个典型的资金借贷市场上，贷款价格由借贷双方谈判协商确定，达成的交易价格（P）为：

$$P = \underline{P} + \lambda(\overline{P} - \underline{P}) \qquad (5.18)$$

其中，$\underline{P}$ 表示银行所能接受的最低价格，$\overline{P}$ 表示企业愿意支付的最高价格，λ 表示银行通过讨价还价使成交价格高于其最低可接受价格的能力，即 $\lambda(\overline{P}-\underline{P})$ 可表示为在贷款价格形成过程中银行获取的"剩余"。此时，贷款的成交价格 P 可看作是企业愿意支付的最高价格 $\overline{P}$ 和银行能接受的最低价格 $\underline{P}$ 的加权平均值，权数为银行的议价能力 λ。因为 $\underline{P} \leq P \leq \overline{P}$，所以有 $\lambda \in [0,1]$。

然而，由于企业愿意支付的最高价格和银行能接受的最低价格均不能观测，式（5.18）不可估计。另外，由第 5.1 节对银行与企业关于贷款价格的博弈分析可知，借贷双方讨价还价需在特定的市场结构、经济环境中进行，这些因素构成了价格谈判的交易条件。在特定的交易条件下，银行与企业不但能结合私有信息形成对贷款价格的预期，而且他们可据此获得对方预期贷款价格的分布特征等信息。

为真实刻画借贷双方讨价还价过程和贷款价格形成机理，本章以向量 X 代表特定的交易条件，假设在特定交易条件（X）下形成的贷款"公允价格"[①] 为 $\varphi(X)$，且有 $\varphi(X) = E(\alpha | X)$，并假定谈判在公允价格基础上进行，则企业愿意支付的最高价格 $\overline{P}$ 应满足 $\overline{P} \geq \varphi(X)$，银行所能接受的最低价格 $\underline{P}$ 应满足 $\underline{P} \leq \varphi(X)$[②]，即 $\underline{P} \leq \varphi(X) \leq \overline{P}$。此时，银行的预期剩余为 $\varphi(X) - \underline{P}$，企业的预期剩余为 $\overline{P} - \varphi(X)$。在谈判中，银行（企业）都将尽力抬高（压低）贷款价格以更多地获取对方的剩余，而双方最终获取的剩余规模则取决于他们的讨价还价能力。基于此，式（5.18）可改写为：

$$\begin{aligned} P &= \varphi(X) - \varphi(X) + \underline{P} + \lambda[\overline{P} - \underline{P} + \varphi(X) - \varphi(X)] \\ &= \varphi(X) + [\underline{P} - \varphi(X)] + \lambda[\overline{P} - \varphi(X)] - \lambda[\underline{P} - \varphi(X)] \\ &= \varphi(X) + \lambda[\overline{P} - \varphi(X)] - (1-\lambda)[\varphi(X) - \underline{P}] \qquad (5.19) \end{aligned}$$

式（5.19）中，贷款的成交价格由三部分组成：第一部分为 $\varphi(X)$，表示在给定交易条件（X）下的公允价格；第二部分为 $\lambda[\overline{P} - \varphi(X)]$，表示银行凭借自身议价能力掠取的企业的剩余；第三部分为 $(1-\lambda)[\varphi(X) - \underline{P}]$，表示企业通过谈判议价掠取的银行的剩余。

[①] 即排除借贷方讨价还价因素，完全由宏观环境、市场供需、交易成本、信贷风险等客观条件决定的贷款价格。公允价格不可观测，但客观存在，可理解为贷款的内在价值。

[②] 否则银行与企业均不愿按对方提出的任何价格成交，二者没有谈判的基础，讨价还价无法进行。

式（5.19）表明，银行可以通过抬高贷款价格来掠取借款人的剩余，所掠取的剩余规模为 $\lambda[\overline{P}-\varphi(X)]$，同样，企业可以压低贷款价格以掠夺银行的剩余，所掠夺的剩余规模为 $(1-\lambda)[\varphi(X)-\underline{P}]$。在企业的剩余 $\overline{P}-\varphi(X)$ 一定时，银行掠取的剩余多寡取决于其议价能力 λ 的大小，类似地，当银行的剩余 $\varphi(X)-\underline{P}$ 一定时，企业获取的剩余规模取决于其讨价还价能力 $(1-\lambda)$。因此，在贷款价格形成中，银行（企业）最终抬高（压低）价格的程度依赖于其的谈判议价能力。

由式（5.19）可知，$P-\varphi(X)=\lambda[\overline{P}-\varphi(X)]-(1-\lambda)[\varphi(X)-\underline{P}]$，将 $\lambda[\overline{P}-\varphi(X)]-(1-\lambda)[\varphi(X)-\underline{P}]$ 定义为借贷双方谈判形成的净剩余（NS），代表谈判议价因素对贷款价格的综合影响。若 $\lambda[\overline{P}-\varphi(X)]>(1-\lambda)[\varphi(X)-\underline{P}]$，则 $P-\varphi(X)>0$，表明在贷款价格形成过程中，银行掠取的剩余大于企业掠取的剩余规模，银行的议价能力高于企业的议价能力，使贷款的成交价格向上偏离了公允价格。相反，若 $\lambda[\overline{P}-\varphi(X)]-(1-\lambda)[\varphi(X)-\underline{P}]<0$，则 $P<\varphi(X)$，表明企业掠取的剩余规模大于银行掠取的剩余，企业的议价能力大于银行的议价能力，使贷款成交价格向下偏离了公允价格。

5.2.2 双边随机边界模型

由以上分析可知，贷款的成交价格由公允价格、借贷双方预期价格和它们的议价能力决定。谈判议价使贷款成交价格偏离公允价格，而究竟是向上还是向下偏离则取决于借贷方的议价能力。银行的谈判议价对贷款价格的形成具有正效应，而企业的讨价还价对贷款价格的形成具有负效应，成交价格随借贷双方的议价能力大小而围绕公允价格上下波动，即谈判议价因素对贷款成交价格的影响具有双边性。由此，可将式（5.19）写成如下的双边随机边界模型（Kumbhakar and Christopher，2009）形式：[1]

$$P_i = \varphi(X_i) + \xi_i \quad (5.20)$$

其中，$\varphi(X_i)=X_i'\beta$，$\xi_i=w_i-u_i+v_i$。

---

[1] 国内学者卢洪友等（2011）、刘海洋等（2013）在测算我国医疗服务市场中的信息不对称程度和我国国有企业的国际议价能力时也采用了这种方法。

式（5.20）中，P_i 为贷款的实际成交价格；X_i' 为决定贷款公允价格的交易条件向量，如市场结构、经济环境、信贷成本与贷款风险等；β 为对应的待估参数向量；$w_i = \lambda_i [\overline{P_i} - \varphi(X_i)] \geq 0$，为银行通过谈判议价抬高贷款价格而获取的企业的剩余；$u_i = (1 - \lambda_i)[\varphi(X_i) - \underline{P_i}] \geq 0$，为企业通过讨价还价压低贷款价格而获取的银行的剩余。由此，在贷款价格形成过程中，银行的收益可表示为 $\varphi(X_i) + w_i$，企业的收益可表示为 $\varphi(X_i) + u_i$。另外，v_i 为随机干扰项，反映测量误差或其他不可预测因素导致的贷款成交价格对公允价格的偏离。由于 w_i、u_i、v_i 均不可观测，$\xi_i = w_i - u_i + v_i$ 可视为由单边误差 w_i、u_i 与随机误差 v_i 组成的复合误差项。

综上所述，在交易条件和借贷方预期价格一定的情况下，谈判中贷款成交价格对公允价格的偏离方向与幅度取决于借贷方的议价能力，反映为银行与企业掠取的剩余规模，即式（5.20）中 w_i 和 u_i 的大小：若 $w_i - u_i > 0$，则银行的议价能力大于企业，使谈判形成的成交价格高于公允价格；与此对应，如果 $w_i - u_i < 0$，则企业的议价能力大于银行，讨价还价的结果是贷款的成交价格低于公允价格。因此，为测度银行凭借特许经营条件和优势形成的议价能力大小及其对贷款价格的影响程度，需要估计式（5.20）中 w_i 和 u_i。

若 $w_i = u_i = 0$，则贷款价格完全由其内在价值决定，式（5.20）就是完美条件下的价格决定模型，此时复合误差项 ξ_i 的期望为零，可采用最小二乘法等标准的回归方法来获得参数 β 的估计值。然而，w_i 和 u_i 均具有大于零的单边分布特征，并且本章重点需获得 w_i 与 u_i 的估计值，因此采用极大似然法估计式（5.20）。

为同时计算参数 β 和借贷双方掠取的剩余 w_i 与 u_i，对式（5.20）的误差项做如下的分布假设：

（1）因 w_i 为非负的单边误差项，假定其服从指数分布[①]，即 $w_i \sim$ i.i.d. $\exp(\sigma_w, \sigma_w^2)$；

（2）与 w_i 类似，假定单边误差项 u_i 同样服从指数分别，即 $u_i \sim$ i.i.d. exp

---

① 在随机边界模型中，半正态分布、截尾正态分布、伽马分布、指数分布是单边误差项常用的分布形态，昆巴卡和克里斯托弗（Kumbhakar and Christopher，2009）指出，采用不同的分布形态对模型的估计无明显的影响。

(σ_u, σ_u^2)；

（3）因 v_i 为一般的随机误差项，假定其服从正态分布，即 $v_i \sim$ i.i.d. exp $(0, \sigma_v^2)$；

（4）假定误差项 w_i、u_i 和 v_i 彼此独立，且均独立于解释变量 X_i'。

基于以上假设，复合误差项 ξ_i 的概率密度函数为：

$$f(\xi_i) = \frac{\exp(a_i)}{\sigma_u + \sigma_w}\Phi(c_i) + \frac{\exp(b_i)}{\sigma_u + \sigma_w}$$

$$\int_{-h_i}^{\infty}\phi(z)\mathrm{d}z = \frac{\exp(a_i)}{\sigma_u + \sigma_w}\Phi(c_i) + \frac{\exp(b_i)}{\sigma_u + \sigma_w}\varphi(h_i) \quad (5.21)$$

其中，$\Phi(\cdot)$ 与 $\phi(\cdot)$ 分别为标准正态分布的累积分布函数和概率密度函数，$a_i = \frac{\sigma_v^2}{2\sigma_u^2} + \frac{\xi_i}{\sigma_u}$，$b_i = \frac{\sigma_v^2}{2\sigma_w^2} - \frac{\xi_i}{\sigma_w}$，$h_i = \frac{\xi_i}{\sigma_v} - \frac{\sigma_v}{\sigma_w}$，$c_i = -\frac{\xi_i}{\sigma_v} - \frac{\sigma_v}{\sigma_u}$。

若样本中包含 n 个观测值，则对数似然函数为：

$$\ln L(X;\kappa) = -n\ln(\sigma_u + \sigma_w) + \sum_{i=1}^{n}\ln[e^{a_i}\Phi(c_i) + e^{b_i}\Phi(h_i)] \quad (5.22)$$

其中，$\kappa = (\beta, \sigma_w, \sigma_u, \sigma_v)'$。

由于 σ_u 仅出现在中 a_i 和 c_i，而 σ_w 仅出现在 b_i 和 h_i 中，最大化上述似然函数，可得所有参数的估计值。

5.2.3　议价能力的估算

在对式（5.20）进行极大似然估计的基础上，本章通过测度银行与企业在贷款价格谈判过程中掠取的剩余规模 w_i、u_i，来估算借贷双方的议价能力大小及其对贷款价格的影响程度。为获得 w_i 和 u_i 的点估计值，推导它们的条件分布 $f(w_i|\xi_i)$ 和 $f(u_i|\xi_i)$ 分别为：

$$f(w_i|\xi_i) = \frac{\theta \times \exp(-\theta w_i) \times \Phi(w_i/\sigma_v + c_i)}{\exp(b_i - a_i) \times [\Phi(h_i) + \exp(a_i - b_i) \times \Phi(c_i)]} \quad (5.23)$$

$$f(u_i|\xi_i) = \frac{\theta \times \exp(-\theta u_i) \times \Phi(u_i/\sigma_v + h_i)}{\Phi(h_i) + \exp(a_i - b_i) \times \Phi(c_i)} \quad (5.24)$$

其中，$\theta = 1/\sigma_w + 1/\sigma_u$。

基于式（5.23）、式（5.24），进一步推导 w_i 和 u_i 的条件期望分别为：

$$E(w_i \mid \xi_i) = \frac{1}{\theta} + \frac{\sigma_v \times [\Phi(-h_i) + h_i \times \Phi(h_i)]}{\exp(b_i - a_i) \times [\Phi(h_i) + \exp(a_i - b_i) \times \Phi(c_i)]}$$

(5.25)

$$E(u_i \mid \xi_i) = \frac{1}{\theta} + \frac{\exp(a_i - b_i) \times \sigma_v \times [\Phi(-c_i) + c_i \Phi(c_i)]}{\Phi(h_i) + \exp(a_i - b_i) \times \Phi(c_i)}$$

(5.26)

式（5.25）、式（5.26）分别为 w_i 和 u_i 的点估计，衡量了贷款成交价格偏离公允价格的幅度，反映了银行与企业的议价能力大小。但式（5.25）、式（5.26）度量的是绝对偏离程度，在不同观测值之间不具可比性。为便于比较，本章对其进行如下转换：

$$E(1 - e^{-w_i} \mid \xi_i) = 1 - \frac{\theta}{1+\theta} \times \frac{[\Phi(c_i) + \exp(b_i - a_i) \times \exp(\sigma_v^2/2 - \sigma_v h_i) \times \Phi(h_i - \sigma_v)]}{\exp(b_i - a_i) \times [\Phi(h_i) + \exp(a_i - b_i) \times \Phi(c_i)]}$$

(5.27)

$$E(1 - e^{-u_i} \mid \xi_i) = 1 - \frac{\theta}{1+\theta} \times \frac{[\Phi(h_i) + \exp(a_i - b_i) \times \exp(\sigma_v^2/2 - \sigma_v c_i) \times \Phi(c_i - \sigma_v)]}{\Phi(h_i) + \exp(a_i - b_i) \times \Phi(c_i)}$$

(5.28)

式（5.27）和式（5.28）中分别度量了借贷双方在贷款价格形成中掠取的剩余规模，即贷款成交价格相对于公允价格的偏离幅度，反映了银行与企业的议价能力强弱。

进一步求得谈判议价形成的净剩余（NS_i）为：

$$NS_i = w_i - u_i = E(1 - e^{-w_i} \mid \xi_i) - E(1 - e^{-u_i} \mid \xi_i) = E(e^{-u_i} - e^{-w_i} \mid \xi_i)$$

(5.29)

式（5.29）度量了贷款价格谈判的净效果，反映了谈判议价因素对贷款价格的综合影响程度。由前文分析可知，若 $NS_i > 0$，则银行的议价能力高于企业，掠取的剩余大于企业，贷款成交价格高于公允价格，若 $NS_i < 0$，则银行掠取的剩余规模少于企业，贷款成交价格低于公允价格，表明银行的讨价还价能力低于企业。

由以上分析可知，相对于事先对借贷双方议价能力作出假定的一般分析方法，通过将成交价格分解为公允价格、借贷双方获取的剩余和随机误差的双边随机边界分析方法，可以由模型估计结果确定各方的剩余规模，能够更合理地计算借贷双方的谈判议价能力。

5.3 变量选取与数据来源

5.3.1 变量选取

结合研究目的并考虑到数据的可获得性,本章以银行的贷款利息收入与平均贷款净额之比作为贷款成交价格的度量指标,并根据信贷管理理论,选取如下变量作为决定贷款公允价格的交易条件(X'):

(1)贷款成本。依据成本加成定价原理,贷款价格由贷款成本、风险补偿和银行预期收益等部分构成。本章将贷款成本分为资金成本和信贷管理成本,定义资金成本为揽储成本和再贷款利率,并分别以存款利息支出与平均存款总额之比和一年期再贷款利率的年度加权平均值①表示;定义管理成本为营业费用与平均资产总额之比。

(2)信贷风险。风险与收益相匹配是资金交易的基本原则,因此风险溢价是贷款价格的重要组成部分。鉴于直接观测贷款的违约风险较为困难,而银行一般会根据其对贷款风险的评估计提贷款损失准备,本章以贷款拨备率为信贷风险的度量指标。

(3)市场结构。相对于借款方充分竞争的市场结构,银行业的市场竞争度较低,处于垄断地位的银行在应对经济环境变化、获得稀缺资源以及影响政策实施等方面具有优势,银行间更有机会"合谋"制定较高的价格而获取高收益(徐忠等,2009)。因此,本章以银行业的市场集中度作为交易条件变量,并以贷款的赫芬达尔指数②衡量。

(4)基准利率。利率管制迫使金融机构必须将贷款利率控制在基准利

---

① 再贷款利率和基准利率的年度加权平均值 = $\sum$(再贷款利率或基准利率 × 在该年度的实际执行天数/365)。

② 赫芬达尔指数(HHI)是衡量行业市场竞争程度的常用指标,该指标数值越大,行业的市场集中度越高,竞争程度越低。本章选取贷款的赫芬达尔指数作为银行业市场竞争程度的度量指标,其计算方式为:$HHI = \sum s_{it}^2$,其中 s_{it} 为第 t 年市场份额最大的15家银行贷款额占金融机构贷款总额的比重。

率的一定范围内,因此基准利率一定程度上决定了银行的贷款价格。本章定义基准利率为一年期贷款基准利率的年度加权平均值。

(5) 经济环境。宏观经济环境是影响贷款公允价格的重要因素,其中,通货膨胀情况反映了货币贬值程度,是构成资金必要成本的重要内容;而在投资驱动型经济发展模式中,宏观经济状况反映了经济发展对资金的总体需求状况,金融深度反映了经济发展对贷款的依赖程度。因此,本章选取 CPI、人民币贷款额占社会融资总额的比重和 GDP 增长率分别作为通货膨胀情况、金融深度和宏观经济状况的度量指标。

(6) 银行特征。在信贷市场上,贷出方掌握贷款定价的主动权,因此,贷款公允价格除取决于上述基本交易条件外,还可能受银行经营状况的影响。参考关于贷款价格决定因素的相关研究,选取银行的资本充足率、流动性比率和业务多元化程度作为银行特征变量。另外,本章还设置年度变量(T)以控制贷款价格随时间的变化趋势。

各变量的定义及计算方式如表 5.1 所示。

表 5.1　　　　　　　　　变量定义

名称	代码	定义
成交价格	P	贷款利息收入/平均贷款净额
揽储成本	FC	存款利息支出/平均存款总额
再贷款利率	RR	一年期再贷款利率的年度加权平均
管理成本	AC	营业费用/平均资产总额
信贷风险	CR	贷款损失准备/贷款总额
市场结构	HHI	贷款的赫芬达尔指数
基准利率	BI	一年期贷款基准利率的年度加权平均
通货膨胀状况	CPI	居民消费价格指数
经济状况	$GDPgr$	GDP 增长率
金融深度	FD	人民币贷款额/社会融资总额
资本充足率	CAR	(总资本 – 对应资本扣减项)/风险加权资产
流动性比率	LDR	贷款总额/存款总额
业务多元化程度	MBD	其他营业收入/营业总收入

5.3.2 数据来源与变量描述

本章选取 2009~2017 年我国商业银行为研究对象，所有数据均由笔者从各商业银行年报上手工收集整理获得，宏观经济数据来源于各年的《中国统计年鉴》。剔除部分数据不全样本后共获得 95 家商业银行 855 个观测值，其中，国有控股银行观测值数 649 个，非国有控股银行观测值数 206 个。数据描述如表 5.2 所示。

表 5.2　　　　　　　　变量描述性统计

变量	均值	标准差	最小值	最大值
P	0.0715	0.0195	0.0003	0.1906
FC	0.0189	0.0058	0.0001	0.0507
RR	0.0365	0.00218	0.0333	0.0385
AC	0.0188	0.2199	0.0004	6.4404
CR	0.0298	0.0183	0.0055	0.4606
HHI	0.0583	0.0065	0.0473	0.0664
BI	0.0545	0.0071	0.0435	0.0634
CPI	0.0224	0.0154	-0.0070	0.0540
$GDPgr$	0.0810	0.0132	0.0670	0.1060
FD	0.6235	0.0803	0.5135	0.7315
CAR	0.1297	0.0187	0.0324	0.2609
LDR	0.6402	0.1181	0.0599	1.0655
MBD	0.1716	0.1508	-0.1462	0.9849

总体而言，样本期贷款成交价格及银行揽储成本随贷款基准利率和存款基准利率波动变化。随着我国资本市场的发展和金融脱媒的加剧，经济发展对银行贷款等间接融资的需求降低，金融深度逐年下降。同时，伴随银行业市场结构改革的深入推进，行业竞争日趋激烈，市场集中度逐年下降。此外，随着银行业市场化改革的不断深入，银行的经营管理能力逐步增强，管

理成本和信贷风险均逐年下降。对于其他变量的统计特征文中不再赘述。

从表 5.3 可以看出，国有控股银行的贷款价格明显低于非国有控股银行，贷款价格对贷款基准利率的偏离幅度也显著小于非国有控股银行，这进一步印证了第 3 章、第 4 章的理论分析，国有控股银行更倾向于执行政府的产业政策或经济增长政策，提供的"政治性"贷款的价格低于按商业原则确定的贷款价格。同时，从图 5.2 来看，样本期贷款价格对基准利率的偏离幅度整体上呈扩大态势，表明随着我国利率市场化改革的加速推进，非市场因素在贷款价格形成中的作用逐渐减弱，银行的贷款定价能力日趋增强，资金供需状况、风险收益原则、市场主体特征等交易条件日益成为决定贷款价格的重要因素。另外，从图 5.2 来看，样本期各年非国有控股银行贷款价格对基准利率的偏离幅度均大于国有控股银行，表明非国有控股银行的市场化贷款定价能力强于国有控股银行。

表 5.3　　　　　　　　不同产权性质银行贷款利率对比

分组	贷款价格			贷款价格对基准利率的偏离幅度		
	总体	国有银行	非国有银行	总体	国有银行	非国有银行
均值	0.0715	0.0711	0.0731	0.0170	0.0164	0.01904
T 检验 P 值	—	0.0979 *		—	0.0317 **	

注：①T 检验 P 值是指非国有控股银行的贷款价格均值或贷款价格对基准利率偏离幅度均值大于国有控股银行的检验结果；② *** 、** 和 * 分别表示在 1%、5% 和 10% 的水平下显著。

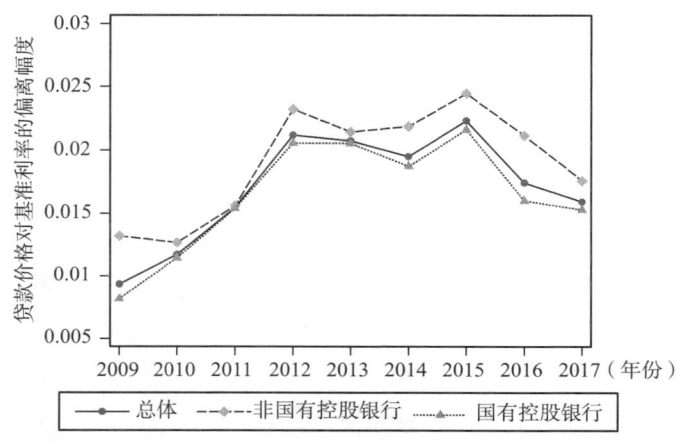

图 5.2　不同产权性质银行贷款价格对基准利率偏离幅度对比

5.4 实证结果及分析

本节首先估计双边随机边界模型，分析贷款公允价格的影响因素，在此基础上分解模型的总方差，确定谈判议价因素对贷款价格波动的解释能力，最后测度借贷双方获取的剩余规模及议价能力大小，并分析其变化趋势。

5.4.1 模型估计

为便于比较，采用多种方法对贷款公允价格的决定因素进行分析，结果如表 5.4 所示。① 表 5.4 中，模型 1、模型 3 为仅包含基本交易条件的 OLS 和双边随机边界模型的估计结果，模型 2、模型 4 为进一步考虑了银行个体特征变量的 OLS 和双边随机边界模型的估计结果。

表 5.4　　　　　　　　　　模型估计结果

变量	模型 1	模型 2	模型 3	模型 4
FC	0.7043 ***	0.7815 ***	0.5569 ***	0.7269 ***
	(0.1105)	(0.1049)	(0.0924)	(0.0937)
RR	1.4290	1.0443	0.0720	0.0020
	(1.0436)	(0.9874)	(1.1199)	(1.0297)
AC	0.6677 ***	0.6504 ***	1.9069 ***	2.0362 ***
	(0.1846)	(0.1758)	(0.1455)	(0.1377)
CR	0.0488	0.0735	0.0999 **	0.0262
	(0.0520)	(0.0488)	(0.0425)	(0.0391)
HHI	−2.7641 ***	−2.0527 **	−2.9543 ***	−2.4976 **
	(0.9776)	(0.9262)	(1.0737)	(0.9860)

---

① 为减少异常值的干扰，对所有连续变量均进行了上下 1% 的缩尾（Winsorize）处理。

续表

变量	模型 1	模型 2	模型 3	模型 4
BI	0.8033 *	0.7766 *	1.0022 **	0.8582 *
	(0.4662)	(0.4442)	(0.5093)	(0.4686)
CPI	−0.0017	−0.0123	−0.0173	−0.0120
	(0.0615)	(0.0575)	(0.0628)	(0.0598)
$GDPgr$	−0.0991	−0.0865	−0.1485	−0.1387
	(0.1538)	(0.1443)	(0.1606)	(0.1509)
FD	−0.0474 ***	−0.0331 ***	−0.0497 ***	−0.0411 ***
	(0.0116)	(0.0109)	(0.0126)	(0.0116)
CAR	—	0.0686 ***	—	0.0661 ***
		(0.0200)		(0.0169)
LDR	—	−0.0313 ***	—	−0.0291 ***
		(0.0047)		(0.0033)
MBD	—	−0.0224 ***	—	−0.0133 ***
		(0.0029)		(0.0024)
T	−0.0069 ***	−0.0048 **	−0.0065 ***	−0.0053 ***
	(0.0020)	(0.0019)	(0.0022)	(0.0021)
常数项	0.1865 **	0.1530 **	0.2187 ***	0.2016 ***
	(0.0744)	(0.0711)	(0.0827)	(0.0765)
R^2	0.528	0.5902	—	—
Log likelihood	—	—	2566.4516	2639.8075

注：①Hausman 检验显示，模型 1、模型 2 均宜采用固定效应形式；②括号内为标准误；③ ***、** 和 * 分别表示在 1%、5% 和 10% 的水平下显著。

从表 5.4 可以看出，各模型的拟合效果均较好，绝大部分变量的解释能力较强，表明本章的模型设定和交易条件变量选择均能有效反映贷款公允价格的形成机理。

进一步分析发现，揽储成本、管理成本、市场结构、基准利率以及金融深度是决定贷款公允价格的主要交易条件。在各模型中，揽储成本、管理成本和基准利率均与贷款价格呈显著正向关系，表明银行资金成本越高、经营管理成本越高或基准利率越高，银行收取的贷款利率越高；金融深度、市场结构与贷款价格具有显著的负向关系，表明贷款占社会融资总额的比例越高或银行业的市场集中度越高，银行的贷款价格越低。再贷款利率、通货膨胀率、经济增长速度与贷款价格的关系不显著，这些因素不是决定贷款公允价格的交易条件。贷款风险与贷款价格的关系不明确①，信贷风险对贷款公允价格的影响还需进一步考察。此外，在银行特征变量中，资本充足率与贷款价格具有正向关系，贷存比、业务多元化程度对贷款价格具有负向效应，表明经营稳健程度越低、流动性状况越差或多元化经营的银行更趋向于接受较低的贷款价格。

另外，模型2、模型4的R^2或Log likelihood均明显高于模型1、模型3，表明在分析贷款公允价格形成机理时应考虑银行特征因素的影响，鉴于此，本节后续讨论主要基于模型4进行。

5.4.2 方差分解

式（5.20）中，促使贷款成交价格偏离公允价格的原因有三个方面：银行凭其议价能力而抬高的价格、企业谈判议价而压低的价格和随机误差，因此，在模型估计的基础上，可将贷款价格的波动分解为银行议价能力的影响、企业议价能力的影响和随机因素的影响三个部分，结果如表5.5所示。

表5.5　　　　　借贷双方议价能力对贷款价格波动的影响

类别	符号	定义	测算结果
议价机制	σ_w	银行议价能力的影响	0.0116
	σ_u	企业议价能力的影响	0.0045
	σ_v	随机因素的影响	0.0022

---

① 这可能是因为本章选取的贷款拨备率未能充分反映银行的信贷风险。

续表

类别	符号	定义	测算结果
方差分解	$\sigma_w^2+\sigma_u^2+\sigma_v^2$	总方差	0.0002
	$(\sigma_w^2+\sigma_u^2)/(\sigma_w^2+\sigma_u^2+\sigma_v^2)$	借贷双方议价能力的影响占总方差的比重	0.9700
	$\sigma_w^2/(\sigma_w^2+\sigma_u^2+\sigma_v^2)$	银行议价能力的影响占总方差的比重	0.1268
	$\sigma_u^2/(\sigma_w^2+\sigma_u^2+\sigma_v^2)$	企业议价能力的影响占总方差的比重	0.8432

从表5.5来看，借贷双方的谈判议价因素对贷款价格的形成具有十分重要的影响，综合效果为 $E(w-u)=\sigma_w-\sigma_u=0.0071$，表明银行凭借特许权形成的经营条件和优势在贷款谈判中处于强势地位，最终导致贷款的成交价格向公允价格的上方偏离。方差分解结果显示，借贷双方谈判议价导致的价格波动占贷款价格总方差的97.00%，在谈判议价因素对贷款价格的影响中，银行议价能力的作用占84.32%，而企业议价能力的作用仅为12.68%，进一步说明了在贷款价格形成过程中，银行处于主导地位。

5.4.3 借贷方议价能力的估计及分析

估计式（5.27）至式（5.29）可得在贷款价格形成过程中银行和企业各自获得的剩余规模和两者之差的净效果，结果如表5.6至表5.7所示。

表5.6　　　　借贷双方获得的剩余的统计特征　　　　单位：%

	项目	均值	标准差	Q_1	Q_2	Q_3	Q_4
总体	银行获取的剩余	1.1482	1.1298	0.3801	0.7037	1.3743	5.4173
	企业获取的剩余	0.4486	0.2949	0.3237	0.3262	0.4209	1.7936
	净剩余	0.6996	1.2517	−0.0408	0.3775	1.0507	5.0937
国有控股银行	银行获取的剩余	1.1499	1.1698	0.3743	0.6974	1.2904	5.5872
	企业获取的剩余	0.4527	0.3018	0.3237	0.3264	0.4300	1.8245
	净剩余	0.6972	1.2923	−0.0557	0.3710	0.9668	5.2635

续表

项目		均值	标准差	Q_1	Q_2	Q_3	Q_4
非国有控股银行	银行获取的剩余	1.1429	0.9951	0.4040	0.7648	1.5072	4.8455
	企业获取的剩余	0.4356	0.2721	0.3237	0.3249	0.3936	1.7168
	净剩余	0.7072	1.1161	0.0104	0.4400	1.1836	4.5218

注：$Q_1 \sim Q_4$ 分别表示各指标在对应四分位上的均值。

表5.7　不同产权性质银行在贷款价格谈判中获得的剩余对比

项目	银行获取的剩余		企业获取的剩余		净剩余	
	国有控股银行	非国有控股银行	国有控股银行	非国有控股银行	国有控股银行	非国有控股银行
均值	1.1499	1.1429	0.4527	0.4356	0.6972	0.7072
T检验P值	0.5308		0.7642		0.4603	

注：T检验P值是指国有控股银行样本下的各类剩余大于非国有控股银行样本下的各类剩余的检验结果。

表5.6显示，在贷款价格形成过程中，银行凭其议价能力可获得约为公允价格1.15%的剩余规模，而企业获得的剩余仅为公允价格的0.45%，二者共同作用使得贷款成交价格高出公允价格0.70%。表明虽然借贷双方获取的剩余规模以及成交价格偏离公允价格的幅度均较小，但银行具有更强的议价能力，凭借特许经营条件和经营优势在谈判中仍处于有利地位，能获得较企业更多的剩余，抬高了贷款价格，增加了企业的融资成本，降低了企业利润，同时也在一定程度上导致了当前我国非金融企业部门的"高杠杆"问题。

在表5.6中，在国有控股银行与非国有控股银行样本中，银行获取的剩余、借款人获取的剩余以及净剩余的统计特征均基本相似；进一步从表5.7来看，在国有控股银行与非国有控股银行样本之间，它们的均值都无显著差异。表明银行的贷款议价能力不因其产权性质而异，[1] 国有控股银行没有因其控股股东的国资或政府背景而表现出更强的贷款议价能力，也没

---

[1] 综合本章第3节和本节关于贷款公允价格决定因素的分析结果来看，国有控股银行的贷款成交价格较非国有控股银行更低，其原因可能是国有控股银行凭借国家信用而获取存款资金的成本更低，或为支持政府经济增长政策而提供的"政治性"贷款的信贷管理成本更低，导致国有控股银行贷款的公允价格低于非国有控股银行。

有据此抬高贷款价格、推高企业融资成本，产权结构对银行的贷款议价能力没有明显影响。

统计银行、借款人获取的剩余以及净剩余的频数，以考察借贷方议价能力的分布特征，结果如图5.3至图5.5所示。

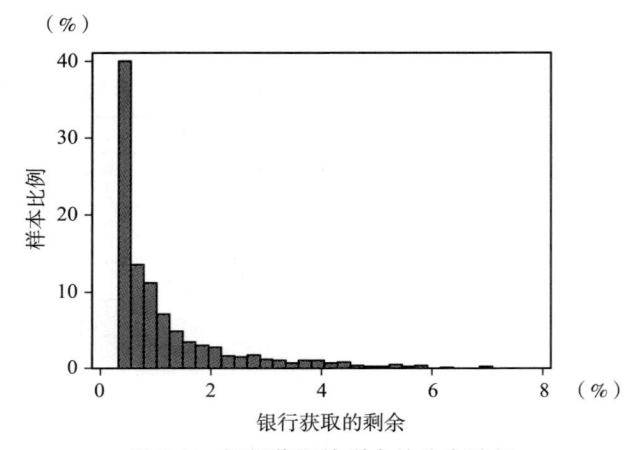

图5.3 银行获取的剩余的分布特征

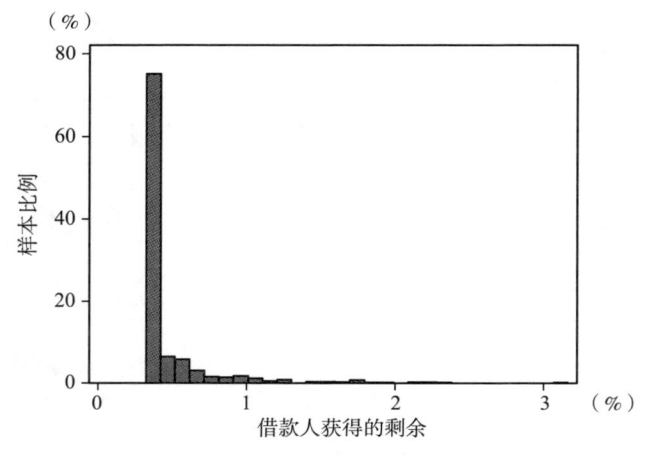

图5.4 借款人获取的剩余的分布特征

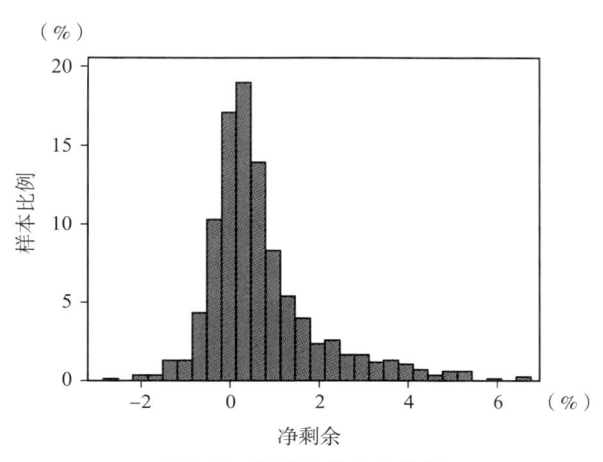

图 5.5　净剩余的分布特征

图 5.3 至图 5.5 显示，近 80% 的企业获取的剩余均小于 0.50%，而银行获取的剩余则较为分散，剩余规模为大于 1% 的观测值数约占样本的 50%，表明相对于企业，银行的议价能力具有更强的个体异质性。此外，由净剩余的分布特征可以看出，近 1/3 样本的净剩余小于零，表明在贷款价格形成过程中，并非所有的企业都处于被掠夺的弱势地位，仍有部分企业（如大型企业或国有企业）在与银行进行贷款价格谈判时具有优势，能够凭其议价能力使成交价格低于公允价格。

分年度统计银行和企业获取的剩余及净剩余规模，以考察借贷方的议价能力随时间的变化趋势，结果如图 5.6 至图 5.8 所示。

从图 5.6 至图 5.8 来看，样本期各年银行获取的剩余均大于企业获得的剩余，净剩余均大于零，表明银行凭借特许经营条件和优势始终占据谈判的有利地位，并使贷款的成交价格一直高于公允价格。同时，无论是银行获得的剩余、企业获得的剩余还是净剩余，在国有控股银行与非国有控股银行样本中它们均呈交替变化的态势，进一步说明了在贷款议价能力方面，不同产权性质的银行之间无显著差异，产权结构对银行贷款议价能力没有明显影响。

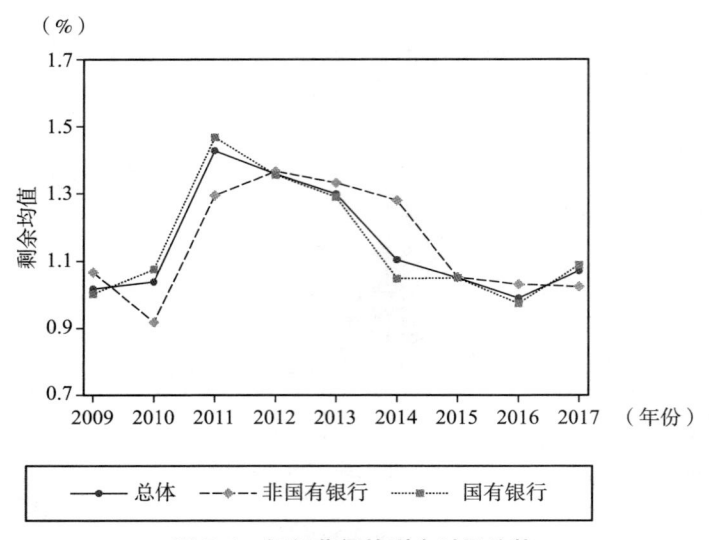

图 5.6 银行获得的剩余时间趋势

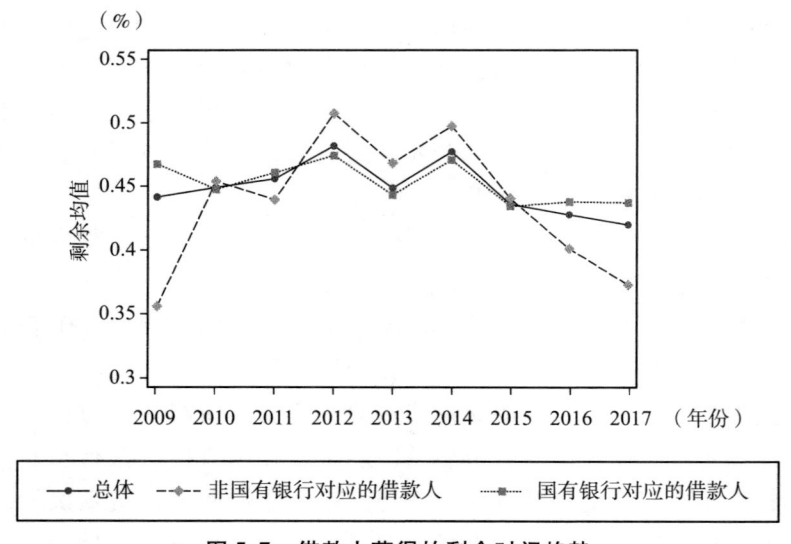

图 5.7 借款人获得的剩余时间趋势

图 5.8 净剩余的时间趋势

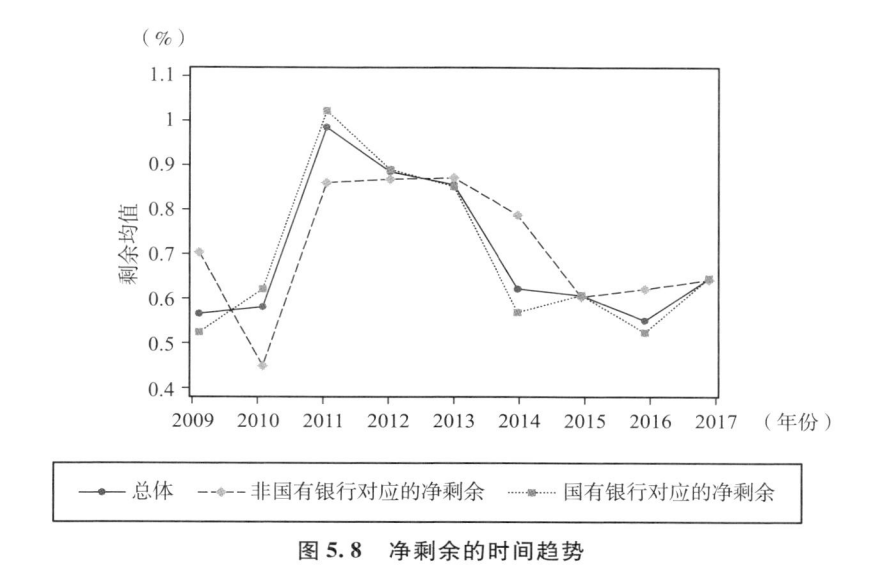

5.5 稳健性检验

替换模型 4 中的成交价格和交易条件变量，重新估计借贷双方获取的剩余，以检验上述结论的稳健性。

5.5.1 替换成交价格

为消除贷款质量的影响，模型 4 定义的成交价格为贷款利息收入与平均贷款净额之比。事实上，银行的贷款数量应为贷款的账面价值，即计提贷款损失准备前的期末价值，鉴于此，本章重新定义成交价格为贷款利息收入与平均贷款总额之比。基于以上变量估计式（5.20）至式（5.29）可得借贷方获取的剩余及净剩余规模，结果如表 5.8 至表 5.10 所示。

表 5.8　　替换成交价格后的模型估计结果

变量	模型 5	模型 6	模型 7	模型 8
FC	0.6730 ***	0.7585 ***	0.5410 ***	0.7148 ***
	(0.1072)	(0.1015)	(0.0895)	(0.0903)
RR	1.7671 *	1.4225	0.0313	-0.0146
	(1.0130)	(0.9558)	(1.0867)	(1.0000)
AC	0.6698 ***	0.6625 ***	1.8498 ***	1.9789 ***
	(0.1792)	(0.1701)	(0.1404)	(0.1306)
CR	-0.0160	0.0086	0.0393	-0.0288
	(0.0505)	(0.0472)	(0.0404)	(0.0379)
HHI	-2.4850 ***	-1.7137 *	-2.8866 ***	-2.4487 **
	(0.9490)	(0.8965)	(1.0436)	(0.9627)
BI	0.5833	0.5285	0.9909 **	0.8421 *
	(0.4525)	(0.4299)	(0.4939)	(0.4550)
CPI	0.0047	-0.0069	-0.0150	-0.0101
	(0.0597)	(0.0556)	(0.0609)	(0.0582)
$GDPgr$	-0.1107	-0.0923	-0.1464	-0.1344
	(0.1493)	(0.1397)	(0.1560)	(0.1471)
FD	-0.0487 ***	-0.0344 ***	-0.0483 ***	-0.0402 ***
	(0.0112)	(0.0105)	(0.0123)	(0.0113)
CAR	—	0.0767 ***	—	0.0657 ***
		(0.0194)		(0.0163)
LDR	—	-0.0315 ***	—	-0.0282 ***
		(0.0046)		(0.0032)
MBD	—	-0.0211 ***	—	-0.0127 ***
		(0.0028)		(0.0023)
T	-0.0067 ***	-0.0044 **	-0.0063 ***	-0.0052 ***
	(0.0020)	(0.0019)	(0.0022)	(0.0020)
常数项	0.1706 **	0.1314 *	0.2157 ***	0.1988 ***
	(0.0722)	(0.0688)	(0.0804)	(0.0748)

续表

变量	模型 5	模型 6	模型 7	模型 8
R^2	0.5389	0.6018	—	—
Log likelihood	—	—	2593.4135	2666.7202

注：①Hausman 检验显示，模型 5、模型 6 均宜采用固定效应形式；②括号内为标准误；③ ***、** 和 * 分别表示在 1%、5% 和 10% 的水平下显著。

表 5.9　　　　替换成交价格后借贷双方获得的剩余统计

	项目	均值	标准差	Q_1	Q_2	Q_3	Q_4
总体	银行获取的剩余	1.1118	1.0983	0.3662	0.6808	1.3326	5.3560
	企业获取的剩余	0.4364	0.2877	0.3144	0.3169	0.4126	1.7785
	净剩余	0.6753	1.217	−0.0464	0.3639	1.0182	5.0416
国有控股银行	银行获取的剩余	1.1118	1.1371	0.3635	0.6742	1.2492	5.6232
	企业获取的剩余	0.4400	0.2942	0.3144	0.3171	0.4170	1.7893
	净剩余	0.6718	1.2560	−0.0536	0.3571	0.9347	5.3087
非国有控股银行	银行获取的剩余	1.1116	0.9679	0.3812	0.7367	1.4714	4.4431
	企业获取的剩余	0.4251	0.2666	0.3144	0.3157	0.3929	1.6842
	净剩余	0.6865	1.0874	−0.0117	0.4211	1.1569	4.1286

注：$Q_1 \sim Q_4$ 分别表示各指标在对应四分位上的均值。

表 5.10　　　　替换成交价格后借贷双方获得的剩余对比

项目	银行获取的剩余		企业获取的剩余		净剩余	
	国有控股银行	非国有控股银行	国有控股银行	非国有控股银行	国有控股银行	非国有控股银行
均值	1.1118	1.1116	0.4400	0.4251	0.6718	0.6865
T 检验 P 值	0.5013		0.7416		0.4402	

注：T 检验 P 值是指国有控股银行样本下的各类剩余大于非国有控股银行样本下的各类剩余的检验结果。

5.5.2　替换交易条件

模型 4 中，影响贷款公允价格的因素包含基本交易条件和银行个体特征两个方面,而在借贷方协商定价的信贷市场中,银行特征因素是影响公允价格还是决定银行的议价能力还有待进一步考证。为此,本章剔除交易条件中的银行特征变量,使模型退化成模型3的形式。基于以上变量估计式(5.20)至式(5.29)可得借贷方获取的剩余及净剩余规模,结果如表5.11至表5.12所示。

表5.11 替换交易条件后借贷双方获得的剩余统计

项目		均值	标准差	Q_1	Q_2	Q_3	Q_4
总体	银行获取的剩余	1.2751	1.2293	0.4293	0.8247	1.5799	5.8476
	企业获取的剩余	0.4250	0.2532	0.3198	0.3237	0.4097	1.7358
	净剩余	0.8501	1.3305	0.0196	0.5010	1.2601	5.5279
国有控股银行	银行获取的剩余	1.2925	1.2755	0.4235	0.8244	1.5717	6.3206
	企业获取的剩余	0.4270	0.2605	0.3198	0.3237	0.4150	1.7358
	净剩余	0.8655	1.3774	0.0084	0.5007	1.2519	6.0008
非国有控股银行	银行获取的剩余	1.2200	1.0718	0.4464	0.8541	1.5973	5.3048
	企业获取的剩余	0.4185	0.2295	0.3198	0.3229	0.3964	1.3867
	净剩余	0.8015	1.1721	0.0500	0.5313	1.2775	4.9851

注:$Q_1 \sim Q_4$ 分别表示各指标在对应四分位上的均值。

表5.12 替换交易条件后借贷双方获得的剩余对比

项目	银行获取的剩余		企业获取的剩余		净剩余	
	国有控股银行	非国有控股银行	国有控股银行	非国有控股银行	国有控股银行	非国有控股银行
均值	1.2925	1.2200	0.4270	0.4185	0.8655	0.8015
T检验P值	0.7695		0.6622		0.7262	

注:T检验P值是指国有控股银行样本下的各类剩余大于非国有控股银行样本下的各类剩余的检验结果。

重新定义成交价格和交易条件变量后的估计结果均显示,本章的模型设定能够较好地反映贷款价格的形成机理,借贷双方谈判议价因素解释了贷款价格波动的95%以上。虽然利率受到政府管制，贷款的议价空间受限，但银行凭借特许经营条件和优势具有更强的议价能力，在与企业的价格谈判中处于有利地位，能够获取近3倍于企业的剩余，并促使贷款成交价格高出公允价格逾0.65%。同时，重新定义成交价格和交易条件后，无论是借贷双方获取的剩余还是净剩余，其统计特征在国有控股银行样本与非国有控股银行样本中均基本相似，其均值在国有控股银行样本与非国有控股银行样本之间也均无明显差异。上述结果表明，本章的研究结论稳健。

5.6 本章小结

本章首先建立讨价还价博弈模型以理论分析银行特许权对贷款价格的影响，然后，基于对利率市场化条件下贷款价格形成过程的分析建立双边随机边界模型，并采用2009~2017年我国95家商业银行的数据，实证研究贷款价格的决定因素，测度银行凭借特许权形成的议价能力大小及其对贷款价格的影响程度，最后，分析不同产权性质的银行在贷款议价能力方面的差异。

本章的研究发现：第一，特许经营条件和优势使银行具有较企业更低的谈判成本，在谈判中表现出更强的议价能力，并使谈判达成较高的贷款价格；第二，国有控股银行的贷款价格明显低于非国有控股银行，贷款价格对贷款基准利率的偏离幅度也显著小于非国有控股银行；第三，除基准利率外，银行吸收存款的成本和管理成本、银行业市场竞争状况以及宏观经济发展对信贷资金的依赖程度是决定贷款价格的主要因素；第四，借贷双方谈判议价是导致贷款成交价格偏离公允价格的主要原因，并且银行在贷款价格谈判中处于强势地位，其谈判议价因素造成的贷款价格偏离占贷款价格总偏离的85%；第五，银行凭其议价能力可获得约为公允价格1.15%的剩余规模，而企业获得的剩余仅为公允价格的0.45%，银行的特许经营条件和优势使贷款的成交价格高出公允价格近0.70%，推高了企业的融资成本；第六，借贷双方获取的剩余以及净剩余在国有控股银行与非国有控股银行之间无明显差异，国有控股银行没有因其控股股东的国资或政府背景而表现出较非国有控股银行更强的贷款议价能力。

本章的研究表明：特许经营不仅使银行能够垄断信贷供给，而且具有信息资源、规模经济等经营优势，形成了较企业更强的贷款议价能力，并在贷款价格谈判中处于强势地位，能够获取更多的剩余，促使贷款的成交价格高于公允价格，推高了企业的融资成本，也间接导致了我国非金融企业部门杠杆率长期居高不下。同时，银行的贷款议价能力不因其产权性质而异，在通过特许经营优势抬高贷款价格、推高企业融资成本方面，国有控股银行与非国有控股银行无明显差异。因此，降低企业融资成本，并有效推进非金融企业部门"去杠杆"，需建立相对公平的信贷市场环境，当前需进一步降低银行业进入门槛，丰富市场结构，强化市场竞争，建立多层次的银行业金融体系；同时，还需完善企业贷款担保机制，建立企业融资联盟，创新融资方式，提升企业的贷款议价能力。

| 第 6 章 |
产权结构、经营环境与银行经营效率

本书第 3 章至第 5 章分别从银行是否根据贷款对象的经营发展质量进行贷款决策、银行贷款供给的宏观经济效果、银行对贷款价格形成的影响角度分析信贷资金配置效率问题，侧重从银行的经济功能层面研究产权结构与信贷资金配置效率之间的关系。但银行作为独立经营的经济主体，在充分发挥经济功能的同时其自身也需要持续健康发展，以此而论，对于银行的信贷资金配置效率问题，不仅应从是否有效服务实体经济的层面进行考量，还需要从是否有效促进银行自身持续健康发展的层面进行考量。鉴于发放贷款是我国银行的核心业务，信贷风险也是银行经营风险的主要来源，信贷资金的高效配置主要体现为银行经营的高效率和经营风险的有效控制，本书第 6、第 7 章分别从银行经营效率和经营风险角度分析信贷资金配置效率问题，从银行自身持续健康发展层面研究产权结构与信贷资金配置效率之间的关系。

产权结构是公司治理的基础（李维安等，2001），从根本上决定了银行的决策机制、经营模式以及行为方式，但银行经营行为除了取决于内部治理机制外，还受外部经营环境的影响。从现有文献来看，法律和制度（下称：法制）环境、市场结构是影响转轨经济国家银行经营效率的主要外部因素。在法制环境方面，已有研究大多认为市场化的制度环境或较好的法律保护水平有助于改善银行经营效率（Hasan et al., 2009; Qu et al., 2010; Zhang et al., 2012）。对于市场结构（竞争环境）与银行经营效率或绩效的关系，主要有以下三种观点：一是，在不完全竞争的市场环境中，具有垄断势力的银行能获取更多的利润，即"结构绩效"假说（Bain, 1951）和"相对市场力量"假说（Shepherd, 1986）；二是，盈利能力和垄断势力的高低源于银行经营效率的差异，即"效率结构"假说（Demsetz, 1973）；三是，由于市场竞争不充分，管理者享受"平静生活"降低了银行经营效率，即"平静生活"假说[1]（Rhoades and Rutz, 1982; Berger and Hannan, 1998）。这些观点都得到了大量的经验证据支持（Evanoff and Fortier, 1988; Casu and Girardone, 2006; Delis and Tsionas, 2009; 徐忠等, 2009; Ariss, 2010）。

　　法律制度情况和市场竞争状况都是银行经营面临的外部环境，它们对银行资产配置行为的影响一般须通过由产权结构决定的内部决策机制才能实现。另外，银行的某些经营行为可能是其在特定经营环境下的次优选择，以产权结构为基础的内部治理机制未能有效发挥作用，可能是因为银行受不健全的法制、不完善的市场等外部因素的制约。然而，关于法制、竞争环境与银行经营行为关系的现有研究大多没有将产权结构纳入其分析框架，[2] 关于银行产权结构与经营效率关系的研究也没有将外部经营环境纳入其研究框架中。鉴于此，本章将产权结构、经营环境与银行经营效率纳入同一研究框架中，分析外部经营环境、内部治理结构与银行经营效率的关系，

---

[1] "结构绩效"假说与"相对市场力量"分别从市场集中度和市场份额角度论述了市场结构与企业绩效的关系，都认为垄断企业能获得更多的利润，可统称为市场力量假说（徐忠等, 2009）。"平静生活"假说的核心观点是市场竞争导致了经营绩效差异，通常被当作市场力量假说的特例。

[2] 朱红军等（2010）、王擎和潘李剑（2012）探讨了不同的金融法治或金融生态环境下产权结构与银行经营行为的关系，前者的研究逻辑是：金融法治环境好—银行治理机制完善且控制权私利减少—通过股权制衡来约束关联贷款的需求降低；后者的逻辑是：金融生态环境越好—银行获利能力越强—国有股东的干预或掠夺越多—银行绩效越差。他们都没有从股东控股目的差异的角度说明法制环境影响银行资源配置的方式和效果。对于市场结构与产权结构对银行经营行为的交互影响，笔者尚未发现相关文献。

并采用 2005～2014 年我国 78 家城市商业银行（下称：城商行）的数据，实证研究在不同产权结构下法制、竞争环境对银行经营效率影响的差异。

本章其他部分的内容安排如下：第 6.1 节理论分析银行产权结构、经营环境与经营效率之间关系，并据此提出研究假设；第 6.2 节介绍实证研究方法，并说明变量和样本的选取；第 6.3 节分析说明实证研究结果；第 6.4 节为对实证分析结果的稳健性检验；第 6.5 节总结本章的内容。

6.1 理论分析与研究假设

6.1.1 产权结构、法制环境与银行经营效率

金融服务的地域特性决定了银行经营行为必然受其所在地区的经济、文化、法律、制度等因素的影响。现有文献侧重于探讨经济、金融环境与银行经营效率的关系，法制环境作为银行经营效率的重要决定因素长期被忽略。哈桑等（Hasan et al.，2009）对我国银行业的研究发现，在私营经济更发达、产权保护意识更强烈的地区，银行的生产效率越高。曲等（Qu et al.，2010）的研究也表明，银行经营所在区域的非国有经济份额越高、政府对市场的干预越少、市场中介与法律环境越好，其生产效率越高。张等（Zhang et al.，2012a）进一步阐述了法制环境影响银行经营效率的方式：非国有经济份额变化影响银行的贷款结构，降低政府对市场的干预增强了银行资产配置的自主权，较高的法律保护水平提升了金融合同的执行效力。张等（Zhang et al.，2012b）对银行经营效率与法律环境之间关系的研究发现，优越的法律环境、高效的法律系统以及更好的知识产权保护促进了该地区银行经营效率的提升。

关于法制环境与银行经营效率关系的现有研究均存在潜在的假设：所有商业银行都有一致的经营目标，且市场化的法制环境有助于实现这一目标。然而，银行掌握着最重要的金融资源，政府或其他利益主体会基于自身目的干预银行的经营行为，而股权控制是有效干预的最合理途径。拉·波塔等（La Porta et al.，2002）研究指出，政治家会基于政治目的控制银

行的信贷资金。萨皮恩扎（Sapienza，2004）对意大利银行业的研究表明，国有银行会对其所属政党控制的企业收取更低的贷款利率。丁克（Dinc，2005）的跨国研究也显示，在选举年份，政府控股的银行会显著增加信贷投放。我国地方政府在"晋升锦标赛"的政治激励下（周黎安，2007），有更强烈动机干预其控制的城商行的经营行为。钱先航等（2011）认为，地方政府会基于政治考虑引导城商行的信贷资金配置，他们的研究表明，官员晋升压力越大，城商行的贷款总量越少、贷款集中度越高、关联贷款越多，并形成较多的不良贷款。李维安和钱先航（2012）进一步研究发现，外地调任的官员其辖内城商行会显著扩张信贷，调任晋升的官员其任内城商行则会紧缩信贷，官员任期与城商行信贷显著正相关。以此而论，国有与非国有股东控制银行的目的存在差异，国有股东控制银行可能会追求除银行利润最大化之外的其他目标，如政治目的。

市场化程度和法律环境影响金融资源的配置，但这种影响不会自动实现，它必须通过银行的内部决策机制才能起作用，而控股方式从根本决定了银行的决策模式，因此，法制环境影响银行经营行为的方式取决于银行的产权结构。具体而言，在国有控股条件下，控股股东为实现其"政治目的"，迫使银行以非市场的手段配置资源，不发达的市场化程度或不完善的法律环境为这种资源配置方式提供了便利，良好的法制环境反而降低了非市场化方式配置资源的效率。相反，在非国有控股条件下，较高的法制程度能促进银行按市场化的方式配置资源，健全的法制环境有助于提升银行经营效率。基于以上分析，本章提出研究假设1。

研究假设1：良好的法制环境对国有控股银行的经营效率具有抑制作用，对非国有控股银行的经营效率具有促进作用。

6.1.2 产权结构、市场竞争与银行经营效率

"最好的垄断利润是过一种平静的生活"（Hicks，1935）。市场竞争与银行绩效关系的"平静生活"假说认为，在竞争度不高的市场环境中，市场势力较强的银行其管理者并不会追求利润最大化的经营目标，而只是关注如何设定较为有利的价格水平以获取持续稳定的收入，借此享受一种平静的生活（Rhoades and Rutz，1982）。伯杰和汉南（Berger and Hannan，

1998）进一步阐述了市场势力降低银行经营效率的内在机理：第一，降低管理者控制成本的积极性；第二，以效率为代价减少内部冲突；第三，浪费资源以维持或获取更大的市场势力；第四，无效率的管理者或员工可能滥竽充数。但这一假说并没有得到一致的经验证据支持。莫多斯和德格瓦拉（Maudos and De Guevara，2007）的研究表明，欧洲银行业不具有"平静生活"假说特征，但迪尼斯和希尔尼斯（Delis and Tsionas，2009）的研究结论却与此相反。阿里斯（Ariss，2010）对60个发展中国家的研究显示，市场势力提高了银行利润效率但造成了成本效率损失。程茂勇和赵红（2011）对中国商业银行的研究也表明，市场势力导致了银行成本效率下降和利润效率提升。而科特等（Koetter et al.，2012）对美国银行业的研究却显示，市场势力有助于增进银行成本效率但抑制了利润效率。张等（Zhang et al.，2013）对巴西、俄罗斯、印度和中国银行业的研究发现，市场势力与银行生产效率呈负向关系，支持了"平静生活"假说。

"平静生活"假说的实质是将市场竞争作为公司的外部治理因素，认为强化市场竞争能够降低管理者的代理成本，从而提高银行经营效率。现代公司治理理论认为，外部治理因素与内部治理机制相辅相成。一方面，前者必须通过后者才能有效发挥作用；另一方面，后者的选择依赖于前者。市场竞争与产权结构在公司治理中的互补效应理论[①]认为，市场竞争影响企业绩效的方式依赖于企业的所有权属性和预算软约束程度，在国有企业中或存在预算软约束条件下，市场竞争的治理效应可能较弱。埃斯特林（Estrin，2002）、安吉鲁奇等（Angelucci et al.，2002）、施东辉（2003）等的大量经验证据也支持了这一观点。然而，对于银行业的"平静生活"假说，无论是理论分析还是实证检验大多没有将产权结构纳入其分析框架，探讨在不同产权结构下市场竞争环境对银行经营效率影响的差异。

本书认为，如果银行业的"平静生活"假说成立，那么市场势力不仅与银行经营效率具有负向关系，而且这种关系还会受银行产权结构的调节。近年来，我国银行业的股份制改革取得了显著效果，特别是引入境内外战

[①] 就公司治理而言，市场竞争与产权结构的关系主要表现为替代效应和互补效应。替代效应认为，市场竞争可以弥补产权结构在公司治理机制中的不足（Nickell et al.，1996）。张湄（2010）在总结对于两者的实证研究基础上发现，替代关系的证据主要来自市场发展比较完善的工业化国家，互补关系的证据则来自经济转型过程中的发展中国家。

略投资者极大地改善了银行的公司治理（宋增基等，2009），非国有股东控股有效强化了银行的预算约束。以此而论，若市场竞争能够作为我国银行业公司治理的外部因素，则它对银行经营效率的影响会因银行产权结构而异。相对于国有控股银行，非国有控股银行具有更加完善的内部治理机制，这更有利于发挥市场竞争的外部治理作用，市场势力对银行经营效率的抑制作用更大。基于以上分析，本章提出研究假设2。

研究假设2：如果"平静生活"假说成立，市场势力对非国有控股银行经营效率的抑制作用将大于国有控股银行。

6.2 研究设计

本章首先基于随机前沿方法计算银行的广义Malmquist全要素生产率指数，并以此作为银行经营效率的度量指标；然后，用这一指数与法制和竞争环境变量建立回归模型，分析产权结构、经营环境与银行经营效率的关系；最后，采用自体抽样法（Bootstrap）研究在经营环境与银行经营效率的关系方面，国有控股银行与非国有控股银行之间的差异性。

6.2.1 银行经营效率测算模型

本章采用Malmquist全要素生产率指数作为衡量银行经营效率的指标。相对于技术、成本或利润效率，Malmquist全要素生产率指数度量了实际投入产出与前沿面最佳投入产出的距离以及效率的动态变化，是生产单位资源配置效果与持续发展能力的综合反映。现有文献主要基于数据包络分析（DEA）方法计算Malmquist全要素生产率指数，但这种非参数方法存在将统计噪音视作无效率的缺陷。鉴于本章涉及了78家城商行9年的微观数据，不考虑随机误差影响的计算结果将有失偏颇，故采用随机前沿分析（SFA）方法以更有效地测算银行的Malmquist全要素生产率指数。

以奥利亚（Orea，2002）提出的超对数距离函数为基础构建广义Malmquist全要素生产率指数，并以科尔利等（Coelli et al.，2005）的方法进行计算和分解。

单产出多投入的超对数随机生产前沿面为：

$$\ln(y_{it}) = \beta_0 + \sum_{n=1}^{N}\beta_n \ln x_{nit} + \frac{1}{2}\sum_{n=1}^{N}\sum_{j=1}^{N}\beta_{nj}\ln x_{nit}\ln x_{nit} + \sum_{n=1}^{N}\beta_{tn}t\ln x_{nit}$$
$$+ \beta_t t + \frac{1}{2}\beta_{tt}t^2 + v_{it} - u_{it}, \quad i = 1, 2, \cdots, I; \ t = 1, 2, \cdots, T$$
(6.1)

式中，y_{it} 为第 i 个生产单位第 t 年的产出；x_{nit} 为第 n 个投入变量；t 为技术变化的时间趋势；β 为待估参数；v_{it} 与 u_{it} 分别为代表统计噪声的随机误差和反映生产无效率的单边误差。假定 $v_{it} \sim N(0, \sigma_v^2)$，$u_{it} \sim N^+(0, \sigma_{it}^2)$，且 v_{it} 与 u_{it} 独立。

则，在两个临近时期（s 与 t），技术效率变化（TEC）、技术进步（TC）和规模效率变化（SC）分别为：

$$TEC = \frac{E\left(\exp\frac{-u_{it}}{v_{it} - u_{it}}\right)}{E\left(\exp\frac{-u_{is}}{v_{is} - u_{is}}\right)} \tag{6.2}$$

$$TC = \exp\left[\frac{1}{2}\left(\frac{\partial \ln y_{it}}{\partial t} + \frac{\partial \ln y_{is}}{\partial s}\right)\right] \tag{6.3}$$

$$SC = \exp\left\{\frac{1}{2}\sum_{n=1}^{N}\left[\varepsilon_{nit}SF_{it} + \varepsilon_{nis}SF_{is}\right] \times \ln\left(\frac{x_{nit}}{x_{nis}}\right)\right\} \tag{6.4}$$

其中，

$$SF_{it} = \frac{\varepsilon_{it} - 1}{\varepsilon_{it}}, \quad \varepsilon_{it} = \sum_{n=1}^{N}\varepsilon_{nit}, \quad \varepsilon_{nit} = \frac{\partial \ln y_{it}}{\partial \ln x_{nit}}$$

由此可得广义 Malmquist 全要素生产率指数（TFP）为：

$$TFP = TEC \times TC \times SC \tag{6.5}$$

6.2.2　回归模型及回归系数组间差异检验方法

6.2.2.1　回归模型

本章建立如下线性回归模型以分析经营环境、产权结构对银行经营效率的影响：

$$TFP_{it} = f(owership_{it}, institution_{it}, market_{it}, z_{mit}) + e_{it} \quad (6.6)$$

式中，i，t 分别表示第 i 家银行第 t 年；$ownership_{it}$、$institution_{it}$、$market_{it}$ 分别表示银行产权结构、法制环境和市场竞争环境变量；Z_{mit} 为控制变量向量；e_{it} 为随机误差项。

为检验研究假设 1 和研究假设 2，本章按控股股东产权性质分组进行回归分析。

6.2.2.2 回归系数组间差异检验方法

基于本章的研究目的和样本数据特征，借鉴连玉君等（2008）的方法，采用自体抽样法（Bootstrap）计算的经验 P 值判断经营环境对国有与非国有控股银行经营效率的影响是否存在显著差异。具体步骤为：首先，对国有与非国有控股银行分别进行回归，计算经营环境变量系数在两者间的实际差异，记为 d；其次，从原始样本中随机抽取 n_1 和 n_2 个观测值分别作为国有与非国有控股银行样本；再次，对这两组样本分别进行回归，计算经营环境变量系数在这两组间的经验差异，记为 d_i；最后，重复第二、第三步 k 次（本章为 1000 次），计算经验 P 值为 $d_i(i=1, 2, \cdots, k)$ 大于 d 的次数占抽样次数 k 的比例。

6.2.3 变量选取与数据来源

6.2.3.1 变量选取

（1）计算 TFP 的投入与产出变量。现有文献选择银行投入、产出指标的方法主要有资产法、中介法和生产法。本章结合研究目的与数据的可获得性，基于中介法思想，定义投入变量为平均资本总额、营业费用和平均存款总额，分别代表资本投入、运营投入与资金投入；产出变量为营业收入，为净利息收入与其他营业收入之和。

（2）回归模型中的变量。

①产权结构。按第一大股东产权性质分为国有控股银行和非国有控股银行，并进一步将国有控股银行分为地方政府职能部门直接控股银行和通过国有法人控股银行，将非国有控股银行分为境内民营法人控股银行和境

外投资者控股银行。本章按控股股东类型设置产权结构虚拟变量。

②法制环境。参考关于法制环境与银行经营行为的相关研究，本章以樊纲等编制的《中国市场化指数——各地区市场化相对进程2011年报告》中的"市场化总指数"和"市场中介组织的发育和法律制度环境"分别作为制度和法律环境变量。① 考虑到市场化与银行经营效率潜在的内生性关系，对这些指数均进行一期滞后处理，以上一期的指数值衡量当期的法制环境。另外，由于《中国市场化指数——各地区市场化相对进程2011年报告》中的数据截至2009年，借鉴吕健（2013）的方法，根据前10年的平均增速推算2009年之后4年的各项市场化指数。②

③竞争环境。遵循研究"平静生活"假说的一般方法，本章采用勒纳指数衡量银行的市场势力。勒纳指数为边际成本与产品价格之比，③ 度量了价格对边际成本的偏离程度，是测量行业竞争度的常用指标。该指数越高，表明银行的市场势力越强，行业的市场竞争度越低。为避免市场势力与银行经营效率可能存在的内生性问题，对勒纳指数进行一期滞后处理。

④控制变量。银行经营效率不仅受经营环境、产权结构的影响，还与银行经营特征等因素相关。借鉴国内外关于银行经营效率的相关研究，本章选取股权控制能力、资产配置情况、资产质量、资产充足状况、地区金

---

① 虽然在《中国市场化指数——各地区市场化相对进程2011年报告》和《中国分省份市场化指数报告（2016）》中都有市场化总指数、市场中介组织的发育和法律制度环境等市场化程度指标，但两个版本的指标在计算口径、方式等方面存在较大差异，两个版本数据的连续性、可衔接性及可对比性均较弱。鉴于此，本章以《中国市场化指数——各地区市场化相对进程2011年报告》为基础计算各地区的法律和制度环境指标。

② 若按此方式推算的时间越长，其准确性越低。综合考虑本章的研究目的和样本大小，确定推算2010~2013年的法律和制度环境指标。

③ 勒纳指数的计算方式为：$LI = (p - mc)/p$。其中，p为产出价格，等于总收入与平均资产总额之比；mc为边际成本。另外，mc通过如下超对数成本函数对资产总额的导数求得：$\ln C = a + \sum_{m=1}^{2} b_m \ln w_m + c \ln Q + \frac{1}{2} e (\ln Q)^2 + g_1 T + \frac{1}{2} g_2 T^2 + \sum_{m=1}^{2} f_m \ln Q \ln w_m + \frac{1}{2} \sum_{m=1}^{2} \sum_{k=1}^{2} d_{mk} \ln w_m \ln w_k + \sum_{m=1}^{2} g_4 T \ln w_m + g_3 T \ln Q + \varepsilon$。其中，$C$为成本总额；$w_1$为运营投入价格，等于营业费用与平均资产总额之比；$w_2$为资金投入价格，等于利息支出与平均存款余额之比；$Q$为产出数量，以平均资产总额表示；$T$为时间项；$\varepsilon$为随机误差项；$a-g$为待估参数。

则计算边际成本为：$mc = \frac{\partial \ln C}{\partial Q} = \frac{C}{Q}(c + e \ln Q + \sum_{m=1}^{2} f_m \ln w_m + g_3 T)$。

融深度①、资产规模、业务多元化作为控制变量。

各类变量的定义和计算方式如表 6.1 所示。

表 6.1　　　　　　　　　　变量定义与说明

类别	名称	代码	计算方式
投入变量	资本投入	X_1	平均所有者权益
	运营投入	X_2	营业费用
	资金投入	X_3	平均存款总额
产出变量	营业收入	Y	净利息收入 + 其他营业收入
被解释变量	广义 Malmquist 全要素生产率	TFP	以超对数距离函数为基础计算
分析变量	国有控股	STA	第一大股东为国有时取值为 1，否则为 0
	地方政府职能部门控股	GOV	第一大股东为地方政府职能部门时取值为 1，否则为 0
	国有法人控股	SOE	第一大股东为国有法人时取值为 1，否则为 0
	境内民营法人控股	GE	第一大股东为境内民营法人时取值为 1，否则为 0
	境外投资者控股	EI	第一大股东为境外投资者时取值为 1，否则为 0
	市场化总指数	MAR	略
	中介组织与法律环境	LAW	略
	勒纳指数	LI	（产出价格 − 边际成本）/产出价格
控制变量	股权控制能力	ECA	第一大股东持股比例 − 第二大股东持股比例
	资产配置情况	LDR	贷款总额/存款总额
	资产质量	AQ	贷款损失准备/不良贷款
	资产充足状况	CAR	（总资本 − 扣减项）/风险加权资产
	地区金融深度	FD	各省贷款总额/各省 GDP
	资产规模	$SIZE$	总资产的自然对数
	业务多元化	MBD	净佣金及手续费收入/营业收入

---

① 部分文献认为国家或地区经济、金融状况是影响银行经营效率的重要因素，因而将 GDP 和（或）金融深度作为反映经济、金融状况的变量。本章发现市场化指数与 GDP 高度相关，而与金融深度相关度较低，且 GDP 与金融深度高度相关，为避免共线性，以金融深度作为反映地区经济与金融情况的变量。另外，考虑到地区经济金融发展与银行经营效率潜在的内生性问题，本章对该变量进行滞后一期处理。

6.2.3.2 数据来源

本章选取 2005~2014 年我国城市商业银行为样本。① 银行各项指标数据来源于 BankScope 数据库，并以各城商行的年报对其进行校订，以避免勾稽关系矛盾、报告错误以及重复计算等数据质量问题，确保研究的严谨性；法制环境数据取自樊纲等编制的《中国市场化指数——各地区市场化相对进程 2011 年报告》；宏观经济数据来源于各省（区、市）的统计年鉴。经筛选共获得 78 家城商行 485 个观测值，分布于除海南、西藏和港澳台以外的 29 个省（区、市）。

6.2.3.3 变量描述

回归模型中各变量的描述性统计如表 6.2 和表 6.3 所示。

表 6.2　　　　　　　　连续变量的描述性统计

变量	均值	标准差	最小值	最大值
MAR	8.5308	2.0860	3.2500	13.1346
LAW	9.6316	5.9218	2.7500	29.6357
LI	0.5183	0.0720	0.2214	0.8831
ECA	0.0777	0.1254	0.0000	0.9018
LDR	0.6369	0.1272	0.2062	1.2279
AQ	2.6912	5.1583	0.0103	78.9168
CAR	0.1240	0.0345	0.0319	0.3810
FD	1.0509	0.3748	0.5528	2.5048
SIZE	10.7914	1.0529	7.9212	13.9288
MBD	0.0433	0.1176	0.0000	2.5496

我国各地区的法制状况极不平衡，城商行面临的法制环境差异较大，

---

① 鉴于随着时间的延长，本章推算的法律和制度环境指标的准确性越低，综合考虑本章的研究目的和样本量大小，确定研究的样本期间为 2005~2014 年。

以江苏与青海为例，2013年两省的市场化总指数差距达3.94倍。城商行的市场势力呈先升后降的波动变化，虽然近些年银行业市场结构有所改善，但整体上仍处于不完全竞争状态。随着市场化改革的深入，非国有股东控股的城商行逐年增多，样本中由2005年的6家增至2014年的23家，银行业过去单一的产权结构明显改观。

另外，从表6.2来看，各连续变量的方差均较大，为减少异常值的干扰，本章对它们均进行上下1%的缩尾（Winsorize）处理。

表6.3　　　　　　　　　产权结构变量的描述与统计

控股股东类型		观测值数（个）		比率（%）	
^^	^^	数量	合计数量	占比	合计占比
国有	地方政府职能部门	139	373	28.6598	76.9072
^^	国有法人	234	^^	48.2474	^^
非国有	境内民营法人	63	112	12.9897	23.0928
^^	境外投资者	49	^^	10.1031	^^
合计		485		100	

6.3　实证结果与分析

6.3.1　银行经营效率测算结果及分析

运用Frontier 4.1估计式（6.1）并计算技术效率。结果显示，式（6.1）的极大似然估计值为-20.043，大部分回归系数显著；变差率[①]为0.449，统计显著；单边误差LR检验的统计量为56.953，大于5%显著性水平下的临界值，表明无效率项u_{it}存在，模型效果较好。此外，2004~2014年城商行的平均技术效率为0.848，整体上呈逐年提高的变化态势。

---

① 变差率 $\gamma = \sigma_u^2 / (\sigma_u^2 + \sigma_v^2)$，表示单边误差占复合误差的比重。

由式（6.2）至式（6.5）计算 2005~2014 年城商行的技术效率变化、技术进步、规模效率变化和广义 Malmquist 全要素生产率指数，结果如表 6.4 所示。

表 6.4　样本期各类城商行年均广义 Malmquist 全要素生产率指数及其分解

控股股东类型		TEC		TC		SC		TFP	
		指数	合计	指数	合计	指数	合计	指数	合计
国有	地方政府职能部门	1.0017	1.0018	1.0287	1.0262	0.9888	0.9861	1.019	1.0138
	国有法人	1.0019		1.0248		0.9845		1.0108	
非国有	境内民营法人	1.0015	1.0018	1.027	1.0248	0.983	0.9825	1.0111	1.0084
	境外投资者	1.0014		1.0219		0.9818		1.0048	
总体		1.0017		1.0259		0.9853		1.0126	

从表 6.4 可以看出，样本期城商行的全要素生产率年均增长了 1.258%，其中，技术效率年均提高 0.175%，技术进步年均达 2.590%，规模效率年均下降 1.474%。由此可见，城商行全要素生产率的增长主要源于技术进步和技术效率提升，而它们尚不具有规模经济优势，未能运营于最佳规模之上导致其规模效率下降。进一步分析发现，样本期国有控股银行的全要素生产率略高于非国有控股银行，且地方政府直接控股的银行其全要素生产率最高。这可能是因为国有控股特别是地方政府直接持股的城商行能获得更多的向政府控制领域提供信贷资金的机会（刘阳等，2012），如向政府投融资平台类贷款等，增加了营业收入，表现出相对较高的产出效率。

6.3.2　回归模型估计结果与分析

本章按全样本、国有控股银行样本、非国有控股银行样本分别建立如式（6.6）的回归模型，运用 Stata 12.0 对各模型进行 OLS 估计，并采用 Bootstrap 法检验经营环境变量的系数在各模型间是否存在显著差异。

模型设定的 Hausman 检验显示，各模型均宜采用固定效应形式。经 Wald 检验和 Wooldridge 检验发现各模型均存在显著的异方差和组内自相关,因此,与第3章和第4章类似,本章在 OLS 估计的基础上,采用荷柯(Hoechle,2007)建议的 Driscoll-Kraay 标准差计算稳健性标准误。各模型的回归分析及 Bootstrap 法检验结果如表 6.5 所示。

表 6.5　　　　　经营环境对银行 TFP 的影响分析

变量	全样本 (1)[a]	全样本 (2)	国有控股银行样本 (1)	国有控股银行样本 (2)	非国有控股银行样本 (1)	非国有控股银行样本 (2)
STA	-0.0019 (0.0021)	-0.0019 (0.0021)	— —	— —	— —	— —
MAR	-0.0029*** (0.0009)	— —	-0.0036*** (0.0012)	— —	0.0088*** (0.0015)	— —
LAW	— —	-0.0003 (0.0002)	— —	-0.0005** (0.0002)	— —	0.0013*** (0.0003)
LI	0.0274*** (0.0059)	0.0231*** (0.0057)	0.0235*** (0.0064)	0.0157*** (0.0057)	0.0512*** (0.0091)	0.0427*** (0.0105)
ECA	0.0225** (0.0103)	0.0270*** (0.0100)	0.0235** (0.0100)	0.0307*** (0.0098)	-0.0046 (0.0396)	-0.0044 (0.0434)
LDR	0.0100*** (0.0030)	0.0090** (0.0038)	0.0096** (0.0037)	0.0073* (0.0040)	0.0063 (0.0147)	0.0006 (0.0169)
AQ	0.0007*** (0.0002)	0.0007*** (0.0002)	0.0006*** (0.0001)	0.0006*** (0.0001)	-0.0008*** (0.0002)	-0.0003 (0.0003)
CAR	-0.0214 (0.0139)	-0.0287* (0.0148)	-0.0179* (0.0105)	-0.0265** (0.0118)	-0.0073 (0.0449)	-0.0028 (0.0480)
FD	-0.0094*** (0.0024)	-0.0088*** (0.0025)	-0.0055 (0.0047)	-0.0042 (0.0045)	-0.0134** (0.0052)	-0.0196*** (0.0032)
SIZE	-0.0126*** (0.0013)	-0.0144*** (0.0011)	-0.0113*** (0.0019)	-0.0134*** (0.0017)	-0.0330*** (0.0044)	-0.0288*** (0.0042)
MBD	-0.0414*** (0.0107)	-0.0416*** (0.0103)	-0.0484*** (0.0154)	-0.0498*** (0.0139)	-0.0679*** (0.0297)	-0.0533* (0.0311)

续表

变量		全样本		国有控股银行样本		非国有控股银行样本	
		（1）	（2）	（1）	（2）	（1）	（2）
常数项		1.1643 ***	1.1652 ***	1.1517 ***	1.1532 ***	1.2729 ***	1.3122 ***
		（0.0088）	（0.0116）	（0.0142）	（0.0187）	（0.0385）	（0.0468）
观测值数		485	485	373	373	112	112
F 检验 P 值		0.0000	0.0000	0.0000	0.0000	0.0000	0.0000
R^2		0.5931	0.5873	0.5514	0.5429	0.7708	0.7624
VIF 均值		1.4600	1.5500	1.4500	1.5400	1.6300	1.7300
Hausman		0.0000	0.0004	0.0073	0.0638	0.0001	0.0002
Wald 检验		0.0000	0.0000	0.0000	0.0000	0.0000	0.0000
Wooldridge		0.0000	0.0000	0.0000	0.0000	0.0183	0.0128
经验 P 值[b]	MAR	—	—	0.0020 ***	—	—	—
	LAW	—	—	—	0.0100 ***	—	—
	LI	—	—	0.1940	0.2180	—	—

注：①括号内为 Driscoll-Kraay 标准误；② *** 、** 和 * 分别表示在 1%、5% 和 10% 的水平下显著。
a 由于变量 MAR 与 LAW 高度相关，为避免共线性，本章对它们分别进行回归分析。
b "经验 P 值"由对国有与非国有控股样本组采取自体抽样法（Bootstrap）随机抽样 1000 次获得。

从表 6.5 来看，各模型 R^2 均较高，F 检验显著，且绝大部分变量的解释能力较强，模型整体效果较好。另外，模型中各变量的方差膨胀因子均小于 10，表明不存在严重的共线性问题。对各变量与城商行 TFP 的关系分析如下：

（1）产权结构。表 6.5 中中国有控股变量的系数不显著。进一步将地方政府控股和国有法人控股变量同时纳入模型中时，这两个变量的系数均不显著。另外，将地方政府控股、国有法人控股、境内民营法人控股和境外投资者控股变量依次纳入模型中时，各模型中这些变量的系数同样不显著（见附录中附表 7 和附表 8）。表明控股股东产权性质和持股方式均与城商行的 TFP 无明显关系。这与李维安和曹廷求（2004）、王朝弟（2007）以及祝继高等（2012）的研究结果类似，说明单纯依靠产权结构多元化的银行业市场化改革方式可能难以达到改善商业银行经营效率的效果。

（2）法制环境。在全样本中，市场化总指数与城商行 TFP 呈显著的负向关系，而在子样本中，这种关系却出了结构性变化：总指数与国有控股银行的 TFP 显著负相关，但与非国有控股银行的 TFP 显著正相关，且 Bootstrap 法获得的经验 P 值为 0.2%，系数的组间差异显著。中介组织和法律环境与城商行 TFP 的关系与此类似。这表明市场化程度、法律环境对银行经营效率的影响因银行产权结构而异，健全的法制环境有助于减少非市场因素对非国有控股银行资产配置行为的干扰，却不利于国有控股银行按非市场方式配置资源，研究假设 1 得到了较好验证。

（3）竞争环境。无论是在全样本还是各子样本中，勒纳指数的系数均显著为正，且系数组间差异检验的经验 P 值均大于 10%，表明市场势力对银行经营效率具有明显的促进作用，并且作用效果不因银行产权结构而异。这与研究假设 2 相反，说明"平静生活"假设对我国商业银行不成立，且市场竞争未能作为银行业公司治理的外部因素发挥作用。同时，这也间接支持了"相对市场力量"假说，即在不完全竞争的市场环境中，市场势力越强的银行在应对经济环境变化、获得稀缺资源、影响政策实施以及市场价格制定等方面越具有优势（徐忠等，2009），从而能获取更高的收益。

（4）其他变量。总体而言，第一大股东的股权控制能力与 TFP 正相关，集中的产权结构有助于协调股东间，以及股东与管理层间的利益冲突（Laeven and Levine，2009），提升了银行经营效率。贷存比对 TFP 具有促进作用，在高利差的信贷环境中，银行增加信贷投放能有效提高经营收益。拨备覆盖率与 TFP 呈正向关系，资产质量越高或信贷风险覆盖得越充分的银行其生产效率越高。资本充足率对 TFP 具有抑制作用，这可能是因为样本期城商行的资本充足率大多处于 8% 的监管标准之上，提高资本充足率的资产配置成本超过了控制风险的潜在收益，最终导致银行经营效率损失。地区金融深度与 TFP 负相关，其可能的原因是，经济、金融发展好的地区是银行业竞争的焦点，四大国有银行和部分股份制银行不仅占据了较大的市场空间（Zhang et al.，2012b），而且还具备较强的扩展能力，激烈的市场竞争不利于处于相对弱势地位的城商行提高生产效率。此外，资产规模和业务多元化均与 TFP 具有负向关系，表明近年来城商行盲目扩大经营规模和发展尚不具备竞争优势的中间业务都造成了效率损失。

6.4 稳健性检验

按第一大股东类型将国有控股银行样本分为地方政府职能部门直接控股银行样本和通过国有法人控股银行样本，将非国有控股银行样本分为境内民营法人控股银行样本和境外投资者控股银行样本，分别对它们进行回归以检验本章结论的稳健性。结果如表 6.6 和表 6.7 所示。

表 6.6　产权结构、市场化总指数对银行经营效率影响的分样本分析

变量	政府职能部门	国有法人	境内民营法人	境外投资者
MAR	-0.0039 ***	-0.0030	0.0089 ***	0.0101 ***
	(0.0005)	(0.0019)	(0.0016)	(0.0020)
LI	0.0134 *	0.0485 ***	0.0750 ***	0.0660 ***
	(0.0076)	(0.0148)	(0.0205)	(0.0118)
ECA	-0.0291 **	-0.0105	0.0047	-0.1245 ***
	(0.0111)	(0.0148)	(0.0487)	(0.0214)
CAR	0.0421 ***	-0.0413 *	0.1465 **	-0.0416
	(0.0120)	(0.0206)	(0.0619)	(0.0289)
LDR	-0.0188 ***	0.0132 **	0.0237	-0.0260 ***
	(0.0049)	(0.0059)	(0.0177)	(0.0053)
AQ	-0.0005 **	0.0008 ***	-0.0008 ***	-0.0004
	(0.0002)	(0.0002)	(0.0002)	(0.0006)
FD	-0.0050	-0.0076	-0.0152	-0.0074
	(0.0042)	(0.0050)	(0.0117)	(0.0068)
SIZE	-0.0106 ***	-0.0122 ***	-0.0383 ***	-0.0273 ***
	(0.0017)	(0.0030)	(0.0060)	(0.0037)
MBD	-0.0737 ***	-0.0453 *	-0.0145	-0.1840 **
	(0.0184)	(0.0247)	(0.0549)	(0.0595)

续表

变量		政府职能部门	国有法人	境内民营法人	境外投资者
常数项		1.1682 ***	1.1496 ***	1.2657 ***	1.2397 ***
		(0.0146)	(0.0260)	(0.0539)	(0.0403)
观测值数		139	234	63	49
F 检验 P 值		0.0000	0.0000	0.0000	0.0000
R^2		0.7312	0.5268	0.8077	0.7994
Hausman 检验 P 值		0.1009	0.0118	0.1057	0.1965
VIF 均值		1.5400	1.5000	2.7900	3.2500
Wald 检验 P 值		0.0000	0.0000	0.0000	0.0000
Wooldridge 检验 P 值		0.2212	0.0000	0.0050	0.3083
经验 P 值	MAR	0.2920①	0.0200 **	0.4560	0.0210 **
	LI	0.2010	0.2980	0.5530	0.1200

注：①括号内为 Driscoll-Kraay 标准差；② *** 、** 和 * 分别表示在 1%、5% 和 10% 的水平下显著。

表 6.7　产权结构、中介组织与法律环境对银行经营效率影响的分样本分析

变量	政府职能部门	国有法人	境内民营法人	境外投资者
LAW	−0.0001	−0.0005 *	0.0013 ***	0.0022 ***
	(0.0001)	(0.0003)	(0.0003)	(0.0004)
LI	0.0065	0.0434 ***	0.0718 ***	0.0530 ***
	(0.0069)	(0.0132)	(0.0208)	(0.0092)
ECA	−0.0217 *	−0.0081	0.0044	−0.1479 ***
	(0.0127)	(0.0144)	(0.0515)	(0.0181)
CAR	0.0342 ***	−0.0467 **	0.1658 **	−0.0411
	(0.0105)	(0.0226)	(0.0693)	(0.0273)

① 每组的经验 P 值为该组与下一组的 Bootstrap 结果，境外投资者控股样本组的经验 P 值为该组与政府控股样本组的 Bootstrap 结果，下同。

续表

变量	政府职能部门	国有法人	境内民营法人	境外投资者
LDR	-0.0235***	0.0122**	0.0148	-0.0389***
	(0.0042)	(0.0053)	(0.0187)	(0.0080)
AQ	-0.0004**	0.0008***	-0.0005***	0.0004
	(0.0002)	(0.0002)	(0.0002)	(0.0005)
FD	-0.0063	-0.0062	-0.0220**	-0.0175**
	(0.0054)	(0.0052)	(0.0097)	(0.0071)
SIZE	-0.0151***	-0.0134***	-0.0343***	-0.0257***
	(0.0012)	(0.0026)	(0.0058)	(0.0033)
MBD	-0.0641***	-0.0499*	-0.0082	-0.2200***
	(0.0175)	(0.0257)	(0.0543)	(0.0531)
常数项	1.1920***	1.1453***	1.3092***	1.3209***
	(0.0128)	(0.0305)	(0.0616)	(0.0380)
观测值数	139	234	63	49
F检验P值	0.0000	0.0000	0.0000	0.0000
R^2	0.7165	0.5242	0.7976	0.8238
Hausman检验P值	0.3346	0.0211	0.1741	0.2514
VIF均值	1.6900	1.5800	2.7900	3.3100
Wald检验P值	0.0000	0.0000	0.0000	0.0000
Wooldridge检验P值	0.1907	0.0000	0.0038	0.3254
经验P值 LAW	0.6440	0.0360**	0.2380	0.0280**
经验P值 LI	0.1700	0.2960	0.6370	0.1730

注：①括号内为Driscoll-Kraay标准差；② ***、**和*分别表示在1%、5%和10%的水平下显著。

从表6.6和表6.7可以看出，法制环境变量的系数在地方政府职能部门和国有法人两组样本中均为负；而在境内民营法人和境外投资者两组样本中均显著为正。系数组间差异检验结果显示，地方政府职能部门与国有法人两组样本间，以及境内民营法人与境外投资者两组样本间的经验P值均大于10%；但国有法人与境内民营法人两组样本间，以及地方政府职能部门与境外投资者两组样本间的经验P值均小于5%。这说明法制环境对国有与非国有控股银行经营效率的影响存在显著差异，但对同一产权性质下不同持股方式银行经营效率的作用却无明显区别。竞争环境变量的系数在各组样本中均为正，且经验P值都大于10%，表明市场势力对银行经营效率的促进作用不因银行产权结构而异。以上分析显示本章的研究结论稳健。

6.5 本章小结

本章从经营效率层面考量银行的信贷资金配置效率，从法律和制度环境、市场竞争环境两个方面衡量银行的外部经营环境，并将银行内部产权结构、外部经营环境与经营效率纳入同一研究框架中，在理论分析银行产权结构、经营环境影响银行经营行为的路径或机理的基础上，采用2005～2014年我国78家城商行的数据，测算银行经营效率，实证研究产权结构、经营环境对银行经营效率的影响，并采用自体抽样法研究产权结构对经营环境与银行经营效率关系的调节作用。

本章的研究发现：第一，总体而言，样本期我国城商行的经营效率因技术进步和技术效率提升而逐年增长，但它们未能运营于最佳规模之上，其规模效率相对较低；国有控股银行因具有更多地向政府控制的领域提供贷款的机会，其经营效率略高于非国有控股银行，且地方政府直接控股的银行其经营效率最高。第二，国有控股与非国有控股银行之间，以及地方政府职能部门控股、国有法人控股、境内民营法人控股和境外投资者控股银行之间的经营效率无显著差异，控股股东的产权性质以及持股方式对银行经营效率无明显影响。第三，法律和制度环境对银行经营效率的影响因银行的产权结构而异，健全的法制环境有助于改善非国有控股银行的经营效率，却不利于国有控股银行经营效率的提升。第四，激烈的市场竞争不利于银行经营效率的提升，且市场竞争环境与银行经营效率的关系不因银行产权结构而已。

本章的研究表明：提高银行经营效率，不但应持续优化银行的产权结构，强化内部治理机制，而且还须营造良好的法律和制度环境，减少政府对经济主体经营行为的干预，提高合同执行效力，内外兼修才能更好地促使银行按市场原则配置信贷资金。同时，我国银行业市场化改革应更侧重于激发市场的竞争活力，以促使市场竞争因素能够作为银行业公司治理的外部机制。

第7章
银行产权对风险结构的影响

银行自身持续健康发展并更好地服务于实体经济的基本前提是其风险能得到有效控制，衡量银行信贷资金配置效率的重要依据也在于其贷款行为是否增加了经营风险。因此，无论是金融监管还是银行自身的经营发展，防范和化解风险是永恒的主题。然而，随着经济的快速发展和金融领域改革的深入，我国银行业的潜在风险日益扩大，防控风险的难度将逐步增加，主要表现为：首先，利率管制的全面放开使银行稳定的存贷利差收益日趋萎缩，银行的冒险动机更加强烈；其次，互联网金融等新金融业态的兴起将使市场竞争愈加激烈，银行面临的经营环境更为复杂，经营不确定性增加；最后，存款保险制度的建立使风险担保机制显性化，银行风险更易暴露。

产权结构的变化势必影响银行的风险偏好和风险管控策略，从而导致银行风险存在差异。因此，有效防范和控制银行风险需要事先对银行风险进行甄别，在此基础上，有针对性地采取风险控制策略，精准实施风险管理措施。那么，银行产权会对风险造成怎样的影响？其传导路径或作用方式是怎样的？对这些问题的深入认识有助于有的放矢地防范或化解银行业金融风险，也有利于银行业产权结构改革的深入，增强银行的持续发展能力并促使其为实体经济提供更高效、优质的金融服务。

本章以 Z 值度量银行破产风险，并将其分解为资产组合风险和杠杆风险，在此基础上，建立动态面板模型，采用 2010~2016 年我国商业银行的数据和系统广义矩估计方法，研究控股股东的产权性质、持股方式和前十大股东中各类产权性质的股份比例与银行各类风险的关系，以期从风险结构层面探究银行产权影响破产风险的作用路径。

本章其他部分的内容安排如下：第 7.1 节说明银行风险的计量及分解，介绍变量及样本的选取，描述实证模型及估计方法；第 7.2 节分析说明实证研究结果；第 7.3 节进一步分析控股股东持股方式及前十大股东中各类产权性质的股份比例对银行风险结构的影响；第 7.4 节总结本章的研究。

7.1 研究设计

7.1.1 变量设定

（1）银行破产风险的计量与分解。参考莱皮蒂等（Lepetit et al., 2008）的研究，以资不抵债表示银行破产，① 则破产风险为银行资本不能抵补亏损的可能性，即银行破产风险等于亏损超过净资产的概率：$P(\pi - E \leq 0)$。其中，π 为银行净利润，E 为核心资本。为便于分析，分别对它们进行除以资产总额（A）的标准化处理，则银行破产风险为：

$$P(\pi \leq -E) = P(r \leq -k) = \int_{-\infty}^{-k} F(r) \mathrm{d}r \tag{7.1}$$

其中，$r = \pi/A$，为银行总资产收益率，$k = E/A$，为银行杠杆率。

假设银行利润服从均值为 μ、方差为 σ^2 的正态分布，其概率密度函数

---

① 在国内外文献中，Z 值是广泛采用的度量银行破产风险的指标。同时，随着我国银行业市场退出机制的逐步建立和存款保险制度的日趋完善，研究银行破产风险也具有较强的现实意义。

为 $F(r)$，根据切比雪夫不等式，则有：

$$P(r \leqslant -k) \leqslant \frac{\sigma^2}{(\mu+k)^2} = \frac{1}{Z^2} \quad (7.2)$$

即：

$$Z = \frac{\mu+k}{\sigma} \quad (7.3)$$

其中，Z 即为银行破产风险，Z 值越大，银行资不抵债的概率越低，破产风险越小。

由上述关于 Z 值的计算过程可知，银行破产风险实质由经营不确定性和银行对经营不确定性的覆盖能力构成。借鉴采用莱皮蒂等（Lepetit et al., 2008）的方法，将 Z 值进一步分解为（μ/σ）和（k/σ），前者为资产组合风险，表示银行强化资源配置、优化资产组合而降低的经营不确定性，该值越小，表明银行盈利能力越差，未能有效抵御经营风险而导致的破产概率越高。后者为杠杆风险，表示银行通过增加自有资本、提高资本资产比而覆盖的经营风险，该值越小，表明银行资产过度扩张以至于资本不能有效覆盖经营波动而造成的破产风险越大。

另外，考虑到数据的可获得性，本章定义 μ、σ 和 k 分别为银行总资产收益率的三年均值、标准差和银行杠杆率的三年均值。

（2）银行产权变量的确定。按第一大股东的产权性质分为国有控股银行和非国有控股银行，并进一步对国有控股银行按第一大股东持股方式分为政府职能部门控股银行和国有企业控股银行，本章按第一大股东的产权性质和持股方式设置银行产权虚拟变量。此外，本章还按前十大股东中国有股比例、非国有股比例和前十大股东中外资股比例设置银行产权比例变量。

（3）控制变量的选取。银行风险不仅受产权结构的影响，而且还与银行经营状况、宏观经营环境等因素相关。借鉴国内外关于银行风险的相关研究，选取银行第一大股东控股能力、资产规模、资产配置情况、资产质量、业务多元化、资本充足性以及经济发展速度、金融深度作为控制变量。

各变量的定义及计算方式如表 7.1 所示。

表 7.1　变量定义

变量名称	变量标识	计算方式
破产风险	R_1	ln[（总资产收益率 + 杠杆率）/总资产收益率的标准差]
资产组合风险	R_2	ln（总资产收益率/总资产收益率的标准差）
杠杆风险	R_3	ln（杠杆率/总资产收益率的标准差）
第一大股东是否国有性质	P_1	虚拟变量，若第一大股东是国有性质，取值为 1；否则为 0
第一大股东是否政府职能部门	P_2	虚拟变量，若第一大股东是政府职能部门，取值为 1；否则为 0
第一大股东是否国有企业	P_3	虚拟变量，若第一大股东是国有企业，取值为 1；否则为 0
前十大股东中国有股比例	P_4	前十大股东中国有股合计/前十大股东股份合计
前十大股东中非国有股比例	P_5	前十大股东中非国有股合计/前十大股东股份合计
前十大股东中外资股比例	P_6	前十大股东中外资股合计/前十大股东股份合计
第一大股东控股能力	ECA	第一大股东持股比例 – 第二大股东持股比例
资产规模	AS	ln（资产总额）
资产配置	AD	贷款总额/存款总额
资产质量	AQ	不良贷款/贷款总额
业务多元化	BD	其他业务收入/营业收入
资产充足率	CAR	总资本/风险加权资产
经济发展速度	$GDPgr$	GDP 增长率
金融深度	FD	人民币贷款总额/社会融资总额

7.1.2　数据来源与样本描述

本章选取 2010~2016 年我国商业银行为研究样本。剔除数据不全样本后共获得 83 家银行 581 个观测值，其中，第一大股东为国有性质的观测值数 455 个（第一大股东为政府职能部门和国有企业的观测值数分别为 127 个和 328 个），第一大股东为非国有性质的观测值数 126 个。数据来源于各商业银行年报和统计年鉴。变量的描述性统计如表 7.2 所示。

表 7.2　　　　　　　　　变量描述性统计

变量	均值	方差	最小值	最大值
P_4	0.5372	0.2647	0.0000	1.0000
P_5	0.4628	0.2647	0.0000	1.0000
P_6	0.0658	0.1178	0.0000	0.5183
ECA	0.0917	0.1401	0.0000	0.8201
AS	12.3937	1.6212	9.7148	16.9993
AD	0.6400	0.1179	0.0065	0.9710
AQ	0.0144	0.0514	0.0002	1.1729
BD	0.1583	0.1208	−0.0728	0.8783
CAR	0.1287	0.0168	0.0690	0.2609
GDP_{gr}	0.0810	0.0133	0.0670	0.1060
FD	0.6014	0.0778	0.5135	0.7315

总体而言，样本期第一大股东为国有性质的银行数量和政府持股的银行数量均逐年下降，表明随着我国银行业股权结构改革的深入，商业银行的产权结构逐渐多元化，国有股权的持有方式也更加市场化。同时，样本期前十大股东中国有股比例呈先降后升的变化趋势，而外资股比例却逐年下降，表明近年来，民间资本对银行的投资在逐步扩大，但国外资本并没有随银行股本的增大而增加。

另外，样本期我国银行的资产规模和业务多元化程度均逐年增加，但以不良贷款率表示的资产质量却逐年下降，资本充足率整体上也呈下降趋势，表明当前商业银行的资产质量和风险抵御能力未能适应其经营规模快速扩大、新兴业务迅速发展的需要，发展质量较差。限于篇幅，对其他变量的统计特征文中不再赘述。

7.1.3　实证模型与估计方法

德米尔古克-昆特和惠津加（Demirgüc-Kunt and Huizinga，2010）指出，银行风险具有延续性，商业银行会根据前期的风险状况调整经营策略。

钮（Niu，2012）等的研究也表明，考虑前期风险因素的动态模型能更好地反映银行的风险特征。另外，银行产权对经营管理决策及其效果的影响具有时滞性，产权变动可能不会及时影响银行的经营决策，或者不会明显影响银行当期的经营效果，而是影响以后各期的经营管理行为。① 鉴于此，本章建立如下的动态面板模型分析银行产权对风险结构的影响。

$$R_{j,i,t} = \beta_0 + \beta_1 \text{lag}R_{j,i,t} + \beta_2 \text{lag}P_{j,i,t} + \beta_3 \text{lag}ECA_{i,t} + \beta_4 AS_{i,t} + \beta_5 AD_{i,t}$$
$$+ \beta_6 AQ_{i,t} + \beta_7 BD_{i,t} + \beta_8 CAR_{i,t} + \beta_9 GDPgr_{i,t} + \beta_{10} FD_{i,t} + \varepsilon_{i,t} \quad (7.4)$$

其中，i 为第 i 家银行，t 为第 t 年，lagECA 为 EAC 的滞后一期，ε 为随机误差项。在各模型中，R_j 分别为 R_1、R_2、R_3，lagR_j 为 R_j 的滞后一期；P_j 分别为 P_1、P_2、P_3、P_4、P_5、P_6，lagP_j 为 P_j 的滞后一期。

由于以被解释变量的滞后项作为解释变量会使模型存在内生性，采用面板数据固定效应或随机效应方法得到的估计量将是非一致且有偏的，由其推导的经济含义也将扭曲。为解决此问题，并考虑到本章的样本数据特征，采用系统广义矩估计（SYS-GMM）方法估计式（7.4）。

7.2 实证结果及分析

7.2.1 银行风险计算结果及分解

根据式（7.1）至式（7.3）计算 2010~2016 年我国银行的破产风险、资产组合风险及杠杆风险，结果如表 7.3 和表 7.4 所示。

表 7.3　　　　　　2010~2016 年我国银行经营风险均值

年份	破产风险	资产组合风险	杠杆风险
2010	3.9010	2.0165	3.7237
2011	4.1100	2.2376	3.9344

---

① 本章采用当期的产权相关变量进行回归的结果显示，产权相关变量均不显著，这也为此提供了经验证据。

续表

年份	破产风险	资产组合风险	杠杆风险
2012	4.5222	2.6668	4.3394
2013	4.8776	2.9937	4.7004
2014	4.7709	2.8192	4.6061
2015	4.4629	2.4352	4.3145
2016	4.3270	2.2136	4.1910

表7.4　　　　不同产权性质银行的经营风险项对比分析

项目	破产风险			资产组合风险			杠杆风险		
	总体	国有银行	非国有银行	总体	国有银行	非国有银行	总体	国有银行	非国有银行
均值	4.4245	4.4213	4.4355	2.4832	2.4807	2.4920	4.2585	4.2548	4.2713
T检验P值	—	0.8822		—	0.9049		—	0.8636	

从表7.3可以看出，样本期我国商业银行的破产风险主要来源于杠杆风险。且以2013年为界，银行的破产风险及资产组合风险、杠杆风险均呈现出先降后升的变动趋势，表明近年来随着利率市场化改革的深入、金融脱媒的加速，以及互联网金融等新兴金融业态的兴起，银行业的经营环境更为复杂，经营不确定性因素不断增加，市场竞争日趋激烈，商业银行的经营稳健性有所减弱，经营风险正逐步累积。

进一步从不同产权性质银行的经营风险的对比来看（见表7.4），样本期我国国有控股银行和非国有控股银行的破产风险、资产组合风险以及杠杆风险的均值都大致相当，T检验结果也显示，两类银行的各类风险均无显著差异，表明不同产权性质银行的经营风险无明显差异。

7.2.2　回归模型估计结果及分析

采用Stata 12.0进行SYS-GMM估计，结果如表7.5所示。

表 7.5 第一大股东是否国有与银行破产风险、资产组合风险、杠杆风险的回归结果

变量	破产风险 Coef	破产风险 Std. Err	资产组合风险 Coef	资产组合风险 Std. Err	杠杆风险 Coef	杠杆风险 Std. Err
$lagR_1$	0.5057***	0.0493	—	—	—	—
$lagR_2$	—	—	0.5638***	0.0500	—	—
$lagR_3$	—	—	—	—	0.5039***	0.0492
$lagP_1$	−0.1681*	0.0905	−0.1424	0.0903	−0.1692*	0.0906
$lagECA$	−0.0016	0.0025	−0.0033	0.0025	−0.0013	0.0025
AS	0.0794***	0.0246	0.1028***	0.0258	0.0757***	0.0245
AD	−0.6712*	0.3561	−1.0621***	0.3525	−0.6303*	0.3568
AQ	−0.9960	0.7285	−1.2713*	0.7239	−0.9544	0.7295
BD	0.3462	0.3572	0.3880	0.3579	0.3501	0.3574
CAR	−0.0035	0.0269	−0.0127	0.0269	−0.0032	0.0270
$GDPgr$	−0.0859*	0.0467	−0.0311	0.0463	−0.0906*	0.0468
FD	−0.0288***	0.0049	−0.0329***	0.0049	−0.0278***	0.0050
常数项	4.2660***	0.7637	3.0344***	0.7365	4.1830***	0.7620
F_(P)	0.0000		0.0000		0.0000	
AR(1)_(P)	0.0000		0.0000		0.0000	
AR(2)_(P)	0.4330		0.4350		0.4590	
Sargan_(P)	0.2340		0.5740		0.1990	

注：***、**和*分别表示在1%、5%和10%的水平下显著。

对式（7.4）的估计发现，被解释变量滞后项的GMM估计值介于混合最小二乘法和固定效应估计值之间，表明采用GMM估计本章的动态面板模型较为有效（Bond and Windmeijer，2002）。同时，GMM估计显示，在1%的显著性水平下，AR(1)检验拒绝原假设，而AR(2)检验、Sargan检验和Hansan检验均不能拒绝原假设，F统计量显著，表明模型残差存在一阶序列相关而不存在显著的二阶序列相关，解释变量和工具变量选择有效，说明本章的动态面板模型设定和变量选择均较为合理。

基于模型估计结果,对各变量与银行风险结构关系的分析如下:

(1) 银行产权性质。滞后一期的银行第一大股东产权性质与破产风险、杠杆风险变量均呈显著的负向关系,而与资产组合风险的关系不显著。说明产权性质主要通过银行杠杆风险影响其破产风险,且这种影响具有时滞性。国有控股银行的破产风险和杠杆风险均明显高于非国有控股银行,而对于资产组合风险,二者却无明显差异。表明国有控股银行的承担"政治任务"和"所有者缺位"情况并没有导致较非国有控股银行更多的资产组合风险,也不构成其破产风险的主要来源。但国有控股银行在国有产权制度保障下,存在对国家信用担保或政府救助的预期和依赖,资本不能有效覆盖经营波动而形成的杠杆风险更大,导致的破产风险也更明显。与此相对应,缺乏国有产权制度保障的非国有控股银行则更加审慎,资本对经营风险的覆盖能力更强。

(2) 银行个体特征。各风险变量滞后一期的系数均显著为正,表明银行会根据前期的风险状况调整风险管理策略,银行风险具有明显的延续性。资产规模与各类风险变量均具有显著的正向关系,这与福隆和关(Furlong and Kwan, 2006)的"银行太大而不容易倒闭"观点较为一致,说明规模越大的银行其抗风险能力越强,经营的稳健性越好。在各风险模型中,资产配置状况变量的系数均显著为负,贷款占存款的比例越高,银行的风险越大,表明随着利率市场化等银行业改革的深入和金融脱媒的加速,银行的存贷利差逐步收窄,将资产更多地配置于传统的存贷业务可能会增大其经营的不确定性。

在各模型中,第一大股东控股能力的系数均不显著,表明股东的股权控制能力对银行风险没有明显影响。资产质量与银行各类风险的关系不显著,这可能是因为本章以不良贷款率作为资产质量的指标,虽然近年来我国商业银行的不良贷款快速攀升,但贷款损失准备计提较为充分,银行对不良贷款风险的抵御能力较强,尚未对其破产风险及其组成部分构成明显影响。业务多元化与银行各类风险的关系不显著,表明我国银行的非存贷业务尚处于摸索和成长阶段,且规模较小,其对银行各类风险的影响尚不明确。资本充足率与银行各类风险的关系也不显著,究其原因,可能是本章以银行亏损超过净资产的概率度量风险,而资本充足率表示银行资本对风险加权资产的覆盖能力,在我国银行目前的经营模式下,风险加权资产与经营亏损可能尚无明显的关系。

（3）经营环境。总体而言，经济发展速度和金融深度均与银行各类风险变量具有显著的负向关系，表明在投资驱动型经济发展模式中和经济体对信贷资金高度依赖的背景下，经济发展速度越快，银行贷款占社会融资总额的比重越大，银行经营更容易受经济政策、经济周期、经济发展质量等宏观因素的影响，收益的稳定性更差，风险愈加集中。

7.2.3 进一步分析

现有文献主要从控股股东的产权性质层面研究银行产权与风险的关系，较少关注银行股份中不同产权性质股份的比例、股东的股权持有方式等产权结构对银行风险的影响，这不利于我们全面认识产权与银行风险的关系。鉴于此，本章从第一大股东的持股方式和前十大股东中各类产权性质的股份比例两个方面分析银行产权对风险结构的影响，以进一步丰富关于产权与银行风险关系的研究，并增强上述研究结论的稳健性。

7.2.3.1 持股方式对银行风险结构的影响

将国有控股银行按第一大股东的股权持有方式细分为政府职能部门控股银行和国有企业控股银行，分析它们与非国有控股银行在风险控制方面的差异，研究持股方式对银行风险结构的影响，结果如表7.6和表7.7所示。

表7.6　　　第一大股东为政府职能部门与银行破产风险、
资产组合风险、杠杆风险的回归结果

变量	破产风险		资产组合风险		杠杆风险	
	Coef	Std. Err	Coef	Std. Err	Coef	Std. Err
$\text{lag}R_1$	0.6570***	0.0709	—	—	—	—
$\text{lag}R_2$	—	—	0.5742***	0.0773	—	—

续表

变量	破产风险 Coef	破产风险 Std. Err	资产组合风险 Coef	资产组合风险 Std. Err	杠杆风险 Coef	杠杆风险 Std. Err
lagR_3	—	—	—	—	0.6646***	0.0703
lagP_2	-0.1885*	0.1134	-0.1381	0.1027	-0.1921*	0.1145
lagECA	0.0061	0.0118	-0.0005	0.0107	0.0066	0.0119
AS	0.0174	0.0416	0.0652*	0.0386	0.0137	0.0420
AD	0.0032	0.5115	-0.4325	0.4618	0.0439	0.5160
AQ	-5.2616	7.7462	-9.9812	7.0064	-4.8402	7.8126
BD	0.5842	0.4308	0.3836	0.3913	0.5957	0.4345
CAR	0.0260	0.0483	0.0114	0.0450	0.0278	0.0487
$GDPgr$	-0.0429	0.0674	-0.0249	0.0613	-0.0447	0.0680
FD	-0.0223***	0.0075	-0.0240***	0.0067	-0.0215***	0.0075
常数项	2.7576**	1.2918	2.2285*	1.1511	2.6264**	1.2947
F_(P)	0.0000		0.0000		0.0000	
AR(1)_(P)	0.0000		0.0000		0.0000	
AR(2)_(P)	0.8370		0.9080		0.8160	
Sargan_(P)	0.1980		0.1990		0.1880	

注：***、**和*分别表示在1%、5%和10%的水平下显著。

表7.7　　　第一大股东为国有企业与银行破产风险、资产组合风险、杠杆风险的回归结果

变量	破产风险 Coef	破产风险 Std. Err	资产组合风险 Coef	资产组合风险 Std. Err	杠杆风险 Coef	杠杆风险 Std. Err
lagR_1	0.4898***	0.0557	—	—	—	—
lagR_2	—	—	0.5326***	0.0575	—	—
lagR_3	—	—	—	—	0.4914***	0.0553
lagP_3	-0.1671*	0.1011	-0.1510	0.0994	-0.1680*	0.1014
lagECA	-0.0018	0.0027	-0.0034	0.0027	-0.0016	0.0027
AS	0.0768***	0.0295	0.1110***	0.0306	0.0721**	0.0295

续表

变量	破产风险 Coef	Std. Err	资产组合风险 Coef	Std. Err	杠杆风险 Coef	Std. Err
AD	-0.7933*	0.4476	-1.1485***	0.4354	-0.7670*	0.4493
AQ	-0.9883	0.7797	-1.2175	0.7627	-0.9584	0.7823
BD	0.1252	0.4372	0.2094	0.4343	0.1370	0.4383
CAR	0.0030	0.0326	-0.0060	0.0322	0.0052	0.0328
GDPgr	-0.1180**	0.0565	-0.0602	0.0552	-0.1224**	0.0567
FD	-0.0304***	0.0059	-0.0341***	0.0058	-0.0294***	0.0060
常数项	4.7644***	0.9319	3.3126***	0.8854	4.6613***	0.9316
F_(P)	0.0000		0.0000		0.0000	
AR(1)_(P)	0.0000		0.0000		0.0000	
AR(2)_(P)	0.4140		0.4160		0.4450	
Sargan_(P)	0.3210		0.6040		0.2890	

注：***、**和*分别表示在1%、5%和10%的水平下显著。

从表7.6和表7.7可以看出，在破产风险和杠杆风险模型中，政府职能部门控股和国有企业控股变量的系数均显著为负，而在资产组合风险模型中，它们的系数均不显著。表明无论是政府职能部门控股银行还是国有企业控股银行，它们的杠杆风险和破产风险均明显高于非国有控股银行，而对于资产组合风险，它们均无明显差异。说明产权性质对银行破产风险的影响及其传导路径均不会因股东控股方式的变化而改变，同时也说明本章关于产权性质与银行风险结构关系的研究结论是稳健的。

7.2.3.2 产权比例对银行风险结构的影响

鉴于较难获取银行全部股份中不同产权性质股份比例的数据，本章统计前十大股东中国有和非国有股份的比例，并进一步统计前十大股东中外资股比例，将它们作为产权比例变量以分析其与银行风险结构的关系，结果如表7.8至表7.10所示。

表 7.8　　　　前十大股东中国有股比例与银行破产风险、
　　　　　　　资产组合风险、杠杆风险的回归结果

变量	破产风险 Coef	破产风险 Std. Err	资产组合风险 Coef	资产组合风险 Std. Err	杠杆风险 Coef	杠杆风险 Std. Err
$lagR_1$	0.5049 ***	0.0493	—	—	—	—
$lagR_2$	—	—	0.5604 ***	0.0498	—	—
$lagR_3$	—	—	—	—	0.5037 ***	0.0492
$lagP_4$	-0.1093	0.1533	-0.0865	0.1529	-0.1075	0.1534
$lagECA$	-0.0016	0.0027	-0.0033	0.0027	-0.0013	0.0027
AS	0.0782 ***	0.0255	0.1020 ***	0.0267	0.0743 ***	0.0254
AD	-0.6309 *	0.3569	-1.0375 ***	0.3532	-0.5886 *	0.3576
AQ	-0.9846	0.7291	-1.2647 *	0.7237	-0.9426	0.7303
BD	0.3982	0.3578	0.4366	0.3583	0.4031	0.3580
CAR	-0.0059	0.0267	-0.0163	0.0266	-0.0055	0.0268
$GDPgr$	-0.0833 *	0.0467	-0.0290	0.0462	-0.0879 *	0.0468
FD	-0.0288 ***	0.0050	-0.0329 ***	0.0049	-0.0278 ***	0.0050
常数项	4.1840 ***	0.7585	2.9924 ***	0.7305	4.0963 ***	0.7573
F_(P)	0.0000		0.0000		0.0000	
AR（1）_(P)	0.0000		0.0000		0.0000	
AR（2）_(P)	0.4020		0.4310		0.4270	
Sargan_(P)	0.1880		0.5100		0.1580	

注：*** 、** 和 * 分别表示在 1%、5% 和 10% 的水平下显著。

表 7.9　　　　前十大股东中非国有股比例与银行破产风险、
　　　　　　　资产组合风险、杠杆风险的回归结果

变量	破产风险 Coef	破产风险 Std. Err	资产组合风险 Coef	资产组合风险 Std. Err	杠杆风险 Coef	杠杆风险 Std. Err
$lagR_1$	0.5049 ***	0.0493	—	—	—	—
$lagR_2$	—	—	0.5604 ***	0.0498	—	—
$lagR_3$	—	—	—	—	0.5037 ***	0.0492

续表

变量	破产风险 Coef	Std. Err	资产组合风险 Coef	Std. Err	杠杆风险 Coef	Std. Err
$lagP_5$	0.1093	0.1533	0.0865	0.1529	0.1076	0.1534
$lagECA$	-0.0016	0.0027	-0.0033	0.0027	-0.0013	0.0027
AS	0.0782***	0.0255	0.1020***	0.0267	0.0743***	0.0254
AD	-0.6309*	0.3569	-1.0375***	0.3532	-0.5887*	0.3577
AQ	-0.9846	0.7291	-1.2647*	0.7237	-0.9426	0.7303
BD	0.3982	0.3578	0.4366	0.3583	0.4031	0.3580
CAR	-0.0059	0.0267	-0.0163	0.0266	-0.0055	0.0268
$GDPgr$	-0.0833*	0.0467	-0.0290	0.0462	-0.0879*	0.0468
FD	-0.0288***	0.0050	-0.0329***	0.0049	-0.0278***	0.0050
常数项	4.0747***	0.7669	2.9059***	0.7406	3.9887***	0.7661
$F\_(P)$	0.0000		0.0000		0.0000	
$AR(1)\_(P)$	0.0000		0.0000		0.0000	
$AR(2)\_(P)$	0.4020		0.4310		0.4270	
$Sargan\_(P)$	0.1880		0.5100		0.1580	

注：***、**和*分别表示在1%、5%和10%的水平下显著。

表7.10　　前十大股东中外资股比例与银行破产风险、
资产组合风险、杠杆风险的回归结果

变量	破产风险 Coef	Std. Err	资产组合风险 Coef	Std. Err	杠杆风险 Coef	Std. Err
$lagR_1$	0.5033***	0.0496	—		—	
$lagR_2$	—		0.5592***	0.0501	—	
$lagR_3$	—		—		0.5025***	0.0495
$lagP_6$	0.6425**	0.3083	0.4205	0.3058	0.6700**	0.3091
$lagECA$	-0.0014	0.0025	-0.0033	0.0025	-0.0011	0.0025
AS	0.0604**	0.0252	0.0899***	0.0262	0.0559**	0.0251
AD	-0.5299	0.3532	-0.9520***	0.3489	-0.4874	0.3541

续表

变量	破产风险 Coef	破产风险 Std. Err	资产组合风险 Coef	资产组合风险 Std. Err	杠杆风险 Coef	杠杆风险 Std. Err
AQ	-0.9615	0.7282	-1.2460*	0.7231	-0.9194	0.7294
BD	0.3889	0.3526	0.4278	0.3517	0.3928	0.3529
CAR	-0.0050	0.0269	-0.0142	0.0269	-0.0046	0.0270
$GDPgr$	-0.0909*	0.0468	-0.0347	0.0464	-0.0956**	0.0469
FD	-0.0286***	0.0049	-0.0328***	0.0049	-0.0275***	0.0049
常数项	4.2795***	0.7633	3.0275***	0.7343	4.1959***	0.7618
$F\_(P)$	0.0000		0.0000		0.0000	
$AR(1)\_(P)$	0.0000		0.0000		0.0000	
$AR(2)\_(P)$	0.3930		0.4300		0.4160	
$Sargan\_(P)$	0.1430		0.4820		0.1170	

注：***、**和*分别表示在1%、5%和10%的水平下显著。

从表7.8至表7.10可以看出，前十大股东中国有和非国有股份比例与银行各类风险的关系均不显著，而前十大股东中外资股比例的系数在破产风险和杠杆风险模型中均显著为正。表明前十大股东中国有和非国有股份比例的变化对银行各类风险均无明显影响，但外资股份比例的增加却能有效降低银行的破产风险，且这种影响也主要通过降低银行杠杆风险实现的。同时，结合上述关于控股股东产权性质与银行风险关系的分析结果可以看出，在我国现行的银行公司治理机制中，风险控制等经营管理策略的制定与实施主要依赖于控股股东，其他股东的作用相对较小。

7.3 本章小结

本章将银行破产风险分解为资产组合风险和杠杆风险，建立动态面板模型，并采用2010~2016年我国83家银行的数据和系统广义矩估计方法，实证分析银行产权结构与破产风险及其组成部分之间的关系，探究银行产权结构影响经营风险的路径与方式。

本章的研究发现：第一，样本期我国银行的破产风险主要来源于杠杆风险，且破产风险、资产组合风险和杠杆风险均呈现出先降后升的变动趋势。第二，银行产权结构主要通过杠杆风险影响破产风险，国有控股银行的破产风险和杠杆风险均明显高于非国有控股银行，但资产组合风险在国有控股银行与非国有控股银行之间无明显差异；银行产权结构对杠杆风险和破产风险的影响具有时滞性。第三，产权性质对银行破产风险的影响及传导路径均不会因控股股东的股权持有方式而已，政府职能部门控股银行和国有企业控股银行的杠杆风险和破产风险均明显高于非国有控股银行，而对于资产组合风险，二者均无明显差异。第四，前十大股东中国有和非国有股份比例的变化对银行破产风险、资产组合风险和杠杆风险均无显著影响；前十大股东中外资股份比例的增加能有效降低银行杠杆风险，从而降低破产风险，但不会明显改变银行的资产组合风险。

本章的研究表明：产权结构的多元化会导致银行经营风险的差异化，国有控股的银行因国家出资并控股而存在对国家信用担保的依赖或政府救助的预期，资产过度扩张以至于资本不能有效覆盖经营波动而造成的杠杆风险更大，导致其破产风险更高。因此，为促使银行持续健康发展并更好地服务于实体经济，需要有的放矢地制定风险防范策略，精准实施风险管理措施。当前，需重点强化对国有控股银行的资本监管，降低其杠杆风险以防范和控制破产风险。同时，需进一步强化银行公司治理，加强除控股股东外其他股东在银行风险控制和经营管理中的作用。

第8章
研究结论与政策建议

8.1 研究结论

自2008年全球金融危机以来，我国经济增长速度快速下滑，投资、消费、出口等传统经济增长动力对经济的拉动作用逐渐减弱，粗放型经济发展方式与新经济形势的矛盾日益突出，实体经济供给端"高库存、高杠杆、产能过剩"等结构性问题日趋突出。为解决我国经济发展过程中长期积累的深层次矛盾和结构性问题，转变经济发展方式、优化经济结构、转换增长动力，以为全面建成小康社会奠定良好的经济基础，2015年底，中央作出了供给侧结构性改革的战略部署，拉开了经济领域新一轮深化改革的序幕。供给侧结构性改革是一项长期、复杂的系统工程，需要从多领域、多层面均衡用力。对银行业而言，需要优化信贷资金配置，以为实体经济发展提供优质、高效的金融服务，同时也需要提高银行的经营能力和风险管理能力，以促使其自身的持续健康发展。

在此背景下，银行信贷资金低效配置是否在资金供应层面导致了我国实体经济供给侧结构性问题？银行产权结构不合理是否造成了信贷资金的低效配置？产权结构会对银行的经营效率和经营风险产生怎样的影响？应如何优化银行的产权结构以为实体经济发展提供优质高效的金融服务，并促进银行自身的持续健康发展？这些问题是理论界和实务界广泛关注的话题。本书在评析现有文献、梳理我国银行产权结构改革历程并说明银行产权结构和贷款供给现状的基础上，对这些问题进行理论分析和实证研究。具体而言，本书的主要工作及研究结论如下：

（1）研究银行产权结构对贷款效率的影响。在理论分析不同产权性质的银行在贷款效率方面的差异性的基础上，采用数据包络分析方法计算 2005～2016 年我国主要行业的技术进步、产能利用率和生产效率，并以此衡量行业的经营发展质量，采用 2010～2016 年我国 84 家商业银行的数据，研究银行贷款集中度最高行业的贷款量与该行业经营发展质量的关系，以考察银行是否根据贷款对象的经营发展质量进行贷款决策，据此衡量银行的贷款效率，以实证研究国有控股银行和非国有控股银行在贷款效率方面的差异。研究发现：①整体而言，2005～2016 年，我国住宿和餐饮、租赁和商务服务业、文化体育和娱乐业等第三产业的经营发展质量较高，而制造业、采矿业、建筑业等第二产业的经营发展质量相对较低；②行业技术进步越明显或生产效率越高，银行对该行业提供的贷款越多，但银行对行业的产能利用信息不敏感；综合考虑技术进步、产能利用率和生产效率三个维度，样本期我国银行基本能根据贷款对象的经营发展质量配置信贷资金，贷款效率相对较高；③市场化经营和国有企业属性要求国有控股银行在贷款的商业性与执行国家经济政策之间寻求平衡，促使其根据贷款对象的经营发展质量进行贷款决策，而非国有控股银行缺乏政治压力，且在贷款决策时更容易出现短视行为，没有向高经营发展质量的行业配置更多的信贷资金；④无论是政府职能部门控股的银行还是国有企业控股的银行，其贷款效率均高于非国有控股银行，银行国有股权的持有方式对贷款决策模式没有显著影响。

（2）研究地方性银行产权结构、贷款供给与地方经济发展的关系。从经济增长和经济效率两个方面衡量地方经济发展，在理论分析地方性银行产权结构、贷款供给与地方经济发展关系的基础上，采用数据包络分析方法计算

2006~2016 年我国 61 个市及其下属市辖区和非市辖区的经济效率，并采用 2005~2015 年我国 67 家地方性银行的数据，实证研究地方性银行贷款是否能有效促进地方经济的发展，并研究在贷款供给促进经济发展方面，不同产权性质的地方性银行是否具有差异，同时，进一步分析在促进城市和非城市经济发展方面，城商行与农商行的差异性。研究发现：①2006~2016 年我国各市的经济效率因技术进步而逐年提高，且提升速度较为稳定，下辖市辖区和非市辖区经济效率的主要特征及变化规律与各市整体基本一致；②地方性银行贷款供给能显著促进地方经济发展，地方性银行的贷款越多，不仅地方经济的增长速度越快，而且经济效率也越高；③在贷款供给促进地方经济增长方面，国有控股银行与非国有控股银行的作用效果无明显差异，但在贷款促进地方经济效率提升方面，国有控股银行的作用效果显著弱于非国有控股银行；④在贷款供给促进地方经济增长方面，政府职能部门控股的银行和国有企业控股的银行均与非国有控股的银行无明显差异，但在贷款促进地方经济效率提升方面，国有企业控股的银行与非国有控股的银行无明显差异，但政府职能部门控股的银行弱于非国有控股的银行；⑤城商行和农商行的贷款供给均能有效促进市辖区的经济发展，且作用效果无明显差异，但它们未能明显促进非市辖区的经济发展。

（3）研究银行产权结构对贷款议价能力的影响。建立讨价还价博弈模型研究利率市场化背景下贷款市场价格的形成机制，理论分析银行谈判议价优势的来源及其对贷款市场价格的影响。在此基础上，采用双边随机边界模型和 2009~2017 年我国 95 家商业银行的数据，实证研究贷款公允价格的决定因素，测度银行的谈判议价能力大小及其对贷款市场价格的影响程度，并分析不同产权性质的银行在贷款议价能力方面的差异。研究发现：①特许经营权使银行具有较企业更低的谈判成本，在谈判中表现出更强的议价能力，并使谈判达成较高的贷款价格；②除基准利率外，银行的揽储成本和信贷管理成本、银行业市场结构以及金融深度是决定贷款公允价格的主要因素；③借贷双方谈判议价是导致贷款市场价格波动的重要原因，并且银行在谈判中处于强势地位，其议价因素导致的贷款价格波动占贷款市场价格总波动的近 85%；④银行凭借特许经营条件和优势能获得近 3 倍于企业的剩余，并使贷款的市场价格高出公允价格近 0.70%；⑤银行和借款人获取的剩余以及净剩余均未因银行的产权结构而异，在通过特许经营权抬高贷款价格、推高企业融资成本方面，国有控股银行与非国有控股银行无明显差异。

（4）研究银行产权结构、经营环境与银行经营效率的关系。从法律和制度环境、市场竞争环境两个方面衡量银行外部经营环境，并将银行内部产权结构、外部经营环境与经营效率纳入同一研究框架中。在理论分析三者之间关系的基础上，采用2005~2014年我国78家城市商业银行的数据和自体抽样方法，实证研究银行产权结构、经营环境对经营效率的影响，并研究银行产权结构对经营环境与经营效率关系的调节作用。研究发现：①控股股东的产权性质对银行经营效率无显著影响，控股股东的持股方式与银行经营效率也无明显关系；②法律和制度环境对银行经营效率的影响因银行控股股东的产权性质而异，健全的法律和制度环境有助于改善非国有控股银行的经营效率，却不利于国有控股银行经营效率的提升；③对于法律制度环境与银行经营效率的关系，控股股东产权性质相同而持股方式不同的银行之间无明显差异；④激励竞争的市场环境不利于银行经营效率的提升，且市场竞争环境与银行经营效率的关系不因银行控股股东的产权性质及持股方式而异，市场竞争未能作为我国银行业公司治理的外部机制发挥作用。

（5）研究产权结构对银行经营风险的影响。以破产风险衡量银行的经营风险，并将其分解为资产组合风险和杠杆风险，建立动态面板模型，采用2010~2016年我国83家商业银行的数据和系统广义矩估计方法，实证研究银行产权结构与各类风险的关系，探究产权结构影响银行经营风险的路径。研究发现：①银行产权结构主要通过杠杆风险影响破产风险，且这种影响具有时滞性，国有控股银行的破产风险和杠杆风险均明显高于非国有控股银行，但资产组合风险不因银行控股股东的产权性质而异；②产权结构对银行破产风险的影响及传导路径均不因控股股东的股权持有方式而异，政府职能部门控股银行和国有企业控股银行的杠杆风险和破产风险均明显高于非国有控股银行，但对于资产组合风险，它们之间均无明显差异；③前十大股东中国有股和非国有股比例的变化对银行破产风险、资产组合风险和杠杆风险均无显著影响；④前十大股东中外资股比例的增加能有效降低银行的杠杆风险，从而降低破产风险，但不会改变银行的资产组合风险。

8.2 对策建议

基于上述研究结果，本书提出如下优化银行产权结构，提高信贷资金配置效率并增强银行经营发展能力，以适应供给侧结构性改革要求的对策建议：

（1）"抓大放小"，通过市场化的方式强化国有资本对全国性大中型银行的股权控制，逐步放开非国有资本控股地方性中小型银行的限制，以建立产权结构多元化的银行业金融体系。

本书的研究表明，虽然市场化改革已使我国银行经营的商业化程度大幅提高，但控股股东产权性质不同的银行在功能定位、经营目标等方面仍存在差异，国有控股银行除具有与非国有控股银行类似的利润最大化的经营目标外，还有执行政府经济政策或实现政府官员政治意图的"政治任务"，这导致了它们在信贷资金配置效率方面的差异性。在贷款供给方面，国有控股银行倾向于向经营发展质量更高的领域提供更多的贷款，而非国有控股银行则根据贷款对象的当前经济效益进行贷款决策；在促进经济效率提升方面，地方性国有控股银行特别是地方政府职能部门控股银行的作用效果弱于地方性非国有控股银行；此外，在抬高企业融资成本方面，国有控股银行与非国有控股银行无明显差异。

供给侧结构性改革的实质和核心是优化各类资源配置以提升我国经济的发展质量和效率，为提高信贷资金配置效率以助力供给侧结构性改革，需要通过丰富产权结构等方式构建多层次、广覆盖、有差异的银行业金融体系。一方面，强化国有资本对全国性大中型银行的股权控制，以发挥国有控股银行贯彻执行国家经济政策、稳定经济的功能，并发挥国有控股银行向国民经济关键领域配置信贷资金的示范效应和带头作用。另一方面，逐步放开民间资本等非国有资本控股地方性中小型银行的限制，以建立产权结构多元化的银行体系，活跃银行业金融市场。此外，还需要国有资本通过市场化的方式控股或参股银行，以减少政府对银行的直接干预。

（2）支持非国有资本大幅参股地方性银行，优化银行的股权结构，健全银行现代公司治理机制，增强银行经营管理的独立性和自主性。

在以间接融资为主的金融体系中，银行贷款是生产建设和经济发展的主要资金来源，控制或干预银行是经济主体获取信贷资金的重要手段。本书的研究表明，银行公司治理体制的不健全会造成了信贷资金的低效配置。一方面，地方政府会督促其控制的地方性国有控股银行和能施加较大影响的地方性非国有控股银行向能直接提高政绩的领域提供大量的贷款，这挤占了其他领域的信贷资金；另一方面，部分非国有股东控股银行的目的是为其控制的其他企业提供融资便利，会导致银行出现关联交易等损害其他股东利益的行为。

因此，提高信贷资金配置效率需健全以股权为基础的现代公司治理机制，完善能促使银行按市场原则进行经营决策的内在机制，增强银行经营管理的自主性和独立性。除充分鼓励民营资本等非国有资本投资控股地方性银行外，还应该大力支持非国有资本大幅参股地方性银行，进一步优化银行的股权结构，提高非控股股东参与银行经营事务的积极性和对银行经营决策的话语权，建立银行股权制衡机制以约束大股东的行为。同时还应该拓宽地方政府行使职能的资金来源渠道，促使地方政府主动减少对地方性银行经营行为的干预，弱化地方性国有控股银行的"政治性"经营目标。

（3）提高经济发展的市场化程度，强化法律制度建设，为非国有控股银行及民营银行发展营造良好的法律和制度环境。

本书的研究表明，较低的市场化程度和不完善的法律体系为政府干预国有股东控股银行的经营行为以实现其"政治目的"提供了便利，而较高的市场化水平和高效的合同执行效力有利于非国有股东控股银行按商业原则和市场化方式配置资源，因此，健全的法律和制度环境有助于提高非国有控股银行的经营效率，却不利于国有控股银行经营效率的提升。

以此而论，提高银行信贷资金配置效率并促进银行持续健康发展，需要"内外兼修、双管齐下"。除如上所述应支持非国有资本参股甚至控股地方性中小型银行、鼓励发展民营银行，以丰富银行产权结构、健全银行内部公司治理机制外，还需要持续提高经济发展的市场化水平，减少政府对银行等微观主体经营行为的干预，促使市场在资源配置中起基础性和决定性作用，并加强法律制度建设，健全法治体系，强化契约精神，提升合同执行效力，以为非国有控股银行及民营银行发展营造良好的法律和制度环境。

（4）根据银行产权结构差异，对银行进行分类监管或指导，精准施策略、有的放矢，促进银行持续健康发展。

　　本书的研究表明，产权结构不同的银行会在经营理念、风险偏好等方面存在差异。以利润最大化为经营目标的非国有控股银行通常依据借款人的当前财务状况进行信贷决策，更注重借款人短期的盈利能力和偿债能力，而忽略了其长期的持续发展能力。而在国有产权制度保障下，国有控股银行存在对国家信用担保或政府救助的预期和依赖，资本不能有效覆盖经营波动而形成的杠杆风险更大，导致的破产风险也更明显。此外，无论何种产权性质的银行在贷款决策时对借款人的产能信息均不够重视，这在一定程度地从资金供应层面导致了我国实体经济产能过剩、高库存等结构性问题。

　　因此，在产权结构改革使我国初步形成了多元化的银行业体系的背景下，要促使银行更好地服务于实体经济，特别是满足当前质量效率型经济发展模式和供给侧结构性改革对信贷资金配置的新要求，需要对不同类型的银行进行分类指导。对于非国有控股银行，应重点引导其在贷款决策时更加注重贷款对象的经营发展质量，通过获取长期经济效益来保障贷款的收益性和安全性。对于国有控股银行，需重点关注其杠杆风险，通过强化资本监管，弱化国有控股银行对国有产权隐形担保和政府救助的依赖，降低其杠杆风险以防范和控制破产风险。此外，还需要引导各类银行将产能利用率作为选择贷款对象的重要依据，以从贷款资金供应层面深入推进实体经济的"去产能""去库存"，同时也为银行业金融风险的防范提供保障。

　　（5）进一步降低银行业进入门槛，鼓励民间资本发起设立银行、金融租赁公司、消费金融公司等银行业金融机构，强化市场竞争，建立多层次的信贷资金供给体系。

　　本书的研究表明，较高的行业进入壁垒、严格的竞争限制等特许经营政策使银行形成了对信贷资金供给的垄断，同时行业标准、杠杆经营使银行在信息资源收集、获得市场声誉、形成规模经济等方面具有优势。凭借特许经营条件和优势，银行具有较企业更强的议价能力，在贷款价格谈判中处于强势地位，能够"掠夺"企业的剩余，使贷款的成交价格高于公允价格，直接推高了企业的融资成本，降低了信贷资金配置效率，同时挤占了企业利润空间，降低了企业生产效率，一定程度地导致了当前我国非金融企业部门的"高杠杆"问题。

因此，提高信贷资金配置效率，降低企业融资成本，以增强企业持续发展能力并促使我国非金融企业部门有效"去杠杆"，需要在保持银行业稳健运行的前提下，进一步降低市场进入门槛，鼓励民间资本发起设立银行、金融租赁公司、消费金融公司等银行业金融机构，持续优化行业市场结构，建立多层次的银行业金融体系，以强化信贷资金供给的市场竞争。同时，还需要积极培育贷款价格的市场形成机制，通过建立融资联盟、完善担保机制等方式提升企业对贷款的议价能力，逐步改变在贷款价格形成中银行与企业的不对称地位。

8.3　研究不足及未来研究方向

虽然本书对供给侧结构性改革下银行产权结构与信贷资金配置效率、银行持续健康发展的关系问题进行了一定探索性的研究，但受限于笔者的学术能力和客观条件，本书的研究还存在一些不足，还有待于在未来的研究中逐步改进和完善。

（1）动态研究银行产权结构问题。产权结构是公司治理的基础，公司治理又是促使银行有效行使经济职能、促进银行持续健康发展的内在机制，而内在机制需与外部环境和职能要求相适应。在不同的经济发展阶段，银行发展所处的经济环境不同，银行的经济职能也存在差异，例如，在计划经济时期，银行的角色是国家的"出纳"，实现资金的统收统支；在改革开放初期，银行的经济职能是聚集社会资金，以服务于国家的经济建设；而在供给侧结构性改革阶段，银行的经济职能是为实体经济提供优质、高效的金融服务，以促进经济的高质量发展。因此，"合理"的银行产权结构问题是一个动态问题，需要结合特定的经济背景和经济发展对银行的职能要求进行研究。本书仅研究了供给侧结构性改革背景下银行的产权结构问题，但随着改革的深入，经济环境及银行的经济职能也会随之变化，银行的产权结构也应该随之调整，但本书未能深入研究银行产权结构应如何随供给侧结构性改革的深入而动态调整。在后续研究中，还需要对此问题持续关注。

（2）对银行产权结构及信贷资金配置效率更全面的度量。银行产权结构的表面含义是不同产权性质的股东持有的股份占银行总股份的比例,其实质和核心是各类产权性质的股东对银行经营管理事务的参与权或影响力大小;另外,信贷资金配置效率也有宏观和微观两个层面的含义,前者为银行调配信贷资金以促进实体经济的持续健康发展,后者为银行合理配置资产以促进其自身经济效益的提升。因此,为深入研究银行产权结构与信贷资金配置效率的关系,需要对产权结构和信贷资金配置效率进行全面、准确的衡量,但本书仅从控股股东的产权性质和前十大股东中国有或非国有股份比例的角度度量银行产权结构,从贷款决策依据、贷款对经济发展的作用以及银行经营效率和风险的角度衡量贷款效率,缺乏对产权结构及信贷资金配置效率更准确、更全面的度量,这需要在后续研究中予以完善。

(3)对银行产权结构与经营行为的关系进行更深入的分析。无论是在理论界还是在实务界,银行产权结构与经营行为的关系问题都是一个普遍性或一般化的问题。本书虽然基于我国银行改革发展历程、供给侧结构性改革背景以及政府与银行的特殊关系,理论分析并实证研究了我国银行产权结构对经营行为的影响,但没有采用数理模型进行更为深入理论分析,没有将分析结论上升到一般理论层面以说明其普遍意义,也没有分析其他国家或地区在优化银行产权结构等方面的实践和成功经验。此外,本书还缺乏采用典型案例或事实来说明产权结构如何影响银行的经营行为。因此,未来还需要对银行产权结构与经营行为的关系进行更为全面、深入、系统的研究。

附　录

附表1　　2005~2017年五家大型国有控股银行产权结构　　单位：%

银行	年度	前十大股东中国有股比例	前十大股东中非国有股比例	前十大股东中外资股比例	前十大股东股份占银行总股份的比例	第一大股东持股比例	第一大股东是否国有资本	第一大股东是否政府部门	第一大股东控股能力
中国银行	2005	83.15	16.85	16.85	100.00	83.15	是	否	73.15
	2006	72.93	27.07	14.79	97.07	67.49	是	否	55.57
	2007	72.84	27.16	14.67	97.26	67.49	是	否	55.34
	2008	73.03	26.97	13.17	96.98	67.52	是	否	55.28
	2009	72.89	27.11	0.40	97.28	67.53	是	否	42.84
	2010	69.67	30.33	0.38	97.36	67.55	是	否	39.40
	2011	69.75	30.25	0.31	97.42	67.60	是	否	38.47
	2012	69.67	30.33	0.19	97.52	67.72	是	否	38.47
	2013	69.66	30.34	0.20	97.42	67.72	是	否	38.51
	2014	69.50	30.50	0.19	94.36	65.52	是	否	37.23
	2015	70.34	29.66	0.19	96.07	64.02	是	否	36.23
	2016	70.44	29.56	0.19	95.93	64.02	是	否	36.23
	2017	70.58	29.42	0.19	95.96	64.02	是	否	36.21

续表

银行	年度	前十大股东中国有股比例	前十大股东中非国有股比例	前十大股东中外资股比例	前十大股东股份占银行总股份的比例	第一大股东持股比例	第一大股东是否国有资本	第一大股东是否政府部门	第一大股东控股能力
中国工商银行	2005	100.00	0.00	0.00	100.00	50.00	是	是	0.00
	2006	78.32	21.68	7.54	95.50	35.30	是	是	0.00
	2007	78.16	21.84	7.52	95.70	35.30	是	是	0.00
	2008	78.31	21.69	7.51	95.90	35.40	是	否	0.10
	2009	78.37	21.63	4.28	95.70	35.40	是	否	0.10
	2010	73.44	26.56	0.21	96.40	35.40	是	否	0.10
	2011	73.11	26.89	0.00	96.70	35.40	是	否	0.10
	2012	72.91	27.09	0.00	97.10	35.50	是	否	0.20
	2013	72.76	27.24	0.00	97.10	35.33	是	否	0.24
	2014	72.67	27.33	0.07	96.41	35.12	是	否	0.24
	2015	73.47	26.53	0.07	96.94	34.71	是	否	0.11
	2016	73.53	26.47	0.00	97.02	34.71	是	否	0.11
	2017	73.62	26.38	0.00	96.66	34.71	是	否	0.11
中国建设银行	2005	83.76	16.24	16.24	88.66	61.48	是	否	52.27
	2006	83.73	16.27	16.27	88.49	61.49	是	否	52.28
	2007	72.50	27.50	14.73	96.25	59.12	是	否	47.05
	2008	60.65	39.35	26.11	96.21	48.22	是	否	29.09
	2009	62.41	37.59	17.59	96.29	57.09	是	否	37.97
	2010	62.32	37.68	16.86	96.22	57.09	是	否	37.30
	2011	63.15	36.85	10.55	96.68	57.13	是	否	32.25
	2012	61.42	38.58	8.53	97.22	57.21	是	否	28.99
	2013	61.40	38.60	7.68	97.48	57.26	是	否	28.22
	2014	61.30	38.70	6.30	97.31	57.26	是	否	26.80
	2015	61.39	38.61	6.23	98.03	57.31	是	否	26.38
	2016	61.80	38.20	0.35	97.40	57.11	是	否	20.41
	2017	61.81	38.19	0.35	97.44	57.11	是	否	20.40

续表

银行	年度	前十大股东中国有股比例	前十大股东中非国有股比例	前十大股东中外资股比例	前十大股东股份占银行总股份的比例	第一大股东持股比例	第一大股东是否国有资本	第一大股东是否政府部门	第一大股东控股能力
交通银行	2005	59.18	40.82	26.02	76.49	21.78	是	是	1.88
	2006	69.68	30.32	30.32	65.64	21.78	是	是	1.88
	2007	44.11	55.89	25.59	72.68	22.02	是	是	1.66
	2008	44.53	55.47	25.45	73.08	26.48	是	是	4.54
	2009	44.43	55.57	25.51	72.90	26.48	是	是	4.57
	2010	44.38	55.62	25.55	72.92	26.52	是	是	4.59
	2011	44.38	55.62	25.56	72.90	26.52	是	是	4.60
	2012	48.14	51.86	24.82	75.35	26.53	是	是	6.47
	2013	48.14	51.86	24.82	75.35	26.53	是	是	6.47
	2014	47.70	52.30	24.60	76.03	26.53	是	是	6.44
	2015	48.64	51.36	24.15	77.44	26.53	是	是	6.41
	2016	50.10	49.90	24.04	77.79	26.53	是	是	6.41
	2017	48.91	51.09	24.05	77.76	26.53	是	是	6.39
中国农业银行	2005	100.00	0.00	0.00	100.00	100.00	是	是	0.00
	2006	100.00	0.00	0.00	100.00	100.00	是	是	0.00
	2007	100.00	0.00	0.00	100.00	100.00	是	是	0.00
	2008	100.00	0.00	0.00	100.00	50.00	是	是	0.00
	2009	100.00	0.00	0.00	100.00	50.00	是	是	0.00
	2010	88.81	11.19	0.40	93.35	40.03	是	否	0.82
	2011	87.94	12.06	0.39	94.11	40.12	是	否	0.91
	2012	87.61	12.39	0.39	94.57	40.21	是	否	1.00
	2013	87.56	12.44	0.39	94.70	40.28	是	否	1.07
	2014	87.62	12.38	0.39	94.64	40.28	是	否	1.07
	2015	89.38	10.62	0.39	94.56	40.03	是	否	0.82
	2016	89.47	10.53	0.39	94.78	40.00	是	否	0.79
	2017	90.07	9.93	0.00	94.64	40.03	是	否	0.82

附表2　2007～2017年十二家全国性股份制商业银行产权结构　　单位：%

银行	年度	前十大股东中国有股比例	前十大股东中非国有股比例	前十大股东中外资股比例	前十大股东股份占银行总股份的比例	第一大股东持股比例	第一大股东是否国有资本	第一大股东是否政府部门	第一大股东控股能力
中信银行	2007	81.74	18.26	2.10	95.34	62.33	是	否	47.33
	2008	67.24	32.76	16.12	94.11	62.33	是	否	46.67
	2009	67.13	32.87	16.12	94.13	61.78	是	否	46.10
	2010	67.05	32.95	16.12	94.08	61.78	是	否	46.13
	2011	67.02	32.98	16.10	94.30	61.85	是	否	46.11
	2012	66.96	33.04	16.11	94.21	61.85	是	否	46.10
	2013	72.39	27.61	10.70	94.18	66.95	是	否	51.19
	2014	72.39	27.61	0.00	94.46	67.13	是	否	41.27
	2015	72.96	27.04	0.00	96.11	67.13	是	否	41.24
	2016	74.35	25.65	0.00	97.57	65.37	是	否	40.62
	2017	74.45	25.55	0.00	97.83	65.37	是	否	40.60
渤海银行	2007	72.01	27.99	19.99	100.00	25.00	是	否	5.01
	2008	72.01	27.99	19.99	100.00	25.00	是	否	5.01
	2009	72.01	27.99	19.99	100.00	25.00	是	否	5.01
	2010	72.01	27.99	19.99	100.00	25.00	是	否	5.01
	2011	72.01	27.99	19.99	100.00	25.00	是	否	5.01
	2012	72.01	27.99	19.99	100.00	25.00	是	否	5.01
	2013	72.01	27.99	19.99	100.00	25.00	是	否	5.01
	2014	72.01	27.99	19.99	100.00	25.00	是	否	5.01
	2015	72.01	27.99	19.99	100.00	25.00	是	否	5.01
	2016	72.01	27.99	19.99	100.00	25.00	是	否	5.01
	2017	72.01	27.99	19.99	100.00	25.00	是	否	5.01

续表

银行	年度	前十大股东中国有股比例	前十大股东中非国有股比例	前十大股东中外资股比例	前十大股东股份占银行总股份的比例	第一大股东持股比例	第一大股东是否国有资本	第一大股东是否政府部门	第一大股东控股能力
光大银行	2007	98.74	1.26	0.00	88.89	70.88	是	否	63.29
	2008	99.34	0.66	0.00	88.89	70.88	是	否	63.29
	2009	100.00	0.00	0.00	86.50	59.82	是	否	53.42
	2010	100.00	0.00	0.00	70.81	48.37	是	否	43.19
	2011	100.00	0.00	0.00	70.81	48.37	是	否	43.19
	2012	100.00	0.00	0.00	70.00	48.37	是	否	43.19
	2013	80.69	19.31	0.00	71.81	41.66	是	否	27.79
	2014	79.28	20.72	0.00	70.95	41.24	是	否	26.54
	2015	79.98	20.02	0.00	73.44	52.50	是	否	24.98
	2016	80.61	19.39	0.00	75.81	25.15	是	否	3.19
	2017	63.79	36.21	0.00	82.04	25.43	是	否	1.29
广发银行	2007	73.11	26.89	26.89	92.01	20.00	否	否	0.00
	2008	73.11	26.89	26.89	92.01	20.00	否	否	0.00
	2009	73.10	26.90	26.90	91.98	20.00	否	否	0.00
	2010	72.85	27.15	26.11	90.72	20.00	否	否	0.00
	2011	72.77	27.23	26.19	90.45	20.00	否	否	0.00
	2012	72.76	27.24	26.19	90.46	20.00	否	否	0.00
	2013	72.76	27.24	26.19	90.46	20.00	否	否	0.00
	2014	72.76	27.24	26.18	90.46	20.00	否	否	0.00
	2015	72.76	27.24	26.18	90.48	20.00	否	否	0.00
	2016	98.33	1.67	0.00	91.91	43.69	是	否	23.69
	2017	95.14	4.86	0.00	91.94	43.69	是	否	23.69

续表

银行	年度	前十大股东中国有股比例	前十大股东中非国有股比例	前十大股东中外资股比例	前十大股东股份占银行总股份的比例	第一大股东持股比例	第一大股东是否国有资本	第一大股东是否政府部门	第一大股东控股能力
招商银行	2007	65.54	34.46	0.00	51.89	17.88	是	否	5.77
	2008	65.83	34.17	0.00	52.03	17.78	是	否	5.41
	2009	64.84	35.16	0.00	50.65	17.81	是	否	5.44
	2010	64.85	35.15	0.00	50.72	17.83	是	否	5.43
	2011	65.00	35.00	0.00	51.03	17.86	是	否	5.46
	2012	57.93	42.07	0.00	52.77	17.87	是	否	5.47
	2013	52.30	47.70	0.00	58.26	17.97	是	否	5.43
	2014	52.47	47.53	0.00	60.36	17.97	是	否	5.43
	2015	57.33	42.67	0.00	67.30	18.00	是	否	4.96
	2016	58.42	41.58	0.00	69.07	18.00	是	否	4.96
	2017	58.50	41.50	0.00	69.25	18.02	是	否	4.98
民生银行	2007	0.00	100.00	0.00	44.35	5.90	否	否	0.80
	2008	0.00	100.00	0.00	41.91	5.90	否	否	0.80
	2009	0.00	100.00	0.00	42.18	15.27	否	否	10.28
	2010	0.00	100.00	0.00	42.18	15.27	否	否	10.28
	2011	0.00	100.00	0.00	43.90	15.27	否	否	10.28
	2012	0.00	100.00	0.00	47.12	20.22	否	否	15.52
	2013	0.00	100.00	0.00	48.13	20.24	否	否	15.54
	2014	0.00	100.00	0.00	53.66	20.19	否	否	15.22
	2015	5.00	95.00	0.00	53.23	18.91	否	否	12.42
	2016	0.00	100.00	0.00	56.35	18.91	否	否	12.42
	2017	0.00	100.00	0.00	57.26	18.91	否	否	12.42

续表

银行	年度	前十大股东中国有股比例	前十大股东中非国有股比例	前十大股东中外资股比例	前十大股东股份占银行总股份的比例	第一大股东持股比例	第一大股东是否国有资本	第一大股东是否政府部门	第一大股东控股能力
华夏银行	2007	54.58	45.42	26.97	51.83	10.19	是	否	2.04
	2008	57.78	42.22	28.75	59.55	13.98	是	否	2.04
	2009	57.28	42.72	28.61	59.83	13.98	是	否	2.04
	2010	57.30	42.70	28.65	59.76	13.98	是	否	2.04
	2011	63.33	36.67	28.48	70.20	20.28	是	否	2.04
	2012	63.94	36.06	28.64	69.80	20.28	是	否	2.04
	2013	62.94	37.06	28.29	70.66	20.28	是	否	2.04
	2014	64.66	35.34	29.17	68.54	20.28	是	否	2.04
	2015	66.80	33.20	28.32	70.58	20.28	是	否	2.04
	2016	92.84	7.16	0.00	72.79	20.28	是	否	0.29
	2017	93.04	6.96	0.00	74.70	20.28	是	否	0.29
兴业银行	2007	61.14	38.86	28.63	55.82	20.40	是	是	7.62
	2008	57.83	42.17	28.66	51.74	20.80	是	是	8.02
	2009	66.61	33.39	22.16	57.66	28.80	是	是	16.02
	2010	58.77	41.23	26.04	49.16	20.83	是	是	8.03
	2011	60.83	39.17	26.81	47.74	21.03	是	是	8.23
	2012	61.71	38.29	29.92	45.49	21.03	是	是	8.23
	2013	53.77	46.23	22.71	47.87	17.86	是	是	6.99
	2014	54.12	45.88	22.86	47.56	17.86	是	是	6.99
	2015	70.06	29.94	0.00	44.73	17.86	是	是	12.88
	2016	65.15	34.85	0.00	46.43	18.22	是	是	13.24
	2017	87.76	12.24	0.00	50.91	18.78	是	是	13.44

续表

银行	年度	前十大股东中国有股比例	前十大股东中非国有股比例	前十大股东中外资股比例	前十大股东股份占银行总股份的比例	第一大股东持股比例	第一大股东是否国有资本	第一大股东是否政府部门	第一大股东控股能力
平安银行	2007	19.07	80.93	16.40	51.39	8.43	否	否	0.07
	2008	26.54	73.46	17.04	49.47	8.43	否	否	0.07
	2009	23.44	76.56	17.88	47.14	8.43	否	否	0.07
	2010	23.39	76.61	18.72	43.26	8.10	否	否	0.07
	2011	20.05	79.95	18.78	41.64	7.82	否	否	0.06
	2012	87.51	12.49	0.00	58.71	42.16	是	否	34.75
	2013	90.35	9.65	0.00	64.35	50.20	是	否	43.82
	2014	35.35	64.65	4.95	20.79	5.41	是	否	0.97
	2015	16.53	83.47	0.00	56.45	32.10	是	否	26.83
	2016	15.75	84.25	0.00	59.25	32.09	是	否	26.82
	2017	15.80	84.20	6.62	59.04	32.72	是	否	27.45
浦发银行	2007	78.28	21.72	7.97	47.39	23.57	是	否	16.29
	2008	83.68	16.32	8.51	44.38	23.57	是	否	16.29
	2009	79.24	20.76	8.25	41.12	21.16	是	否	14.62
	2010	86.07	13.93	5.17	52.52	20.00	是	否	3.07
	2011	87.01	12.99	5.22	51.95	20.00	是	否	3.07
	2012	93.34	6.66	0.00	49.35	20.00	是	否	3.07
	2013	97.30	2.70	0.00	49.47	20.00	是	否	3.07
	2014	97.40	2.60	0.00	48.81	20.00	是	否	3.07
	2015	69.29	30.71	0.00	70.70	20.00	是	否	3.07
	2016	68.06	31.94	0.00	73.42	19.53	是	否	0.55
	2017	69.98	30.02	0.00	76.06	21.57	是	否	3.39

续表

银行	年度	前十大股东中国有股比例	前十大股东中非国有股比例	前十大股东中外资股比例	前十大股东股份占银行总股份的比例	第一大股东持股比例	第一大股东是否国有资本	第一大股东是否政府部门	第一大股东控股能力
恒丰银行	2007	33.71	66.29	0.00	44.50	6.50	是	是	1.50
	2008	34.61	65.39	27.68	55.57	16.54	是	否	1.16
	2009	64.07	35.93	13.19	63.17	26.44	是	否	17.11
	2010	44.26	55.74	21.60	68.09	20.73	是	否	6.02
	2011	44.44	55.56	21.29	66.97	20.55	是	否	6.29
	2012	45.26	54.74	21.30	68.63	20.55	是	否	5.93
	2013	42.99	57.01	19.18	74.34	20.55	是	否	6.29
	2014	45.14	54.86	17.39	73.39	21.73	是	否	8.97
	2015	37.42	62.58	16.68	74.34	19.40	是	否	7.00
	2016	41.89	58.11	18.68	70.56	20.61	是	否	7.43
	2017	41.89	58.11	18.68	70.56	20.61	是	否	7.43
浙商银行	2007	23.15	76.85	0.00	85.88	10.34	是	否	0.00
	2008	24.00	76.00	0.00	81.61	14.29	是	否	3.95
	2009	25.79	74.21	0.00	75.85	14.29	是	否	3.95
	2010	20.85	79.15	0.00	68.53	14.29	是	否	3.95
	2011	20.85	79.15	0.00	68.53	14.29	是	否	3.95
	2012	20.85	79.15	0.00	68.53	14.29	是	否	3.95
	2013	37.44	62.56	0.00	68.01	19.96	是	否	10.97
	2014	36.81	63.19	0.00	69.17	19.96	是	否	10.97
	2015	38.75	61.25	0.00	67.85	19.96	是	否	10.14
	2016	35.20	64.80	0.00	71.13	20.36	是	否	4.80
	2017	27.31	72.69	0.00	71.29	21.13	否	否	6.43

附表3　　2005~2016年主要行业技术进步、产能利用率及生产效率

行业	年度	技术进步	产能利用率	生产效率
制造业	2005	0.9740	1.0030	0.9770
	2006	0.9530	0.9970	0.9500
	2007	1.0370	0.9950	1.0320
	2008	0.9890	0.9870	0.9760
	2009	0.9980	1.0220	1.0200
	2010	0.8470	0.9960	0.8430
	2011	1.2250	1.0040	1.2300
	2012	0.9650	0.9460	0.9130
	2013	0.9900	1.0570	1.0460
	2014	0.9870	0.9890	0.9760
	2015	0.9310	0.9950	0.9260
	2016	0.9230	1.0170	0.9390
采矿业	2005	0.9740	0.9950	0.9690
	2006	0.9550	1.0050	0.9600
	2007	1.0400	0.9930	1.0320
	2008	0.9800	1.0070	0.9870
	2009	0.9840	1.0000	0.9840
	2010	0.8340	1.0000	0.8340
	2011	1.1180	0.9160	1.0250
	2012	1.0500	1.0150	1.0660
	2013	0.9890	1.0750	1.0630
	2014	0.9750	1.0000	0.9750
	2015	0.9290	1.0000	0.9290
	2016	0.9060	1.0000	0.9060

续表

行业	年度	技术进步	产能利用率	生产效率
建筑业	2005	0.9600	1.0070	0.9660
	2006	0.9290	1.0070	0.9350
	2007	1.0320	0.9960	1.0280
	2008	0.9880	0.9530	0.9410
	2009	1.0100	1.0580	1.0690
	2010	0.8680	1.0000	0.8680
	2011	1.1670	0.9950	1.1600
	2012	1.0040	0.9860	0.9900
	2013	0.9870	0.9930	0.9810
	2014	0.9710	0.9890	0.9610
	2015	0.9410	1.0380	0.9770
	2016	0.9590	0.9890	0.9480
批发和零售业	2005	0.9600	0.9860	0.9460
	2006	0.9420	1.0100	0.9510
	2007	1.0180	0.9940	1.0120
	2008	0.9690	0.9640	0.9340
	2009	1.0060	1.0350	1.0420
	2010	0.8810	0.9910	0.8740
	2011	1.1350	1.0160	1.1540
	2012	1.0210	0.9880	1.0090
	2013	0.9840	0.9970	0.9810
	2014	0.9710	0.9760	0.9480
	2015	0.9410	1.0440	0.9830
	2016	0.9710	0.9880	0.9590

续表

行业	年度	技术进步	产能利用率	生产效率
交通运输、仓储和邮政业	2005	0.9620	1.0090	0.9710
	2006	0.9600	1.0010	0.9600
	2007	1.0100	1.0160	1.0260
	2008	0.9730	0.9480	0.9220
	2009	1.0060	1.0400	1.0470
	2010	0.8930	0.9980	0.8910
	2011	1.1180	1.0160	1.1360
	2012	1.0320	0.9850	1.0160
	2013	1.0140	0.9940	1.0090
	2014	0.9910	0.9820	0.9740
	2015	0.9430	1.0100	0.9530
	2016	0.9700	1.0250	0.9940
住宿和餐饮业	2005	0.9650	0.9910	0.9560
	2006	0.9690	1.0090	0.9780
	2007	1.1910	1.0100	1.2030
	2008	0.9770	0.9360	0.9140
	2009	1.0090	1.0310	1.0410
	2010	0.8880	1.0330	0.9180
	2011	1.1100	0.9990	1.1090
	2012	1.0390	1.0040	1.0420
	2013	1.0150	0.9770	0.9920
	2014	0.9910	0.9930	0.9840
	2015	0.9420	0.9980	0.9410
	2016	0.9820	1.0230	1.0050

续表

行业	年度	技术进步	产能利用率	生产效率
房地产业	2005	0.9690	0.9750	0.9450
	2006	0.9790	1.0100	0.9890
	2007	1.1780	1.0100	1.1900
	2008	0.9940	1.0110	1.0050
	2009	1.0130	0.9810	0.9930
	2010	0.9020	1.0000	0.9020
	2011	1.1050	1.0060	1.1120
	2012	1.0490	1.0010	1.0500
	2013	1.0180	1.0120	1.0300
	2014	1.0490	0.9840	1.0320
	2015	0.9540	0.9920	0.9460
	2016	0.9990	1.0130	1.0120
租赁和商务服务业	2005	0.9720	0.9710	0.9440
	2006	0.9820	1.0250	1.0060
	2007	1.1760	1.0120	1.1910
	2008	1.0050	1.0000	1.0060
	2009	1.0280	0.9930	1.0210
	2010	0.9040	0.9910	0.8960
	2011	1.0960	1.0050	1.1020
	2012	1.0460	1.0070	1.0540
	2013	1.0220	1.0020	1.0240
	2014	1.0390	0.9770	1.0150
	2015	0.9660	0.9560	0.9240
	2016	0.9650	1.0720	1.0340

续表

行业	年度	技术进步	产能利用率	生产效率
文化、体育和娱乐业	2005	0.9740	0.9620	0.9370
	2006	0.9830	1.0450	1.0270
	2007	1.1710	1.0060	1.1780
	2008	1.0150	1.0000	1.0150
	2009	1.0380	0.8490	0.8820
	2010	0.8860	1.1580	1.0260
	2011	1.0960	0.9750	1.0680
	2012	1.0370	1.0430	1.0810
	2013	1.0230	1.0000	1.0230
	2014	1.0270	0.9970	1.0240
	2015	0.9780	0.9350	0.9140
	2016	0.9810	1.0730	1.0520
电力、热力、燃气及水生产和供应业	2005	0.9650	1.0090	0.9740
	2006	0.9240	0.9940	0.9180
	2007	1.0320	1.0040	1.0360
	2008	0.9910	0.9540	0.9460
	2009	1.0080	1.0410	1.0490
	2010	0.8600	1.0100	0.8690
	2011	1.1910	0.9940	1.1850
	2012	0.9880	0.9650	0.9530
	2013	0.9870	1.0260	1.0130
	2014	0.9790	0.9950	0.9750
	2015	0.9320	1.0070	0.9390
	2016	0.9360	1.0130	0.9480

续表

行业	年度	技术进步	产能利用率	生产效率
信息传输、软件和信息技术服务业	2005	0.9670	0.9720	0.9390
	2006	0.9770	1.0290	1.0050
	2007	1.1810	0.9910	1.1700
	2008	0.9810	0.9560	0.9380
	2009	1.0090	1.0280	1.0370
	2010	0.9000	1.0260	0.9240
	2011	1.1010	1.0000	1.1010
	2012	1.0480	1.0000	1.0480
	2013	1.0150	0.9800	0.9950
	2014	1.0580	1.0200	1.0800
	2015	0.9490	0.9680	0.9180
	2016	0.9870	1.0180	1.0050

附表4　2006~2016年地方（市）Malmquist全要素生产率及其分解项均值

地区	技术效率变化均值	技术进步均值	全要素生产率均值
北京市	1.0128	1.1347	1.1485
邯郸市	0.9742	1.1055	1.0769
承德市	1.0249	1.0853	1.1126
沧州市	1.0060	1.0857	1.0915
大同市	1.0131	1.0867	1.0961
晋城市	0.9937	1.0886	1.0824
内蒙古自治区	1.0423	1.0888	1.1341
沈阳市	1.0405	0.9924	1.0245
大连市	1.0632	1.0371	1.0932
锦州市	1.0085	1.0922	1.0981

续表

地区	技术效率变化均值	技术进步均值	全要素生产率均值
营口市	1.0010	1.0687	1.0687
阜新市	1.0252	1.0900	1.1205
吉林省	1.0094	1.0877	1.0989
上海市	1.0000	1.0955	1.0955
江苏省	1.0017	1.1057	1.1065
无锡市	1.0214	1.0841	1.1044
苏州市	1.0219	1.0684	1.0890
杭州市	1.0076	1.1332	1.1398
宁波市	1.0290	1.0851	1.1084
温州市	0.9754	1.1405	1.1125
湖州市	1.0070	1.0700	1.0746
绍兴市	0.9861	1.1105	1.0930
金华市	0.9908	1.1379	1.1271
台州市	0.9817	1.1034	1.0810
安徽省	1.0077	1.0875	1.0938
福州市	0.9995	1.1365	1.1361
厦门市	0.9875	1.1263	1.1125
南昌市	1.0031	1.1380	1.1415
九江市	1.0305	1.0867	1.1131
济南市	1.0047	1.1044	1.1081
青岛市	1.0194	1.1055	1.1237
淄博市	1.0370	1.0941	1.1303
东营市	1.0556	1.0393	1.0933
烟台市	1.0741	1.0125	1.0825
潍坊市	1.0254	1.0885	1.1064
泰安市	1.0129	1.0937	1.1062
威海市	1.0444	1.0426	1.0832
日照市	1.0486	1.0847	1.1337

续表

地区	技术效率变化均值	技术进步均值	全要素生产率均值
临沂市	1.0422	1.0855	1.1285
郑州市	1.0135	1.1408	1.1565
洛阳市	0.9896	1.0871	1.0745
武汉市	1.0359	1.1426	1.1831
长沙市	1.0332	1.1275	1.1662
广州市	1.0000	1.1373	1.1373
珠海市	1.0000	1.1477	1.1477
佛山市	1.0138	1.0927	1.1082
东莞市	0.9938	1.0490	1.0433
广西壮族自治区	1.0164	1.0888	1.1041
柳州市	1.0099	1.1228	1.1334
桂林市	1.0053	1.0885	1.0906
重庆市	1.0403	1.1196	1.1640
成都市	1.0083	1.1281	1.1385
攀枝花市	1.0173	1.0888	1.1050
德阳市	1.0000	1.1119	1.1119
南充市	1.0042	1.0987	1.1011
贵阳市	1.0429	1.1329	1.1803
云南省	1.0103	1.0838	1.0921
西安市	1.0195	1.1350	1.1577
兰州市	1.0107	1.0976	1.1086
青海省	1.0610	1.1288	1.1950
宁夏回族自治区	1.0638	1.0854	1.1549

附表5　2006~2016年地方（市辖区）Malmquist全要素生产率及其分解项均值

地区	技术效率变化均值	技术进步均值	全要素生产率均值
北京市	0.9993	1.1358	1.1319
邯郸市	0.9490	1.1616	1.1001

续表

地区	技术效率变化均值	技术进步均值	全要素生产率均值
承德市	0.9626	1.1430	1.0992
沧州市	1.0003	1.1618	1.1637
大同市	1.0265	1.1478	1.1894
晋城市	0.9703	1.1328	1.1005
内蒙古自治区	1.0172	1.1486	1.1692
沈阳市	0.9716	1.1133	1.0798
大连市	0.9595	1.1225	1.0723
锦州市	0.9575	1.1512	1.1016
营口市	1.0270	1.1096	1.1408
阜新市	0.9396	1.1370	1.0725
吉林省	0.9856	1.1372	1.1198
上海市	0.9960	1.1206	1.1161
江苏省	1.0087	1.1374	1.1463
无锡市	0.9897	1.1153	1.0985
苏州市	1.0036	1.1320	1.1326
杭州市	1.0091	1.1403	1.1490
宁波市	0.9976	1.1425	1.1263
温州市	0.9735	1.1372	1.1054
湖州市	1.0021	1.1315	1.1319
绍兴市	1.0200	1.1599	1.1899
金华市	1.0087	1.1416	1.1508
台州市	0.9825	1.1405	1.1194
安徽省	0.9876	1.1474	1.1321
福州市	0.9988	1.1485	1.1455
厦门市	0.9866	1.1329	1.1125
南昌市	0.9846	1.1172	1.0990
九江市	1.0020	1.1420	1.1442
济南市	0.9999	1.1280	1.1258

续表

地区	技术效率变化均值	技术进步均值	全要素生产率均值
青岛市	0.9980	1.1428	1.1390
淄博市	1.0085	1.1386	1.1465
东营市	0.9713	1.1377	1.1045
烟台市	1.0203	1.1339	1.1559
潍坊市	1.0156	1.1374	1.1542
泰安市	1.0017	1.1431	1.1427
威海市	1.0001	1.1344	1.1329
日照市	1.0279	1.1415	1.1747
临沂市	1.0174	1.1420	1.1614
郑州市	1.0305	1.1821	1.2153
洛阳市	0.9723	1.1216	1.0888
武汉市	1.0611	1.1636	1.2339
长沙市	0.9980	1.1247	1.1202
广州市	1.0000	1.1266	1.1266
珠海市	0.9979	1.1320	1.1282
佛山市	1.0027	1.1312	1.1325
东莞市	1.0280	1.1310	1.1701
广西壮族自治区	0.9849	1.1769	1.1587
柳州市	1.0000	1.1585	1.1585
桂林市	0.9847	1.1639	1.1418
重庆市	1.0095	1.1485	1.1578
成都市	1.0205	1.1275	1.1493
攀枝花市	0.9937	1.1454	1.1380
德阳市	1.0108	1.1818	1.1840
南充市	0.9966	1.1956	1.1765
贵阳市	1.0239	1.1477	1.1719
云南省	0.9903	1.1875	1.1705
西安市	1.0104	1.1439	1.1555

续表

地区	技术效率变化均值	技术进步均值	全要素生产率均值
兰州市	0.9978	1.1436	1.1385
青海省	0.9943	1.1740	1.1610
宁夏回族自治区	1.0014	1.1503	1.1509

附表6　2006~2016年地方（非市辖区）Malmquist全要素生产率及其分解项均值

地区	技术效率变化均值	技术进步均值	全要素生产率均值
北京市	1.6210	1.1884	1.6278
邯郸市	0.9126	1.2925	1.1067
承德市	0.9508	1.2683	1.1565
沧州市	0.9034	1.2712	1.1001
大同市	1.2036	1.1566	1.3729
晋城市	0.9409	1.2712	1.1394
内蒙古自治区	1.0156	1.2977	1.1804
沈阳市	0.9406	1.2843	1.1430
大连市	1.0556	1.2514	1.2025
锦州市	0.9028	1.2453	1.1024
营口市	0.9425	1.3071	1.0872
阜新市	0.9618	1.2259	1.1684
吉林省	0.9522	1.2901	1.1328
上海市	1.3361	1.1474	1.5981
江苏省	0.9862	1.2192	1.1435
无锡市	1.0103	1.1333	1.1385
苏州市	1.0075	1.1198	1.1257
杭州市	1.0353	1.2558	1.1380
宁波市	0.9987	1.2369	1.1295
温州市	0.9270	1.2308	1.1212
湖州市	1.0199	1.2725	1.1365

续表

地区	技术效率变化均值	技术进步均值	全要素生产率均值
绍兴市	1.0024	1.1719	1.1014
金华市	1.0061	1.3171	1.1451
台州市	0.9605	1.2672	1.1149
安徽省	0.9602	1.1977	1.1455
福州市	0.9344	1.2677	1.1369
南昌市	0.9081	1.2331	1.1103
九江市	0.9744	1.2122	1.1695
济南市	0.9555	1.2940	1.1171
青岛市	1.0179	1.2024	1.1512
淄博市	1.0052	1.2948	1.1848
东营市	1.0795	1.2268	1.2019
烟台市	1.0305	1.1539	1.1126
潍坊市	1.0061	1.2719	1.1528
泰安市	0.9828	1.2645	1.1641
威海市	1.0303	1.1619	1.1105
日照市	0.9799	1.2181	1.1636
临沂市	0.9745	1.2243	1.1575
郑州市	0.9598	1.2205	1.1273
洛阳市	0.9274	1.2807	1.1270
武汉市	1.0000	1.1715	1.1715
长沙市	1.0240	1.2958	1.1909
广州市	1.0339	1.3530	1.4392
佛山市	0.9963	1.1337	1.1295
广西壮族自治区	0.9425	1.2159	1.1357
柳州市	0.9499	1.2030	1.1362
桂林市	0.9164	1.2475	1.1203
重庆市	0.9175	1.2575	1.1135
成都市	0.9572	1.2711	1.1295

续表

地区	技术效率变化均值	技术进步均值	全要素生产率均值
攀枝花市	1.0116	1.3120	1.1585
德阳市	0.9541	1.1800	1.1214
南充市	0.9825	1.1850	1.1606
贵阳市	0.9984	1.2848	1.1968
云南省	0.9405	1.2473	1.1440
西安市	1.0951	1.2787	1.3138
兰州市	0.9735	1.2101	1.1810
青海省	0.9814	1.1629	1.1370
宁夏回族自治区	0.9918	1.2597	1.1967

附表7　控股股东股权持有方式对银行经营效率影响的分样本分析1
（市场化总指数为控制变量）

变量	政府职能部门	国有企业	境内民营	境外法人
GOV	0.0008 (0.0008)	—	—	—
SOE	—	-0.0022 (0.0018)	—	—
GE	—	—	0.0040 (0.0034)	—
EI	—	—	—	0.0001 (0.0014)
MAR	-0.0029*** (0.0009)	-0.0030*** (0.0009)	-0.0028*** (0.0009)	-0.0029*** (0.0009)
LI	0.0274*** (0.0063)	0.0285*** (0.0056)	0.0274*** (0.0059)	0.0271*** (0.0060)
ECA	0.0219** (0.0098)	0.0236** (0.0103)	0.0248** (0.0108)	0.0216** (0.0097)

续表

变量	政府职能部门	国有企业	境内民营	境外法人
CAR	-0.0203	-0.0206	-0.0193	-0.0207
	(0.0134)	(0.0137)	(0.0132)	(0.0136)
LDR	0.0098***	0.0106***	0.0095***	0.0096***
	(0.0030)	(0.0028)	(0.0032)	(0.0030)
AQ	0.0007***	0.0007***	0.0006***	0.0007***
	(0.0002)	(0.0002)	(0.0002)	(0.0002)
FD	-0.0094***	-0.0091***	-0.0096***	-0.0095***
	(0.0023)	(0.0025)	(0.0023)	(0.0023)
SIZE	-0.0125***	-0.0123***	-0.0126***	-0.0126***
	(0.0013)	(0.0012)	(0.0013)	(0.0013)
MBD	-0.0395***	-0.0434***	-0.0446***	-0.0389***
	(0.0114)	(0.0105)	(0.0115)	(0.0115)
常数项	1.1618***	1.1607***	1.1619***	1.1632***
	(0.0090)	(0.0068)	(0.0073)	(0.0079)
观测值数	485	485	485	485
F 检验 P 值	0.0000	0.0000	0.0000	0.0000
R^2	0.5924	0.5937	0.5941	0.5923
Hausman 检验 P 值	0.0000	0.0000	0.0000	0.0000
VIF 均值	1.45	1.47	1.48	1.45
Wald 检验 P 值	0.0000	0.0000	0.0000	0.0000
Wooldridge 检验 P 值	0.0000	0.0000	0.0000	0.0000

注：***、**和*分别表示在1%、5%和10%的水平下显著。

附表8　控股股东股权持有方式对银行经营效率影响的分样本分析2
（中介组织与法律环境为控制变量）

变量	政府职能部门	国有企业	境内民营	境外法人
GOV	0.0003	—	—	—
	(0.0008)			

续表

变量	政府职能部门	国有企业	境内民营	境外法人
SOE	—	−0.0019 (0.0018)	—	—
GE	—	—	0.0044 (0.0034)	—
EI	—	—	—	−0.0002 (0.0012)
LAW	−0.0003 (0.0002)	−0.0003 (0.0002)	−0.0003 (0.0002)	−0.0003 (0.0002)
LI	0.0229 *** (0.0060)	0.0238 *** (0.0055)	0.0233 *** (0.0056)	0.0227 *** (0.0058)
ECA	0.0262 *** (0.0096)	0.0279 *** (0.0101)	0.0294 *** (0.0105)	0.0261 *** (0.0096)
CAR	−0.0278 * (0.0143)	−0.0281 * (0.0146)	−0.0262 * (0.0142)	−0.0278 * (0.0143)
LDR	0.0086 ** (0.0036)	0.0094 ** (0.0036)	0.0084 ** (0.0038)	0.0085 ** (0.0037)
AQ	0.0007 *** (0.0001)	0.0007 *** (0.0002)	0.0006 *** (0.0001)	0.0007 *** (0.0002)
FD	−0.0090 *** (0.0024)	−0.0085 *** (0.0026)	−0.0092 *** (0.0024)	−0.0091 *** (0.0024)
SIZE	−0.0144 *** (0.0011)	−0.0142 *** (0.0011)	−0.0144 *** (0.0011)	−0.0144 *** (0.0011)
MBD	−0.0393 *** (0.0108)	−0.0429 *** (0.0107)	−0.0454 *** (0.0112)	−0.0391 *** (0.0107)
常数项	1.1640 *** (0.0119)	1.1620 *** (0.0109)	1.1631 *** (0.0110)	1.1646 *** (0.0113)
观测值数	485	485	485	485
F 检验 P 值	0.0000	0.0000	0.0000	0.0000

续表

变量	政府职能部门	国有企业	境内民营	境外法人
R^2	0.5864	0.5875	0.5886	0.5864
Hausman 检验 P 值	0.0005	0.0007	0.0001	0.0010
VIF 均值	1.55	1.56	1.58	1.54
Wald 检验 P 值	0.0000	0.0000	0.0000	0.0000
Wooldridge 检验 P 值	0.0000	0.0000	0.0000	0.0000

注：***、**和*分别表示在1%、5%和10%的水平下显著。

参考文献

[1] 安然. 中国国有商业银行混合所有制改革研究 [D]. 长春：吉林大学，2017.

[2] 蔡卫星，曾诚. 市场竞争、产权改革与商业银行贷款行为转变 [J]. 金融研究，2012（2）：73 - 87.

[3] 陈其安，刘艾萍. 公司治理与银行效率：来自中国上市商业银行的经验证据 [J]. 中国管理科学，2015（11）：437 - 444.

[4] 陈晓蕊. 中国民营银行发展问题研究 [D]. 北京：中央民族大学，2016.

[5] 程茂勇，赵红. 市场势力对银行效率影响分析来自我国商业银行的经验数据 [J]. 数量经济技术经济研究，2011（10）：78 - 91.

[6] 董敏杰，梁泳梅，张其仔. 中国工业产能利用率：行业比较、地区差距及影响因素 [J]. 经济研究，2015（1）：84 - 98.

[7] 樊纲，王小鲁，朱恒鹏. 中国市场化指数：各地区市场化相对进程2011年报告 [M]. 北京：经济科学出版社，2011.

[8] 冯俏彬，贾康. 我国供给侧改革的背景、理论模型与实施路径 [J]. 经济学动态，2017（7）：35 - 43.

[9] 符静静. 银行所有权对银行审慎行为的影响 [D]. 桂林：广西师范大学，2012.

[10] 龚强，王俊，贾坤. 财政分权视角下的地方政府债务研究：一个综述 [J]. 经济研究，2011（7）：144 - 156.

[11] 郭峰，熊瑞祥. 地方金融机构与地区经济增长：来自城商行设立的准自然实验 [J]. 经济学（季刊），2017（10）：221-246.

[12] 郭峰. 政府干预视角下的地方金融：一个文献综述 [J]. 金融评论，2016（3）：67-79.

[13] 郝项超. 高管薪酬、政治晋升激励与银行风险 [J]. 财经研究，2015（6）：94-106.

[14] 郝项超. 商业银行所有权改革对贷款定价决策的影响研究 [J]. 金融研究，2013（4）：43-56.

[15] 洪正，张硕楠，张琳. 经济结构、财政禀赋与地方政府控股城商行模式选择 [J]. 金融研究，2017（10）：83-98.

[16] 纪志宏，周黎安，王鹏，赵鹰妍. 地方官员晋升激励与银行信贷：来自中国城市商业银行的经验证据 [J]. 金融研究，2014（1）：1-15.

[17] 贾春新. 国有银行与股份制银行资产组合配置的差异研究 [J]. 经济研究，2007（7）：124-136.

[18] 简泽，干春晖，余典范. 银行部门的市场化、信贷配置与工业重构 [J]. 经济研究，2013（5）：112-127.

[19] 蒋德权，姜国华，陈冬华. 地方官员晋升与经济效率：基于政绩考核观和官员异质性视角的实证考察 [J]. 中国工业经济，2015（10）：21-36.

[20] 李长青，禄雪焕，逯建. 地方政府竞争压力对地区生产效率损失的影响 [J]. 中国软科学，2018（12）：87-94.

[21] 李青原，李江冰，江春，Kevin X，Huang D. 金融发展与地区实体经济资本配置效率：来自省级工业行业数据的证据 [J]. 经济学（季刊），2013（2）：527-548.

[22] 李维安，曹廷求. 产权结构、治理机制与城市银行绩效：来自山东、河南两省的调查证据 [J]. 经济研究，2004（12）：4-15.

[23] 李维安，等. 公司治理 [M]. 天津：南开大学出版社，2001.

[24] 李维安，钱先航. 地方官员治理与城市商业银行的信贷投放 [J]. 经济学（季刊），2012（4）：1239-1260.

[25] 李艳红，贺赣华. 商业银行公司治理和风险控制：传导机制和数据检验 [J]. 南方金融，2009（5）：20-25.

[26] 李燕平，韩立岩. 产权结构与商业银行贷款中的风险行为 [J].

金融论坛, 2007 (7): 49-53.

[27] 李燕平, 韩立岩. 特许权价值、隐性保险与风险承担 [J]. 金融研究, 2008 (1): 76-87.

[28] 李扬, 张晓晶, 常欣, 等. 中国国家资产负债表2015: 杠杆调整与风险管理 [M]. 北京: 中国社会科学出版社, 2015.

[29] 连玉君, 廖俊平. 如何检验分组回归后的组间系数差异? [J]. 郑州航空工业管理学院学报, 2017 (6): 97-109.

[30] 连玉君, 苏治, 丁志国. 现金-现金流敏感性能检验融资约束假说吗? [J]. 统计研究, 2008 (10): 92-99.

[31] 刘冲, 郭峰, 傅家范, 周强龙. 政治激励、资本监管与地方银行信贷投放 [J]. 管理世界, 2017 (10): 36-50.

[32] 刘冲, 郭峰. 官员任期、中央金融监管与地方银行信贷风险 [J]. 财贸经济, 2017 (4): 86-100.

[33] 刘海洋, 逯宇铎, 陈德湖. 中国国有企业的国际议价能力估算 [J]. 统计研究, 2013 (5): 47-53.

[34] 刘明康. 中国银行业改革开放30年 [M]. 北京: 中国金融出版社, 2009.

[35] 刘阳, 洪正, 申宇. 政府控股、地方政府竞争与城市商业银行绩效: 掠夺之手还是扶助之手? [R]. 经济研究工作论文, NO. WP247, 2012.

[36] 卢洪友, 连玉君, 卢盛峰. 中国医疗服务市场中的信息不对称程度测算 [J]. 经济研究, 2011 (4): 94-106.

[37] 陆桂贤, 许承明, 许凤娇. 金融深化与地区资本配置效率的再检验: 1999-2013 [J]. 国际金融研究, 2016 (3): 28-39.

[38] 陆婷, 余永定. 中国企业债对GDP比的动态路径 [J]. 世界经济, 2015 (5): 3-16.

[39] 吕健. 市场化与中国金融业全要素生产率: 基于省域数据的空间计量分析 [J]. 中国软科学, 2013 (2): 64-80.

[40] 马建堂, 董小君, 时红秀, 徐杰, 马小芳. 中国的杠杆率与系统性金融风险防范 [J]. 财贸经济, 2016 (1): 5-21.

[41] 马俊, 张晓蓉, 李志国. 中国国家资产负债表研究 [M]. 北京:

社会科学文献出版社，2012.

[42] 马理，张卓，张琴. 基于轮流出价模型的贷款定价与仿真模拟 [J]. 中央财经大学学报，2013（10）：25-30.

[43] 毛捷，金雪军. 巴塞尔新资本协议与银行贷款定价：一个基于信贷市场系统性风险的模型 [J]. 经济科学，2007（5）：54-65.

[44] 梅林，席强敏. 土地价格、产业结构与城市效率：基于中国城市面板数据的经验分析 [J]. 经济科学，2018（4）：61-74.

[45] 潘敏，魏海瑞. 高管政治管理会影响商业银行信贷投放的周期性特征吗？：来自中国银行业的经验证据 [J]. 财贸经济，2015（4）：60-73.

[46] 潘敏，张依茹. 股权结构会影响商业银行信贷行为的周期性特征吗：来自中国银行业的经验证据 [J]. 金融研究，2013（4）：29-42.

[47] 潘敏，张依茹. 宏观经济波动下银行风险承担水平研究：基于股权结构异质性视角 [J]. 财贸经济，2012（10）：57-65.

[48] 彭红枫，叶永刚. 基于还款能力和还款意愿的贷款定价模型研究 [J]. 中国管理科学，2011（6）：40-47.

[49] 钱先航，曹廷求，李维安. 晋升压力、官员任期与城市商业银行的贷款行为 [J]. 经济研究，2011（12）：72-85.

[50] 钱先航，官员任期、政治关联与城市商业银行的贷款投放 [J]. 经济科学，2012（2）：89-101.

[51] 施东辉. 转轨经济中的所有权与竞争：来自中国上市公司的经验证据 [J]. 经济研究，2003（8）：46-54.

[52] 宋增基，徐叶琴，陈科. 引入境外战略投资者前后商业银行公司治理特征比较研究 [J]. 管理评论，2009（4）：26-33.

[53] 苏治，徐淑丹. 中国技术进步与经济增长收敛性测度：基于创新与效率的视角 [J]. 中国社会科学，2015（7）：4-25.

[54] 谭劲松，简宇寅，陈颖. 政府干预与不良贷款：以某国有商业银行1998～2005年的数据为例 [J]. 管理世界，2012（7）：29-43.

[55] 田友春，卢盛荣，靳来群. 方法、数据与全要素生产率测算差异 [J]. 数量经济技术经济研究，2017（12）：22-40.

[56] 王朝弟. 中小商业银行公司治理机制与经营绩效关系的实证分析 [J]. 南开管理评论，2007（4）：67-72.

[57] 王连军. 金融危机背景下政府干预与银行信贷风险研究 [J]. 财经研究, 2011 (5): 112-122.

[58] 王擎, 潘李剑. 产权结构、金融生态与城市商业银行绩效 [J]. 投资研究, 2012 (4): 65-77.

[59] 王涛, 蒋再文. 我国商业银行股权结构、治理机制与风险行为的实证分析 [J]. 经济问题探索, 2011 (5): 102-107.

[60] 王涛. 中国商业银行所有权结构、治理机制与风险行为 [D]. 重庆: 重庆大学, 2012.

[61] 王小鲁, 樊纲, 余静文. 中国分省份市场化指数报告 (2016) [M]. 北京: 社会科学文献出版社, 2017.

[62] 王钰, 骆力前, 郭琦. 地方政府干预是否损害信贷配置效率? [J]. 金融研究, 2015 (4): 99-114.

[63] 谢识予. 经济博弈论 [M]. 上海: 复旦大学出版社, 2002.

[64] 徐忠, 沈艳, 王小康, 沈明高. 市场结构与我国银行业绩效: 假说与检验 [J]. 经济研究, 2009 (10): 75-86.

[65] 杨继光, 刘海龙, 许友传. 基于 GCRM 模型的信用经济资本测度和贷款定价研究 [J]. 统计研究, 2010 (7): 60-64.

[66] 杨文, 孙蚌珠, 程相宾. 中国国有商业银行利润效率及影响因素: 基于所有权结构变化视角 [J]. 经济学 (季刊), 2015 (2): 535-556.

[67] 杨有振, 赵瑞. 中国商业银行风险规避与股权结构: 基于面板数据的经验与证据 [J]. 财贸经济, 2010 (6): 33-39.

[68] 易纲. 新中国成立70年金融事业取得辉煌成就 [J]. 中国金融, 2019 (19): 9-13.

[69] 张湄. 银行公司治理结构与治理效果关系研究: 来自中国上市商业银行的证据 [D]. 上海: 复旦大学, 2010.

[70] 张敏, 刘颛, 张雯. 关联贷款与商业银行的薪酬契约 [J]. 金融研究, 2012 (5): 108-122.

[71] 张敏, 张雯, 马黎珺. 金融生态环境、外资持股与商业银行的关联贷款 [J]. 金融研究, 2014 (12): 102-116.

[72] 赵尚梅, 史宏梅, 杜华东. 地方政府在城市商业银行的大股东掏空行为: 从地方政府融资平台贷款视角的研究 [J]. 管理评论, 2013

(12)：32-41.

[73] 中国人民银行杠杆率研究项目组. 中国经济杠杆率水平评估及潜在风险研究 [J]. 金融监管研究，2014（5）：23-38.

[74] 钟宁桦，刘志阔，何嘉鑫，苏楚林. 我国企业债务的结构性问题 [J]. 经济研究，2016（7）：102-117.

[75] 周黎安. 中国地方官员的晋升锦标赛模式研究 [J]. 经济研究，2007（7）：36-50.

[76] 周五七. 能源价格、效率增进及技术进步对工业行业能源强度的异质性影响 [J]. 数量经济技术经济研究，2016（2）：130-143.

[77] 朱红军，李路，曹胜，钱友文，田野. 金融法治环境、股权制衡与银行关联贷款风险：来自中国城市商业银行的经验证据 [R]. 中国金融国际年会会议论文，2010.

[78] 祝继高，饶品贵，鲍明明. 股权结构、信贷行为与银行绩效：基于我国城市商业银行数据的实证研究 [J]. 金融研究，2012（7）：31-47.

[79] Agénor, P. R. and Aynaoui, K. E., Excess Liquidity, Bank Pricing Rules, and Monetary Policy [J]. Journal of Banking and Finance, 2010, 34 (5): 923-933.

[80] Altunbas, Y. and Molyneux, P., Bank Ownership and Efficiency [J]. Journal of Money, Credit and Banking, 2001, 33 (4): 926-954.

[81] Andrianova, S., Demetriades, P. and Shortland, A. K., Government Ownership of Banks, Institution and Financial Development [J]. Journal of Development Economics, 2008, 85 (1-2): 218-252.

[82] Andrianova, S., Demetriades, P. and Shortland, A. K., Is Government Ownership of Banks Really Harmful to Growth [R]. SSRN Working Papers, 2010.

[83] Angeloni, I., Faia, E. and Lo Duca, M., Monetary Policy and Risk Taking [J]. Journal of Economic Dynamics and Control, 2015, 52 (1): 285-307.

[84] Angelucci, M., Estrin, S., Konings, J. and Zolkiewski, Z., The Effect of Ownership and Competitive Pressure on Firm Performance in Transition Countries: Micro Evidence from Bulgaria, Romania and Poland [R]. William

Davidson Institute Working Paper No. 434, 2002.

[85] Angkinand, A. and Wihlborg, C., Deposit Insurance Coverage, Ownership, and Banks' Risk-taking in Emerging Markets [J]. Journal of International Money and Finance, 2010, 29 (2): 252 – 274.

[86] Ariss, R. T., On the Implications of Market Power in Banking: Evidence from Developing Countries [J]. Journal of Banking and Finance, 2010, 34 (4): 765 – 775.

[87] Bain, J. S., Relation of Profit Rate to Industry Concentration: American Manufacturing 1936 – 1940 [J]. Quarterly Journal of Economics, 1951, 65 (3): 293 – 324.

[88] Barry, T. A., Lepetit, L. and Tarazi, A., Ownership Structure and Risk in Publicly Held and Privately Owned Banks [J]. Journal of Banking and Finance, 2011, 35 (1): 1327 – 1340.

[89] Barth, J. R., Caprio, G. J. and Ross, L., Bank Regulation and Supervision: What Works Best? [J]. The Journal of Financial Intermediation, 2004, 13 (2): 205 – 248.

[90] Beck, T. and Levine, R., Industry Growth and Capital Allocation: Does Having a Market-or-bank-based System Matter? [J]. Journal of Financial Economics, 2002, 64 (2): 147 – 180.

[91] Berger, A. N. and Hannan, T. H., The Efficiency Cost of Market Power in the Banking Industry: A Test of the Quiet Life and Related Hypotheses [J]. The Review of Economics and Statistics, 1998, 80 (3): 454 – 465.

[92] Berger, A. N., Clarke, G. R. G., Cull, R., Klapper, L. and Udell, G. F., Corporate Governance and Bank Performance: A Joint Analysis of The Static, Selection, and Dynamic Effects of Domestic, Foreign, and State Ownership [J]. Journal of Banking and Finance, 2005, 29 (7): 2179 – 2221.

[93] Bond, S. and Windmeijer, F., Finite Sample Inference for GMM Estimators in Linear Panel Data Models [R]. London Institute for Fiscal Studies working paper series, No. CWP04/02, 2002.

[94] Bonin, J., Hasan, I. and Wachtel, P., Bank Performance, Efficiency and Ownership in Transition Countries [J]. Journal of Bank and Finance,

2005, 29 (1): 31-53.

[95] Brei, M. and Schclarek, A., A Theoretical Model of Bank Lending: Does Ownership Matter in Times of Crisis [J]. Journal of Banking and Finance, 2015, 50 (2): 298-307.

[96] Casu, B. and Girardone, C., Bank Competition, Concentration and Efficiency in the Single European Market [J]. The Manchester School, 2006, 74 (4): 441-468.

[97] Caves, D. W., Christensen, L. R. and Diewert, W. E., Multilateral Comparisons of Output, Input and Productivity Using Superlative Index Numbers [J]. Economic Journal, 1982a, 92 (365): 73-86.

[98] Caves, D. W., Christensen, L. R. and Diewert, W. E., The Economic Theory of Index Numbers and the Measurement of Input, Output and Productivity [J]. Econometrica, 1982b, 50 (6): 1393-1414.

[99] Clarke, G. R., Cull, G. R. and Shirley, M. M., Bank Privatization in Developing Countries: A Summary of Lessons and Findings [J]. Journal of Banking and Finance, 2005, 29 (8-9): 1905-1930.

[100] Coelli, T. J., Rao, D. S. P., O'Donnell, C. J. and Battese, G. E., An Introduction to Efficiency and Productivity Analysis (2nd) [M]. Berlin: Springer Science and Business Media, Inc., 2005.

[101] Cornett, M. M., Guo, L. and Khaksari, S., The Impact of State Ownership on Performance Differences in Privately-owned Versus State-owned Banks: An International Comparison [J]. Journal of Financial Intermediation, 2010, 19 (1): 74-94.

[102] Delis, M. and Tsionas, E., The Joint Estimation of Bank-level Market Power and Efficiency [J]. Journal of Banking and Finance, 2009, 33 (10): 1842-1850.

[103] Demirgüc-Kunt, A. and Huizinga, H., Bank Activity and Funding Strategies: The Impact on Risk and Returns [J]. Journal of Financial Economics, 2010, 98 (3): 626-650.

[104] Demsetz, H., Industry Structure, Market Rivalry and Public Policy [J]. Journal of Law and Economics, 1973, 16 (1): 1-9.

[105] Demsetz, R., Saidenberg, M. and Strahan, P., Banks with Something to Lose: The Disciplinary Role of Franchise Value [J]. Economic Policy Review, 1996, 2 (Oct): 1 – 14.

[106] Dezsö, C. L. and Ross, D. G., Are Banks Happy When Managers Go Long? The Information Content of Managers' Vested Option Holdings for Loan Pricing [J]. Journal of Financial Economics, 2012, 106 (2): 395 – 410.

[107] Dinc, I. S., Politicians and Banks: Political Influences on Government-owned Banks in Emerging Markets [J]. Journal of Financial Economics, 2005, 77 (2): 453 – 479.

[108] Englmaier, F. and Stowasser, T., Electoral Cycles in Savings Bank Lending [R]. Munich Discussion Paper No. 2014-14, Department of Economics, University of Munich, 2014.

[109] Estrin, S., Competition and Corporate Governance in Transition [J]. Journal of Economic Perspectives, 2002, 16 (1): 101 – 124.

[110] Evanoff, D. and Fortier, D., Reevaluation of the Structure-conduct-performance Paradigm in Banking [J]. Journal of Financial Services Research, 1988, 1 (3): 277 – 294.

[111] Fare, R., Grosskopf, S. and Edward, C. K., Measuring Plant Capacity, Utilization and Technical Chang: A Nonparametric Approach [J]. International Economic Review, 1989, 30 (3): 655 – 666.

[112] Fare, R., Grosskopf, S. and Lovell, C. A. K., Production Frontiers [M]. London: Cambridge University Press, 1994.

[113] Fare, R., Grosskopf, S. and Roos, P., Malmquist Productivity Indexes: A Survey of Theory and Practice [M]//Fare, R., Grosskopf, S. and Russell, R. R., Eds. Index Numbers: Essays in Honour of Sten Malmquist. Boston: Kluwer Academic Publishers, 1998.

[114] Fare, R., Grosskopf, S., Norris, M. and Zhang, Z., Productivity Growth, Technical Progress and Efficiency Change in Industrialized Countries [J]. The American Economic Review, 1997, 87 (5): 1033 – 1039.

[115] Firth, M., Lin, C. and Wong, C., Leverage and Investment under a State-owned Bank Lending Environment: Evidence from China [J]. Journal

of Corporate Finance, 2008, 14 (5): 642 - 653.

[116] Fisman, R. and Love, I., Financial Development and Intersectoral Allocation: A New Approach [J]. Journal of Finance, 2004, 59 (12): 2785 - 2807.

[117] Furlong, F. T. and Kwan, S. H., Sources of Bank Charter Value [R]. Working Paper, Federal Reserve Bank of San Franeisco, 2006.

[118] Gerschenkron, A., Economic Backwardness in Historical Perspective [M]. Cambridge, MA: Harvard University Press, 1962.

[119] Greenwald, B. and Stiglitz, J., Externalities in Economies with Imperfect Information and Incomplete Markets [J]. Quarterly Journal of Economics, 1986, 101 (2): 229 - 264.

[120] Hainz, C. and Hakenes, H., The Politician and His Banks [R]. CESifo Working Paper No. 2153, 2007.

[121] Hasan, I., Wang, H. and Zhou, M., Do Better Institutions Improve Bank Efficiency? Evidence from a Transitional Economy [J]. Managerial Finance, 2009, 35 (2): 107 - 127.

[122] Hicks, J., Annual Survey of Economic Theory: The Theory of Monopoly [J]. Econometrica, 1935, 3 (1): 1 - 20.

[123] Hoechle, D., Robust Standard Rrrors for Panel Regressions with Cross-sectional Dependence [J]. The Stata Journal, 2007, 7 (3): 281 - 312.

[124] Iannota, G., Giacomo, N. and Sironi, A., Ownership Structure, Risk and Performance in the European Banking Industry [J]. Journal of Bank and Finance, 2007, 31 (7): 2127 - 2149.

[125] Iannotta, G., Nocera, G. and Sironi, A., The Impact of Government Ownership on Bank Risk [J]. Journal of Financial Intermediation, 2013, 22 (2): 152 - 176.

[126] Jia, C. X., The Effect of Ownership on the Prudential Behavior of Banks—The Case of China [J]. Journal of Banking and Finance, 2009, 33 (1): 77 - 87.

[127] Johansen, L., Production Functions and the Concept of Capacity [Z]. Recherches Recentessur la Function de Production, Collection Economic

Mathemnatiqueet Econometrie, 1968 (2): 46 -72.

[128] Johnson, S., La Porta, R., Lopez-de-Silanes, F. and Shleifer, A., Tunneling [J]. The American Economic Review, 2000, 90 (2): 22 -27.

[129] Jorgenson, D. W. and Grilighes, Z., Issues in Growth Accounting: A Reply to Edward F. Denison [J]. Survey of Current Business, 1972, 52 (5): 65 -94.

[130] Jorgenson, D. W. and Grilighes, Z., The Explanation of Productivity Change [J]. Review of Economic Studies, 1967, 34 (3): 249 -281.

[131] Karagiannis, R., A Systern-of-equations Two-stage DEA Approach for Explaining Capacity Utilization and Technical Efficiency [C]. Annals of Operations Research, 2013.

[132] Kim, J. B., Song, B. Y. and Tsui, J. S. L., Auditor Size, Tenure and Bank Loan Pricing [J]. Review of Quantitative Finance and Accounting, 2013, 40 (1): 75 -99.

[133] King, R. and Levine, R., Finance and Growth: Schumpeter Might is Righ [J]. The Quarterly Journal of Economics, 1993, 108 (3): 717 -737.

[134] Kirkley, J., Catherine, J., Morrison, P. and Dale, S., Capacity and Capacity Utilization in Common-pool Resource Industries: Definition, Measurement and a Comparison of Approach [J]. Environmental and Resource Economics, 2002, 22 (1): 71 -97.

[135] Klein, L. R., Some Theoretical Issues in the Measurement of Capacity [J]. Econometrica, 1960, 28 (2): 272 -286.

[136] Koetter, M., Kolari, J. W. and Spierdijk, L., Enjoying the Quiet Life under Deregulation? Evidence form Adjusted Lerner Indices for U. S. Banks [J]. The Review of Economics and Statistics, 2012, 94 (2): 462 -480.

[137] Kornai, J., Resource-constrained Versus Demand-constrained Systems [J]. Econometrica, 1979, 47 (4): 801 -819.

[138] Kumbhakar, S. C. and Parmeter, C. F., The Effects of Match Uncertainty and Bargaining on Labor Market Outcomes: Evidence from Firm and Worker Specific Estimates [J]. Journal of Productivity Analysis, 2009, 40 (1): 1 -14.

[139] Laeven, L. and Levine, R., Bank Governance, Regulation and Risk Taking [J]. Journal of Financial Economics, 2009, 93 (2): 259 – 275.

[140] La Porta, R., Lopez-de-Silanes, F. and Shleifer, A., Government Ownership of Banks [J]. Journal of Finance, 2002, 57 (1): 265 – 301.

[141] La Porta, R., Lopez-de-Silanes F. and Zamarripa, G., Related Landing [J]. Quarterly Journal of Economics, 2003, 118 (1): 231 – 268.

[142] Lemieux, C. M., Conglomerates, Connected Lending and Prudential Standards: Lessons Learned [R]. Working Paper, Federal Reserve Bank of Chicago, 1999.

[143] Lepetit, L., Nys, E., Rous, P. and Tarazi, A., Bank Income Structure and Risk: An Empirical Ananlysis of European Banks [J]. Journal of Banking and Finance, 2008, 32 (5): 1452 – 1467.

[144] Levine, R., Financial Development and Economic Growth [J]. Journal of Economic Literature, 1997, 35 (1): 688 – 726.

[145] Li, H. and Zhou, L., Political Turnover and Economic Performance: The Incentive Role of Personnel Control in China [J]. Journal of Public Economics, 2005, 89 (9 – 10): 1743 – 1762.

[146] Maudos, J. and De Guevara, J., The Cost of Market Power in the European Banking Sectors: Social Welfare Cost vs. Cost Inefficiency [J]. Journal of Banking and Finance, 2007, 31 (7): 2103 – 2125.

[147] Micco, A., Panizza, U. and Yanez, M., Bank Owership and Performance: Does Politics Matter? [J]. Journal of Bank and Finance, 2007, 31 (2): 219 – 241.

[148] Mohsni, S. and Otchere, I., Risk Taking Behavior of Privatized Banks [J]. Journal of Corporate Finance, 2014, 29 (12): 122 – 142.

[149] Morrison, C. J., Primal and Dual Capacity Utilization: An Application to Productivity Measurement in the U. S. Automobile Industry [J]. Journal of Business and Economic Statistics, 1985, 3 (4): 312 – 324.

[150] Nickell, S. J., Competition and Corporate Performance [J]. Journal of Political Economy, 1996, 104 (4): 724 – 746.

[151] Niu, J. J., An Empirical Analysis of the Relation Between Bank

Charter Value and Risk Taking [J]. The Quarterly Review of Economics and Finance, 2012, 52 (3): 298 - 304.

[152] Orea, L., Parametric Decomposition of a Generalized Malmquist Productivity Index [J]. Journal of Productivity Analysis, 2002, 18 (1): 5 - 22.

[153] Pang, J. and Wu, H., Financial Market, Financial Dependence and Allocation of Capital [J]. Journal of Banking and Finance, 2009(5): 810 - 818.

[154] Peek, J. and Rosengren, E. S., Unnatural Selection: Perverse Incentives and the Misallocation of Credit in Japan [J]. The American Economic Review, 2005, 95 (4): 1144 - 1166.

[155] Petersen, M. A. and Rajan, R. G., The Effect of Credit Market Competition on Lending Relationships [J]. The Quarterly Journal of Economics, 1995, 110 (2): 407 - 443.

[156] Pires, H. and Fernande, E., Malmquist Financial Efficiency Analysis for Airlines [J]. Transportation Research, 2012, 48 (5): 1049 - 1055.

[157] Podpiera, R., Progress in China's Banking Sector Reform: Has Bank Behavior Changed? [R]. Working Paper No. 06/71, International Monetary Fund, 2006.

[158] Qian, Y., Financial System Reforms in China: Lessons from Japan's Main Bank System [M]//Aoki, Masahiko, Patrick, Hugh (eds), the Japanese Main Bank System: Is Relevance for Developing and Transforming Economics. Londer: Oxford University Press, 1994.

[159] Qu, B. Z., Wang, P., Xu, Z. and Zhang, J. H., Bank Efficiency, Market Development and Institutional Environment: Evidence from Chinese Banks [R]. 第三届 FIVE STAR 金融论坛会议论文, 2010.

[160] Rajan, R. and Zingales, L., Financial Dependence and Growth [J]. American Economic Review, 1998, 88 (3): 559 - 586.

[161] Rajan, R. and Zingales, L., Which Capitalism? Lessons from East Asian Crisis [J]. Journal of Applied Corporate Finance, 1998, 11 (3): 40 - 48.

[162] Rhoades, S. A. and Rutz, R. D., Market Power and Firm Risk: A Test of the "Quiet Life" Hypothesis [J]. Journal of Monetary Economics,

1982, 9 (1): 73 – 85.

[163] Rubinstein, A., Perfect Equilibrium in a Bargaining Model [J]. Econometrca, 1982, 50 (1): 97 – 110.

[164] Ruthenberg, D. and Landskroner, Y., Loan Pricing under Basel II In an Imperfectly Competitive Banking Market [J]. Journal of Banking and Finance, 2008, 32 (12): 2725 – 2733.

[165] Sapienza, P., The Effects of Government Ownership on Bank Lending [J]. Journal of Financial Economics, 2004, 72 (2): 357 – 384.

[166] Shepherd, W. G., Tobin's q and the Structure-performance Relationship: Comment [J]. American Economic Review, 1986, 76 (5): 1205 – 1210.

[167] Shleifer, A. and Vishny, R. W., Politicians and Firms [J]. Quarterly Journal of Economics, 1994, 109 (4): 995 – 1025.

[168] Solow, R. M., Investment and Technological Progress [M]//Kenneth, A., Samuel, K. and Patrick, S., eds. Mathematical Methods in the Social Sciences 1959. Stanford, CA: Stanford University Press, 1960: 89 – 104.

[169] Stigler, G. J., Notes on the History of the Giffen Paradox [J]. Journal of Political Economy, 1947, 55 (2): 152 – 156.

[170] Stiglitz, E. and Weiss, A., Credit Rationing in Markets with Imperfect Information [J]. American Economic Review, 1981, 71 (3): 393 – 410.

[171] Stiglitz, E., The Role of the State in Financial Markets [R]. Proceedings of the World Bank Annual Conference on Economic Development, Washington DC, International Bank for Reconstruction and Development/World Bank, 1993.

[172] Taboada, A., The Impact of Changes in Bank Ownership Structure on the Allocation of Capital: International Evidence [J]. Journal of Banking and Finance, 2011, 35 (10): 2528 – 2543.

[173] Tinbergen, C., On the Theory of Long-term Economic Growth [J]. Weltwirs Chaftliche Archiv, 1942, 5 (5): 511 – 549.

[174] Veronesi, P. and Zingales, L., Paulson's Gift [J]. Journal of Financial Economics, 2010, 97 (3): 339 – 368.

[175] Wurgler, J., Financial Markets and the Allocation of Capital [J]. Journal of Financial Economics, 2000, 58 (1-2): 187-214.

[176] Xu, C., The Fundamental Institutions of China's Reform and Development [J]. Journal of Economic Literature, 2011, 49 (4): 1076-1151.

[177] Zhang, J. H., Jiang, C. X., Qu, B. Z. and Wang, P., Market Concentration, Risk-Taking and Bank Performance: Evidence from Emerging Economies [J]. International Review of Financial Analysis, 2013, 30 (C): 149-157.

[178] Zhang, J. H., Qu, B. Z., Xu, Z. and Wang, P., Market Development and Bank Profit Efficiency in China: Application of the Generalized Malmquist Productivity Index [J]. Asia-Pacific Journal of Accounting and Economics, 2012a, 19 (2): 181-197.

[179] Zhang, J. H., Wang, P. and Qu, B. Z., Bank Risk Taking, Efficiency and Law Enforcement: Evidence from Chinese City Commercial Banks [J]. China Economic Review, 2012b, 23 (2): 284-295.